复杂环境条件地铁 TBM 隧道建造关键技术研究与应用

陈寿根　王建新　丁华兴　王文通　陈师节　著

西南交通大学出版社
·成都·

图书在版编目（CIP）数据

复杂环境条件地铁 TBM 隧道建造关键技术研究与应用 / 陈寿根等著. -- 成都：西南交通大学出版社，2024.6.
ISBN 978-7-5643-9855-2

Ⅰ．U231.3

中国国家版本馆 CIP 数据核字第 2024PB0031 号

Fuza Huanjing Tiaojian Ditie TBM Suidao Jianzao Guanjian Jishu Yanjiu yu Yingyong
复杂环境条件地铁 TBM 隧道建造关键技术研究与应用

陈寿根　王建新　丁华兴　王文通　陈师节 / 著

责任编辑 / 姜锡伟
助理编辑 / 赵思琪
封面设计 / GT 工作室

西南交通大学出版社出版发行
（四川省成都市金牛区二环路北一段 111 号西南交通大学创新大厦 21 楼　610031）
营销部电话：028-87600564　　028-87600533
网址：http://www.xnjdcbs.com
印刷：郫县犀浦印刷厂

成品尺寸　185 mm×260 mm
印张　13.75　　字数　345 千
版次　2024 年 6 月第 1 版　　印次　2024 年 6 月第 1 次

书号　ISBN 978-7-5643-9855-2
定价　70.00 元

图书如有印装质量问题　本社负责退换
版权所有　盗版必究　举报电话：028-87600562

前言
PREFACE

我国近年来地铁建设发展迅猛，截至2023年11月，我国共有55个城市开通地铁运营线路约300条，运营里程达9 915.6 km（统计数据不包括港澳台地区），且每年新增地铁运营里程超600 km。由于城市地区建（构）筑物众多，地铁线路下穿这些建（构）筑物时常遭遇各种限制，有时不得不采用小半径曲线隧道通过。盾构法是城市地铁建设中最常用的施工方法。当遇到坚硬岩石时，常先采用矿山法施工，再采用盾构法空推并安装管片通过。而许多沿海城市（如青岛、深圳等）的岩石强度较高且地质构造复杂，更适合采用双护盾TBM施工，即在岩石较好地段采用双护盾模式实现快速施工，而在岩石较差或断层破碎带地段采用单护盾模式实现安全施工。

相较于矿山法施工，TBM更适合用于直线段或大半径曲线隧道施工。与盾构法相似，当TBM通过小半径曲线隧道时的施工难度高、施工风险大，主要表现在：① TBM通过小半径曲线隧道时，管片端面与轴线方向存在一定角度，在千斤顶的推力下会产生一个侧向力，易引起隧道整体向弧线外侧偏移，导致TBM推进姿态难以控制。② TBM通过小半径曲线隧道时，易出现管片错台、破损等问题，合理的管片选型以及拼装至关重要。为实现小半径曲线转弯，管片设计需特别注意管片的楔形状态和管片环宽的合理选择。③ 小半径曲线隧道施工对TBM盾体的灵敏度要求较高，最有效的措施是在盾体中部增加铰接装置，缩短盾构机头的直线段长度。

另外，由于城市地铁隧道一般都不允许排水，而采用全包防水。当隧道埋深较大、水头较高时，隧道管片承受的静水压力很大，按照静水压力考虑，所需管片厚度大，大大提高城市地铁隧道的建设成本。而对于隧道衬砌水压力的计算至今未有被隧道工程界普遍认可的方法，这一直困扰着地铁隧道的结构设计，在实际中主要集中在水压力折减系数的确定上。

本书以深圳地铁6号线二期工程民乐停车场出入线隧道和8号线一期工程梧桐山南站—沙头角站区间隧道的高水头条件下的小半径曲线TBM地铁隧道设计和施工为背景，结合科研和实践，探讨了小半径高水头TBM地铁隧道设计施工关键技术，可为工程设计和施工提供极具价值的指导，切实降低工程风险，解决设计和施工中遇到的一系列技术难题，大大提高工程效率和工程质量，为安全、快速、高效优质地提前完成工程合同节点目标起到了非常重要的作用。同时，也可为今后类似工程提供了非常有价值的参考，为相关设计和施工规程的制定提供成功范例。

在本书编写过程中，得到了深圳市地铁集团有限公司、深圳市市政设计研究院有限公司、中交二公局第三工程有限公司、中铁五局集团电务工程有限责任公司、西南交通大学等单位的大力支持及专家的指导，在此表示衷心的感谢。另外，著者虽然力求精练，兼顾准确性、科学性，但因著者时间和知识水平有限，书中难免存在不足之处，恳请同行专家和读者批评指正。

著 者
2022年12月

目 录
CONTENTS

1 绪 论

1.1 小半径曲线隧道的 TBM 施工特点 ················· 001
1.2 隧道衬砌水压力的确定 ····················· 002
1.3 管片力学性能与结构计算模型 ·················· 010
1.4 TBM 空推技术 ······················· 011
1.5 TBM 过断层破碎带段施工技术 ·················· 012
1.6 TBM 施工对邻近既有建（构）筑物的影响 ············· 012
1.7 TBM 隧道施工设备和改进 ··················· 013
1.8 TBM 信息化施工技术研究 ··················· 013
1.9 小半径高水头 TBM 地铁隧道实例 ················ 014

2 小半径曲线隧道段 TBM 管片受力分析和设计

2.1 小半径曲线隧道 TBM 施工力学分析 ··············· 023
2.2 小半径曲线隧道段 TBM 管片设计与拼装技术研究 ·········· 038

3 大埋深高水头地铁隧道静水压力计算方法

3.1 隧道衬砌水压力理论分析 ···················· 044
3.2 隧道衬砌水压力模型试验研究 ·················· 047
3.3 小 结 ··························· 072

4 小半径曲线隧道 TBM 施工工艺

4.1 小半径曲线段双护盾 TBM 洞内始发技术 ············· 074
4.2 小半径曲线段双护盾 TBM 掘进技术 ··············· 078
4.3 基于温克勒模型的小半径 TBM 曲线隧道水平轴偏移控制方法 ····· 085
4.4 小半径曲线隧道段 TBM 施工测量及纠偏技术 ··········· 090
4.5 小半径曲线隧道段 TBM 施工的刀具设计分析 ··········· 093
4.6 小曲线隧道 TBM 滚刀磨耗影响因素及规律 ············ 100
4.7 不良地质 TBM 调向 ····················· 104
4.8 皮带机漏渣问题的解决 ···················· 104
4.9 小半径曲线隧道段 TBM 施工注浆技术 ·············· 105
4.10 小 结 ·························· 109

5 长距离TBM过矿山法施工段空推技术

- 5.1 TBM过矿山法施工段管片位移和受力分析 ················ 110
- 5.2 TBM空推洞内始发技术及工艺 ························ 118
- 5.3 TBM空推步进左右线导台分叉处施工技术优化 ············ 126
- 5.4 TBM左右线分岔处空推步进施工技术优化设计 ············ 128
- 5.5 钢-混凝土组合结构导台设计及数值模拟 ················ 129
- 5.6 TBM/盾构空推段导台振捣整平系统优化 ················ 132
- 5.7 TBM隧道管片背后豆砾石充填 ······················· 132
- 5.8 TBM过矿山法空推段衬砌质量缺陷及错台防止技术研究 ····· 137
- 5.9 TBM空推过矿山法段管片背后空洞探测技术研究 ·········· 142
- 5.10 小 结 ·· 144

6 TBM穿越不同地层施工对策

- 6.1 软硬不均地质TBM施工技术研究 ···················· 146
- 6.2 软岩段TBM掘进技术研究 ························· 151
- 6.3 硬岩段TBM掘进技术研究 ························· 152
- 6.4 小 结 ·· 157

7 TBM穿越断层破碎带设计与施工

- 7.1 断层破碎带倾角对围岩变形及衬砌受力影响分析 ·········· 158
- 7.2 断层破碎带宽度对围岩变形及衬砌受力影响分析 ·········· 161
- 7.3 TBM穿越断层破碎带施工工艺 ······················ 162
- 7.4 小 结 ·· 170

8 TBM穿越既有建（构）筑物的设计与施工

- 8.1 TBM隧道上跨既有地铁隧道围岩变形及衬砌受力分析 ······ 171
- 8.2 TBM穿越桥梁高桥墩桩基托换技术研究 ················ 173
- 8.3 TBM侧穿牛咀水库施工技术研究 ···················· 184
- 8.4 TBM下穿厦深高铁施工技术研究 ···················· 186
- 8.5 小 结 ·· 187

9 复杂环境TBM隧道信息化施工

- 9.1 现代智慧工地技术 ································ 188
- 9.2 隧道施工现场智能化综合管理系统 ···················· 192
- 9.3 BIM+VR技术在地铁施工过程中的应用研究 ············· 198
- 9.4 小 结 ·· 203

结 语 ··· 204

参考文献 ··· 207

1 绪 论

1.1 小半径曲线隧道的 TBM 施工特点

近年来,城市轨道交通建设在我国得到了快速且稳步的发展,受城市地下市政管线密布、地面民房繁多、高层建筑林立、地上交通繁忙等因素影响,小半径曲线地铁隧道不断出现。矿山法特别适合于小半径曲线隧道施工。然而,出于城市特殊环境的需要,城市地铁隧道一般不采用矿山法施工,只能采用非爆破施工。出于对安全等方面的考虑,机械开挖法(盾构法和 TBM 法)就自然而然地成为城市地铁隧道施工的主要方法。

表 1.1.1 列出了近年来中国和日本修建的小半径曲线地铁隧道,大多数小半径曲线隧道都是采用盾构法修建的,采用 TBM(Tunnel Boring Machine,隧洞掘进机)施工的实例非常少。目前,TBM 施工隧道的最小曲线半径为 260 m。

表 1.1.1 近年来中国和日本修建的小半径曲线隧道

隧道	最小半径/m	直径/m	施工方法
北京地铁 10 号线芍药居至亮马标段区间隧道	350	6.0	盾构
广州地铁 5 号线杨箕至珠江新城标段区间隧道	300	6.0	盾构
广州地铁 5 号线的动物园至杨箕标段区间隧道	200	6.0	盾构
广州地铁 6 号线盾构 3 标段区间隧道	150	6.0	盾构
上海地铁明珠线二期宜山路至停车场区间隧道	250	6.2	盾构
东京地铁 11 号线扇桥 B 线区间隧道	163	6.75	盾构
东京地铁 12 号线清澄区间隧道	84	8.7	盾构
深圳地铁 8 号线一期梧沙区间隧道	400	6.5	TBM
青岛地铁 2 号线利津路至台东站区间隧道	320	6.0	TBM
深圳地铁 6 号线二期民乐停车场出入线隧道	260	6.5	TBM

小半径曲线隧道的 TBM 施工特点与盾构施工类似,主要表现在:

(1)小半径曲线隧道盾体推进时产生侧向分力,每掘进一环,管片端面与该处隧道环向产生一定角度,在千斤顶推力作用下产生一个侧向分力,使隧道整体向弧线外侧偏移,对盾体推进及后续隧道产生影响。

(2)宜选用带铰接装置的盾体。小半径曲线隧道施工对盾体灵敏度要求较高,最有效的措施是在盾体中部增加铰接装置,缩短盾体的直线段长度。

（3）隧道要实现小半径转弯，管片的楔形结构和管片环宽的合理选择是隧道管片设计的重点。

以上施工特点还对刀具设计及相应计算方法等提出了更高的要求，不少学者开展过相关研究，例如，陈馈从刀具结构、刀具材料、刀具制造工艺及磨损检测技术等方面分析了刀具种类、适用性以及性能差异等。Evans认为盘形滚刀与岩石之间存在相互挤压的作用，并提出了滚刀切削力计算方法。随着盾体的掘进，刀具存在不同程度的磨损，影响着盾构掘进参数的选择。张明富等对隧道盾构刀具磨损进行了监测，以刀具磨损系数为因变量，考虑掘进速度、总推力、刀盘转速以及刀盘扭矩等掘进参数建立了相应的表达式，并提出了掘进参数的合理选择范围。杨梅分析了掘进过程中遇到的盾体被卡、刀具磨损、管片上浮、错台及管片漏水等问题。廖鸿雁从盾构机掘进角度介绍了盾体在复合地层中的施工难点，并提出不同的工法。刘建国结合深圳复合地层盾构刀具配置、始发、空推、平移、端头加固等关键技术，介绍了盾构通过建筑物、河流、铁路、硬岩和孤石的处理方法。针对盾构在掘进过程中的喷涌问题，张敏、郑志敏等和唐卓华、徐前卫等从土压平衡盾构的土塞效应出发，解释了喷涌发生机理。朱伟、秦建设、魏康林从流体力学模型角度出发，推导了水压力与流量的变化，以此解释了喷涌的发生机理。茅华、张旭东等阐述了喷涌的危害性、发生机理以及施工中应采取的应对措施。

1.2 隧道衬砌水压力的确定

1.2.1 隧道水害实例

隧道设计、施工及运营实践表明，在深埋高水压条件下修建隧道不仅仅在施工阶段容易引发涌水、突泥等重大事故，造成损失，而且在运营阶段会对隧道结构造成一定破坏。

隧道水害多发生在雨季，短时间内的强降雨会对地下水进行补充，抬高地下水位。地下水渗入隧道衬砌外，侵入防排水系统的薄弱部位造成渗漏水或者降低衬砌的安全系数、破坏结构。虽然针对富水地层隧道施工阶段的施工方案逐渐完善成熟，但运营中由于高水压引起的衬砌结构开裂、变形、破坏等病害时有发生。

渝怀铁路圆梁山隧道的部分区段地下水位高达450 m，设计时采用了全封堵结构，采用1 m厚的钢筋混凝土衬砌，并设置了50 kg/m的双环钢轨以抵抗4.5 MPa的高水压，但建成后隧道仍出现大量衬砌破裂渗水现象。2015年6月17日，渝利铁路方斗山隧道线路右侧发生涌水，水沟以上边墙衬砌出现高2 m、宽2.5 m的溃口，大量地下水呈喷涌状涌入，淹没了道床，导致隧道被迫紧急封锁停运。2015年6月至7月期间，因连降暴雨，仰拱水压激增，贵广铁路高天隧道内上行轨面出现23.5 mm的上拱，所采用的双块式无砟轨道道床板与仰拱填充层出现离缝。水害发生后，动车立即限速运行，严重影响了贵广高铁的正常运营。

2002年6月，西延铁路九燕山隧道中位于地下水位较高、网状裂隙发育区域的红黏土层，由于隧道运营期疏于养护维修，导致排水不畅，衬砌的外部包裹了一层含水层。该隧道在经历过多次翻修之后，渗漏水、衬砌开裂变形及道床的翻浆冒泥等情况仍未得到改善。2014年5月，昌福铁路雪峰山隧道由于地下水不断侵入仰拱填充层与无砟垫层的接触面间的缝隙，使该缝隙在高水压以及列车动荷载影响下不断扩大，导致轨道板出现了隆起，两侧泄水孔水流量大，并夹带大量泥沙，轨道板面上渗水严重，有白浆泛出。

2014年5月，沪昆铁路小高山隧道由于突降暴雨，地下水位短时间迅速上升，突水掀翻隧道仰拱及填充层、水沟电缆槽，冲走中心水沟盖板，导致右线已施工的无砟轨道隆起30 cm，需要拆除重建，洞内水流出后冲毁洞口弃渣，淹没道路及驻地。2015年6月，受涪陵地区持续特大暴雨影响，渝利铁路丰都至石柱县区间隧道漏水，导致水淹道床等水害发生，造成线路中断。2015年5月，云桂线那吉隧道所处的区域突遭暴雨，地下水位陡增，导致隧道实际总排水量大于设计能力，地下水超排量涌出，据统计，隧道内较大的喷水点共计169处，主要集中在边墙中下部和隧道底板。雅砻江锦屏二级电站探洞施工曾3次遇到特大规模的高压涌突水，其中探洞3 948 m处突水射程达35~37 m，流量达36.6 m³/min，导致施工设施被冲毁，地表岩溶大泉被疏干。2003年7月1日凌晨，上海轨道交通4号线越江隧道区间用于连接上、下行线的安全联络通道施工作业面内，因大量的水和流砂涌入，引起约270 m长的隧道部分结构损坏和周边地区地面沉降，最大沉降达到7 m，导致3栋建筑物倾斜。

国外多以渗漏率来描述隧道的渗漏水情况，部分已报道的隧道渗漏率如图1.2.1所示。可以看出，未修补的美国布法罗隧道、华盛顿地铁以及日本青函隧道等的渗漏水在60~110 L/(d·n mile)（1 n mile=1.852 km），在采取注浆等措施之后才有所缓解。

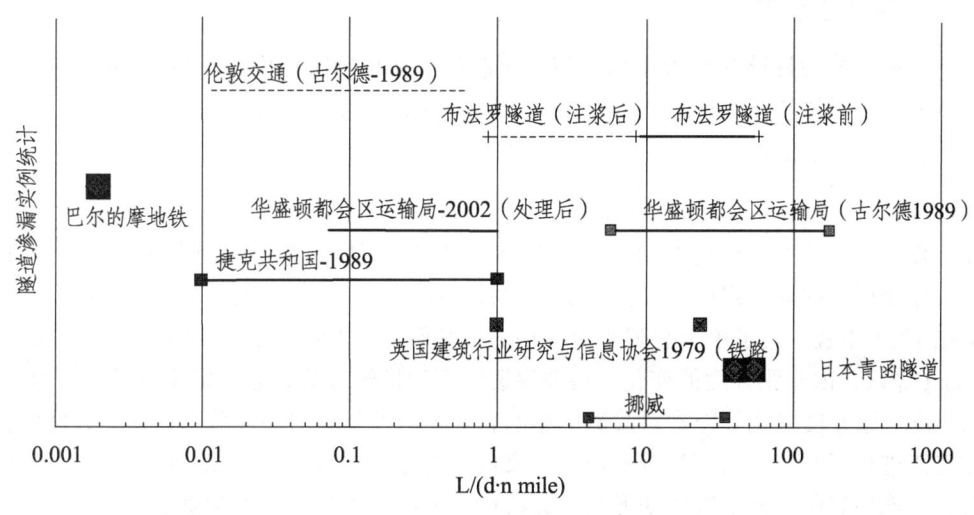

图1.2.1 部分国外隧道渗漏率统计

2020年2月和3月，瑞士Lötschberg铁路隧道接连发生两次大规模涌水事故，在50~100 L/s的渗流量下，分别有1 000 m³和700 m³的泥沙随水流涌入隧道。调查发现裂缝填充物的沙子和淤泥堵塞了排水系统，导致了衬砌背后积水，高外水压力破坏了结构完好的隧道密封防水系统。

挪威Gardermoen铁路线上的Romeriksporten隧道自1998年开放运营以来，多次发生渗漏水事故。隧道的维护检查，钢轨更换打磨和安装额外的防水结构等工作消耗了大量费用。日本东海道干线旧丹那隧道（长7.84 km）开工后曾遇6次大规模突水突泥事故，涌出泥屑达7 000 m³，水压高达1.4~4.2 MPa，最大涌水量达134 m³/min，致使修建工期长达16年。日本青函隧道掘进过程中曾发生3次较大的涌水事故，造成作业面被淹和人员损失，其中最严重的一次是吉冈平行导坑于1976年5月6日发生的涌水事故，最大涌水量达80 m³/min，造成 20 余人死亡。由于大量涌水，青函隧道几度被迫停工。

结合上述水害案例，可以发现运营隧道水害多发生在暴雨引起的地下水位陡增之后。水害发育特征多是由于地下水侵入隧道的防排水薄弱环节，引起底部涌水、仰拱隆起破坏，淹没道床，从而影响隧道通行和行车安全。可见隧道仰拱是水害多发区域，这可能与山岭隧道的半包式防水有关。

与隧道施工期间的集中性水害不同的是，运营期间的水害威胁是长期存在的。据不完全统计，我国铁路系统有 70%以上的运营隧道有着不同程度的水害。水害不仅损害洞内设施、威胁行车安全，而且会消耗大量的人力、物力进行加固维修。由于我国在这方面的系统性研究仍处于起步阶段，关于隧道水害的产生机理和具有针对性的监测预警方案的研究依然十分匮乏。

地下水一直是隧道设计和施工以及运营过程中不可忽视的问题，尤其是在深埋高水头作用下遇到断层等不良地质体时其潜在危害更大。因此，地下水渗流规律和水压力分布规律研究、隧道的涌水量预测以及隧道防排水的选择十分重要。它们直接关系到隧道施工的安全性、结构的耐久性及运营安全性，是亟待解决的问题。

1.2.2 地下水渗流

地下水渗流分为连续介质渗流和裂隙介质渗流。在长期实践中，指导人们研究地下水在连续介质中运动规律的基本理论依据是达西定律，该定律认为渗流速度与水力坡度成正比。

$$V=KJ \quad (1.2.1)$$

式中，V 为渗流速度；K 为围岩渗透系数；J 为流程范围内的水力坡度。

在工程实践中往往遇到的是水在裂隙介质中渗流，而裂隙介质水动力学则主要是研究地下水在裂隙介质中的运动规律与模拟方法的学科。地下水渗流规律的研究始于 20 世纪，苏联学者早在 1951 年就开始了单个裂隙水流运动的试验研究，得到了单个裂隙水流运动的立方定律。Tsang 等认为由于张开度的变化，裂隙渗透出现沟槽流现象，立方定律不成立。为了考虑裂隙粗糙度、张开度变化等因素对渗透的影响，一些国外学者引用等效水力传导开度的概念，对立方定律进行了修正。周创兵等提出了广义的立方定律。Witherspoon 等先后提出了地下水渗流公式。陈平等研究得出岩体变形与水力特性主要取决于岩体中的裂隙分布、密度和尺寸。速宝玉等对光滑裂隙水流模型进行了研究，结果表明：裂隙宽且流态属于层流时，立方定律是适用的；当裂隙属于微裂隙时，雷诺数很小，立方定律不适用，似呈非牛顿流体特性。速宝玉等又对交叉裂隙水流进行了模型试验研究，揭示了交叉流的基本规律。

1.2.3 隧道衬砌水压力计算

目前，交通运输部门没有统一的隧道衬砌水压力计算方法，大多还是参照水工隧洞设计规范和相关经验公式，有关水荷载的研究和论述也散见于各部门和学科的专著以及专业杂志上。在水工隧洞中，衬砌水荷载一般分内水压力和外水压力两种，二者作用对象均为衬砌。外水压力是相对有压隧洞中内水压力而言的，但是铁路和公路隧道不存在内水压力，只有外水压力，故常简称为水压力。目前，隧道衬砌水压力的计算方法可以归结为折减系数法、理论解析法、解析数值法、数值模拟法、水文地球化学法和模型试验法。

1. 折减系数法

折减系数法在水工隧洞中应用较早，在设计规范中已经明确了外水压力的计算方法。水压力实际上是地下水在渗流过程中作用在围岩和衬砌中的体积力或场力，可采用渗流分析确定相应的水荷载。对于水文地质条件比较简单的隧洞，可采用地下水位线以下的水柱高度乘以相应的折减系数 β 的方法估算作用于衬砌的水压力，具体的折减系数见表 1.2.1。

表 1.2.1　水工隧洞外水压力折减系数 β

级别名称	地下水活动状态	地下水对围岩稳定性的影响	建议的 β 值
1	洞壁干燥或潮湿	无影响	0～0.2
2	沿结构面有渗水或滴水	风化结构面充填物质，降低结构面的抗剪强度，对软弱岩体有软化作用	0.1～0.4
3	沿裂隙或软弱结构面有大量滴水、线状流水或喷水	泥化软弱结构充填物质，降低抗剪强度，对中硬岩体有软化作用	0.25～0.6
4	严重股状流水，沿软弱结构面有少量涌水	地下水冲刷结构面中充填物质，加速岩体风化，对断层等软弱带软化泥化并使其膨胀崩解，以及产生机械管涌。有渗透压力，能鼓开较薄的软弱层	0.4～0.8
5	严重滴水或流水，断层等软弱带有大量涌水	地下水冲刷携带结构面充填物质，分离岩体，有渗透压力，能鼓开一定厚度的断层软弱带，并导致围岩塌方	0.65～1

表中 β 值是按照混凝土衬砌出现裂缝的条件所规定的。假如衬砌完全不透水时，$\beta=1$。对较少裂隙衬砌而言，β 值应当选得较大一些。铁路和公路隧道在防水板与衬砌之间常设有盲沟和透水垫层防排水系统，因而 β 值就应选得较小一些。因此，在铁路和公路隧道中应用折减系数法计算其水压力时，β 值的选取还有待研究，应结合铁路或公路隧道实际情况来理解水工隧洞设计规范的内容。

在折减系数法的基础上，张有天对其进行了改进，使该方法变得更为合理，并且可以给其他类似工程选择系数时提供较为明确的参考，这就是水压力修正系数法，它把原先的折减系数变为 3 个系数，水压力计算如下：

$$P = \beta_1 \beta_2 \beta_3 P_0 \quad (1.2.2)$$

式中，P 为作用在隧道衬砌上的水压力；β_1 为初始渗流场水压力修正系数，见表 1.2.2；β_2 为衬砌和围岩渗透相对关系修正系数；β_3 为防渗排水措施对衬砌外水压力影响修正系数；P_0 为计算点处地下水位产生的静水压力。可知初始渗流场中各位置水压力大小并不完全等于静水压力，一般小于静水压力。

表 1.2.2　初始渗流场水压力折减系数

地质情况	特征介绍	β_1 取值
傍山隧道	隧道平行于河谷布置，一侧邻近河谷，另一侧为雄厚山体。雨水沿山体地面渗入，沿程汇集向河谷排泄。山体越雄伟，隧道越靠近河谷，β_1 取值越大	$0.7 \leqslant \beta_1 \leqslant 1.0$
山脊下的隧道	地下水由上而下流动，流线接近垂直山体地下水坡降陡时，β_1 越大	$0.5 \leqslant \beta_1 \leqslant 0.8$
穿过孤立山体的隧道	降雨由山顶部渗入地下呈辐射状排泄，山顶下部水流消耗能量更大。山坡越陡，β_1 越大	$0.3 \leqslant \beta_1 \leqslant 0.6$
岩溶发育山体中的隧道	深部生成形态错综复杂的岩溶管道和暗河体系起到排水作用，岩溶越发育，β_1 越小	$0.1 \leqslant \beta_1 \leqslant 0.5$
穿过河道或沟谷底部的隧道	河床深部存在承压水，河床下有缓倾角构造或有水平卸荷裂隙以及岸坡较陡，β_1 值越大	$\beta_1 > 1$
向斜或背斜地层中的隧道	向斜地层下多承压水，隧道越靠近边轴部，β_1 值越大；背斜地层相反	向斜 $\beta_1 > 1$，背斜 $\beta_1 < 1$

综上可见，虽然确定衬砌水压力折减系数的方法多为经验或半经验性的，但都考虑了和地下水渗流相关的围岩与衬砌的渗透性、围岩的裂隙性以及隧道防排水系统等因素。

2. 理论解析法

理论解析法大多以达西定律为基础，对渗流方向和边界条件做适当的假定，推导出衬砌外水压力的理论值，具有概念清晰、适用面广的优点。Harr 早在 1962 年就基于镜像法推导了隧道围岩的孔隙水压力分布规律，该公式在求解高水压圆形隧道外水压力时有较高的精度：

$$P = \gamma_w (h_w - r\sin\theta) - \gamma_w (h_w - r_0 \sin\theta) \frac{\ln\left[1 + \frac{4h_w}{r}\left(\frac{h_w}{r} - \sin\theta\right)\right]}{\ln\left[1 + \frac{4h_w}{r_0}\left(\frac{h_w}{r_0} - \sin\theta\right)\right]} \quad (1.2.3)$$

式中，r_0 为隧道半径；h_w 为隧道中心水头高度；r 为计算点到隧道中心的距离；θ 为虚拟隧道中心到真实隧道中心连线的夹角。

Bobet 通过解析计算研究了围岩有水和无水时全排水和全封堵模式下衬砌结构的应力。邹金锋等基于莫尔-库仑屈服准则及应力-应变软化模型，考虑了轴向应力和渗透力的共同作用，表明渗透力的存在对隧道围岩的应力-应变分布以及塑性半径和围岩位移具有不可忽略的影响。

在解析计算中，复变函数常用于非圆形隧道的分析。皇甫明基于复变函数法研究了海底隧道注浆圈的作用机理，推导了隧道外水压力及渗流量的计算公式。研究结果表明：隧道在穿越富水软弱破碎地段时，只有注浆圈的厚度和渗透系数达到合理值时，才能起到良好的堵水效果。吴金刚利用复变函数方法研究了均匀介质和不良地质围岩中（含溶洞、断层和隔水层）的渗流场分布，推导了高水压岩溶隧道外水压计算公式，并通过数值模拟验证了理论公式的计算结果。

Dong 采用复变函数和保角变换技术，解决了孔压和应力分布的力学问题。结果表明随着衬板的安装，最大有效主应力降低约 50%。随着衬砌厚度和刚度的增加，最大有效主应力在隧道边界上的位置由水平方向向仰拱方向移动，衬砌较低的渗透性导致了隧道周围的高孔隙压力，从而降低了岩体内部的有效应力。

理论解析方法在水压力研究方面起到了很好的作用，是基于圆形隧道断面的简化假设，但应用于浅埋隧道时与实际情况相差较大。少量非圆形断面的解析计算都包含着诸如复变函数及保角映射的复杂推导过程，限制了工程实际应用。

3. 解析数值法

蓝国贤提出了一种计算深埋隧道衬砌外水荷载的方法，即解析数值方法。该方法的具体过程为，首先建立隧道排水的水文地质概念模型，采用经验解析法预测隧道涌水量，然后将涌水量代入隧道围岩渗流的二维模型，模拟排水时围岩渗流场的分布，再采用作用系数方法计算出隧道衬砌的外水压力。由该方法建立了如下的二维数学模型：

$$\begin{cases} \dfrac{\partial}{\partial x}\left[K_{xx}L(x,z)\dfrac{\partial H}{\partial x}\right] + \dfrac{\partial}{\partial z}\left[K_{zz}L(x,z)\dfrac{\partial H}{\partial z}\right] + \sum_i Q_i \delta(x-x_i,z-z_i) = S\dfrac{\partial H}{\partial t}, \ t \geq t_0, (x,z) \in D \\ H(x,z,t_0) = H_0(x,z,t_0), \ (x,z) \in D \\ H(x,z,t) = H_1(x,z,t), \ (x,z) \in \Gamma_1, t \geq t_0 \\ K_{xx}\cos(n,x)\dfrac{\partial H}{\partial x} + K_{zz}\cos(n,x)\dfrac{\partial H}{\partial z} = q(x,z,t), \ (x,z) \in \Gamma_2, t \geq t_0 \end{cases} \quad (1.2.4)$$

式中，H 为地下水系统水头；K_{xx}、K_{zz} 为渗透系数；$L(x, z)$ 为隧道轴线方向的含水层长度；Q_i 为采用经验解析法计算得到的隧道涌水量等效到剖分节点上的数值；δ 为狄拉克函数；S 为含水层剖面储水系数（给水度）；H_0、H_1 为含水层的初始水位和定水头边界水头；Γ_1、Γ_2 为第一、二类边界；q 为已知流量。

通过围岩的渗流场模型模拟隧道在没有注浆情况下隧道开挖后的渗流场分布，可得出作用在衬砌上的外水压力，为隧道外水压力的计算走出一条新路。所用到的数学模型含有用经验解析法预先测定的隧道涌水量，在计算出衬砌周围的水头后又运用了水工隧道中的折减系数法。这是因为在采用数值模拟方法时考虑的是毛洞渗流场，并没有考虑隧道结构的排水以及衬砌本身的渗透性对渗流场分布的影响，所得到的渗流场与隧道周围实际所处的渗流场不同。

4. 数值模拟法

数值模拟法主要是通过模拟计算围岩和衬砌组成的整体渗流场得到作用于衬砌的外水压力。一般采用 FLAC3D 等有限差分软件的渗流模块进行耦合计算，或基于渗流场与温度场的相似性，采用 ANSYS 等有限元软件进行参数替换后的渗流计算。

晏启祥等基于流固耦合模型，研究了泄水式管片衬砌在不同泄水孔布置方式下衬砌水压力的分布规律，结果表明泄水孔数量变化对靠近泄水孔区域衬砌水压力的影响远比远离部位变化明显。Huang 等将断裂网络模型引入常用的等效连续介质模型中进行流固耦合计算外水压力，结果表明：在裂缝及断裂带发育区，该模型的计算值与实测值吻合较好，而常规等效连续介质模型的计算结果与两者相差较大。随后，他利用已验证的新型耦合模型预测了引水隧洞泄水和充水过程中的外水压力。Li 等通过数值模拟提出了一种新型的铁路隧道底部概念性排水减压系统，包括横向集水系统、纵向导水系统和自下而上的排水系统，能有效地排除铁路隧道底部的积水，降低水压，进一步分析发现围岩的渗透性、初期支护和二次衬砌仰拱对外水压力的影响较大。王一鸣等依托应山岩隧道，通过二维流固耦合数值计算，研究墙脚排水方式下衬砌结构的受力特征，并基于外水压力和结构内力对衬砌进行安全性评价，结果表明：增加隧道的排水能力、提高注浆圈厚度和密封性可有效减小隧道的外水压力和衬砌内力，提高衬砌结构安全性。李贻伟通过对平阳岩溶隧道三维弹塑性数值模拟分析发现，随着外水压力的增加，仰拱部位内力的增加速率最大，是整个二次衬砌结构受力最薄弱环节，可采取适当增大仰拱半径的措施提高隧道衬砌结构的抗水压性能。相比于温度比拟法，FLAC3D 可以更好地模拟初始渗流场以及开挖支护的全过程对整个渗流环境的影响。但由于沿接触面方向的渗流无法计算，所以相对于裂隙岩体模型，等效连续介质模型更为常用。

5. 水文地球化学法

该方法主要是研究在同一水文地质单元中 CO_2 分压与各处水头之间的关系，再根据两者之间的关系与隧洞中所取水样的 CO_2 分压反推衬砌外水压力的大小，解决高水位隧洞设计中的水荷载计算问题。

1.2.4 隧道静水压力模型试验技术研究

模型试验一直都是隧道工程中重要的研究手段。对于复杂的多因素构成的工程现象，模型试验可以通过控制变量或设置正交试验，有目的性和干预性地分析单个因素造成的影响。

王秀英等依托厦门翔安海底隧道，对不同防排水方式（全封堵、堵排结合及全排放）的隧道衬砌水压力采用相似模型试验方法进行研究，得到了渗流场中注浆圈外、衬砌背后水压力在不同水头作用下的分布变化规律，研究发现半包段衬砌应变较全包段小，受力也更为有利。谭忠盛等以宜万铁路岩溶隧道为工程背景，通过模型试验研究了不同防排水模式下衬砌外水压力的变化，结果表明：采用全封堵时衬砌外水压力无法减小，而在全排模式下，衬砌结构依然承受一定的水压力。晏启祥等采用模型试验，对管片衬砌隧道在不同排水量时衬砌水压力的分布规律进行研究，推导了衬砌背后水压力、水压力折减系数与泄流量之间的函数表达式。Fang 等通过模型试验开发了一种模拟不同断面隧道外部水压的试验装置，用于估算衬砌在外水压作用下的承载力，以应对强降雨等极端天气给岩溶隧道的运营带来的挑战。Wang 等针对高水位隧道控制排水方案的空白，通过理论分析、室内试验和现场实测，研究了隧道衬砌的水压分布，研究表明：在完全防水情况下，注浆圈不能降低衬砌的水压，只有采取排水措施，注浆圈才能有效地降低衬砌的水压，且注浆圈存在一个最佳的尺寸，增大注浆圈的尺寸并不能无限制地降低衬砌的水压。Zhang 等通过原型试验研究分析了狮子洋隧道两种管片结构（直缝拼装结构和错缝拼装结构）的破坏过程，建议采用有效刚度系数来评价结构的承载状态，用剩余承载力系数来评价结构的剩余承载力。高新强等以高水压圆梁山隧道为工程背景，架构了一套新型隧道渗流场模型试验装置，分析了隧道修建过程中渗流场的变化规律及作用在二次衬砌背后的水压力。丁浩等通过相似模型试验，研究了水头高度与外水压力和折减系数之间的关系，认为工程类比时水头高度的相似关系为平方关系。崔岩和刘立鹏等分别通过模型试验、水岩分算等研究隧道衬砌外水压力折减系数的取值方法。高新强利用模型试验和理论分析方法,研究了深埋高地下水位铁路隧道围岩、注浆圈、衬砌背后水压力的分布规律,归纳得出水压力作用系数的概念,为相似工程设计提供参考。张鹏利用水土共同作用模型试验台架系统和光纤光栅应变测试系统,通过模型试验得到了注浆圈外及衬砌背后水压力在不同排水方式和水头高度下的分布变化规律,为海底隧道结构设计提供试验基础。宋凯等利用自行设计的隧道试验模型及渗流场水压力测试装置系统,研究了不同介质、不同防排水条件下隧道修建过程中衬砌背后水压力的变化规律,得到隧道结构水压力折减系数的影响因素,开创性地研究了不同渗流量下衬砌结构的内力。Lee 等通过数值模拟和模型试验,研究了越江隧道支护结构承受的水压力大小,结果表明:在采用透水垫层持续排水的情况下,支护结构仍承担约 20% 静水压大小的渗流水压力。Nam 等对深埋水下排水隧道渗流场进行研究,得到衬砌渗流水压分布规律。韩杨通过对隧道裂隙岩体渗透系数进行试验,研究了实践轴压、围压和水压对裂隙渗透系数的影响。王凯、李术才等依托青岛胶州湾海底隧道工程,对流固耦合模型试验系统、围岩相似材料、断层相似材料、试验数据采集及分析系统等进行了深入研究,并通过模型试验,对海底隧道的涌水特征进行了分析。何本国等依托大断面隧道工程,以结构力学方法确定隧道各部位水荷载,研制出全周密闭非均匀水压加载装置,并通过模型试验验证了该加载方法的正确性。李苍松等以水头高度、支护及排水条件为变量,设计了多种工况,通过模型试验研究了地下水压力对隧道支护结构的影响,发现地下水渗流变化及围岩裂隙对隧道水压力有较大影响。陈星宇通过断层破碎带隧道衬砌水压力特征试验模拟三种工况下(无地表水补给无注浆、有地表水补给无注浆、有地表水补给预注浆)的断层破碎带隧道的开挖,研究各工况下隧道开挖时的涌水量、水压力变化规律及掌子面防突层的安全厚度。中铁西南科学研究院采用模型试验研究了均匀围岩在控制排水条件下,隧道衬砌结构背后水压力的变化规律。王秀英、皇甫明对不同注浆参数条件下渗流场的分布进行了研究,得到衬砌水压力随注浆圈厚度、注浆圈渗透系数的变化规律,研究了不同排水量时衬砌背后水压力的变化规律。

1.2.5 隧道涌水量预测

国内外学者常采用古德曼公式、裘布依公式等多种解析理论预测以裂隙构造水为主的长大深埋隧道的涌水量,通过与施工期实测涌水量对比得出各预测理论的准确度、深埋海底隧道渗流量和衬砌周边水头的解析表达式。林传年等认为岩溶地区隧道涌水量估算需在区域岩溶水动力分带等水文地质分析基础上进行方法优选,并提出了岩溶地区合理的涌水量预测公式。张强等采用自主研发的专门用于隧道涌水过程的渗流试验槽装置,通过对试验涌水量的拟合分析,对比隧道实测涌水特征,验证了顺层顺轴向、顺层绕轴向两种涌水模式,确定了涌水来源与通道。吴昊等为探究隧道穿越富水断层破碎带过程中各工况下掌子面安全厚度、涌水量以及水压力的变化特征,以模型试验和数值模拟为主要手段,研究了隧道在无地表水补给无注浆、有地表水补给无注浆、有地表水补给有注浆等 3 种工况下各测量值的变化规律。李铮通过隧道施工阶段和运营阶段的模拟,针对矿山法施工的城市隧道涌水量预测等相关问题展开系统研究。王育奎等进行了海底隧道涌水量模型试验研究。

1.2.6 防排水系统对衬砌水压力影响的研究

对于浅埋矿山法隧道，地下水的处理采用"以排为主"的原则。对于水头较高的山岭隧道，为了保护周边的地下水资源和环境的要求，采取"以堵为主，限量排放"的原则。对于城市地铁隧道，因不允许地下水排放而采用全包防水。因此，基于环境以及衬砌压力等考虑在防水与排水之间选择一个恰当的平衡点是十分重要的。隧道内防排水系统的作用不仅仅是将隧道内的积水排出，更重要的是它可以有效降低衬砌外水压力，对隧道的施工和运营的安全性以及经济性有着十分重要的作用。

近年来，我国隧道防排水技术得到了快速发展。关宝树全面论述了隧道的地下水处治方法。吕康成等也对不同隧道的防排水技术进行了总结。张祉道对隧道防治地下水的处治原则、隧道防水结构和衬砌外水压力计算等方面进行了探讨。周书明就现有隧道规范对地下水的处治措施、隧道排水与环境保护、不排水隧道的设计原则以及不排水隧道外水作用计算方法等进行了探讨。王建宇等从地下水资源保护和生态环境出发，认为防止和控制地下水的流失应成为当前隧道设计和施工的一个重要课题，提出隧道衬砌防水的"全包型"和"注浆+排导"两种方式。信春雷对修建在富水区隧道的三维模型进行试验，着重研究了边界透水情况下和变化水头高度时，隧道采取全排水模式和全封堵模式时衬砌背后水压力大小及分布规律的变化过程。张明德通过室内模型试验对岩溶隧道围岩渗流场分布和衬砌水压力特征进行了研究。高新强利用模型试验，研究了深埋高地下水位铁路隧道不同防排水模式对衬砌水压力的影响。

可以看出，许多国内外学者基于试验和理论分析对隧道地下水压力进行了研究，取得了一定的成果，对于衬砌水压力和围岩渗透系数、注浆圈厚度和渗透系数、防排水方式和排水量大小以及围岩边界条件的关系有了进一步的认识。但也可以看出，不同的学者采取了不同的方法，得出了不同的水压力计算方法，对各自问题有各自的适用条件。目前，对于隧道衬砌水压力的相关问题还没有统一的计算方法，有待进一步研究，包括：① 对于在隧道开挖之前的初始渗流场问题缺乏相关研究；② 对于断层破碎带与隧道衬砌水压力的关系还未进行系统研究；③ 对于隧道衬砌水压力室内模型试验的相似材料选择制备，还未形成一个应用于各种工程的系统研究，现有的相似材料的选择很多都是借鉴前人经验；④ 虽然有学者对于围岩渗透系数、注浆圈厚度和渗透系数、排水方式以及排水量的大小等与衬砌水压力大小和隧道渗流场的关系进行了研究，并且给出了基于试验数据的拟合公式，但是缺少统一的计算公式。

1.3 管片力学性能与结构计算模型

管片力学性能分析需建立合理的结构计算模型。为了探究 TBM 施工阶段管片的力学性能，通常采用有限元法建立隧道管片三维模型，通过施加施工荷载，得到施工阶段管片的内力与变形。宋克志等利用有限元建立三维模型，假定该模型一端固定、一端简支，将有限元数值模拟结果与现场实测结果进行了对比分析，研究表明：盾构施工阶段，距离盾尾后 5~7 环管片受力较大，并且千斤顶偏心力的大小是造成管片局部破损的直接原因。朱合华和陶履彬探究了在建立隧道衬砌有限元模型时，采用直梁单元和曲梁单元的区别，并且利用高等数学中极限的思想得出了当单元模型足够小时，二者是等效的。鞠杨等结合广州地铁隧道工程，采用地层结构的有限元计算方法，总结了隧道衬砌的应力曲线、应变曲线以及裂缝的分布。陈俊生等使用 ADINA 软件建立隧道管片有限元模型，通过施加施工荷载探究隧道衬砌受力规律，由于隧道纵向受力不均匀，因此隧道管片纵向受力差异明显，不能简单地等效为平面模型。朱合华等指出，对于隧道衬砌模拟主要包含两方面，一个是管片接头部位模拟，一个是施工阶段注浆材料凝固的变化。钟登华等在三维非线性界面元的基础上，使用弹塑性力学提出了一种新三维隧道管片模型，在考虑螺栓连接的问题上，用界面元代替了原有计算中的普通接触以及弹簧单元的问题，为以后开展有关方面的理论研究奠定了基础。宋智强建立了三维隧道管片模型，其中钢筋混凝土结构采用分离式建模，衬砌管片采用均质圆环模型，忽略接头的影响因素，对管片钢筋布置进行了优化设计，使得管片中钢筋的受力更加合理。石少刚以日本新干线排水隧道工程为背景，利用有限元软件 ANSYS 分析了盾构施工阶段管片的力学性能，认为千斤顶推力、注浆压力、盾壳挤压力都对管片受力造成了影响，为盾构施工提出了建设性意见。

Chen 等利用三维有限元分析了盾构隧道衬砌管片在施工阶段和正常使用阶段出现裂缝的原因，表明无论是在施工阶段还是在正常使用阶段，裂缝主要出现在螺栓孔、手孔、环缝位置，提高混凝土的抗裂性能可以有效地减少管片裂纹和破损的概率。Mo 等利用有限元软件 ADINA 建立了 9 环衬砌管片，考虑了盾构机在掘进过程中，千斤顶推力、注浆压力以及盾尾挤压等施工荷载对隧道管片的受力影响，表明由于封顶块尺寸较小，在受到不均匀力时，容易造成错位，环缝受到的影响远远大于纵缝。Chen 等利用有限元软件 ADINA 分析了正常施工阶段和盾构机姿态调整施工阶段两个状态的受力分析，发现施工荷载会对管片受力产生很大影响，在不同的施工荷载下，钢筋的受力从 -80 MPa 到 50 MPa 之间变化。Yamaguchi 等对 4 条平行隧道进行了施工监测，得到了小间距隧道施工过程中，相邻隧道之间的相互影响，并且分析了盾构掘进参数对相邻隧道施工的影响，通过调节盾构掘进参数，对隧道施工提出了有效建议。Saito 和 Kurosaki 等现场监测了施工阶段隧道的管片受力，利用有限元模拟方法，模拟并分析了深埋隧道管片的受力分布形式，为深埋隧道施工提供了宝贵建议。

1.4　TBM 空推技术

TBM 空推过矿山法段的施工实例很少，而盾构过矿山法段的空推实例很多。例如，深圳地铁 5 号线部分地域采用矿山法进行挖掘，并结合盾构机安装管片进行作业。梁宇提出为了保证矿山法进入圆形隧道后的路线没有超过规定值，不受隧道空间小的影响，使活动不受到限制，需要严格地控制管片的路线和上浮。王春河指出盾构空推过矿山法段可能会引起相邻管片缝隙变大，从而容易引起渗漏水。毛红梅发现在使用矿山施工法时，为了保证盾构机能稳定通过以及有一个安稳的隧道端头，应该增强端头墙的坚固程度。张常光等利用弹性力学理论推导出了两向不等地应力条件下管片弯矩和轴力的弹性解析解。张学军、戴润军等提出盾构机姿态控制措施，这样能够保证隧道的成型以及隧道的品质。张海波等把工程中的隧道受力情况及受力能力和实际中出现的情况进行比较和总结，从而得到衬砌受力与变形的规律。吴兰婷把接头力学当作模板，进行管片接头力学的研究，通过有限元法对管片接头的特点进行分析，找出接头对管片结构形变的作用。这些盾构过矿山法段的空推经验可为 TBM 空推过矿山法段的施工提供很好的借鉴。

1.5 TBM过断层破碎带段施工技术

TBM穿越断层破碎带时，由于围岩变形大，会面临一系列的风险，甚至是卡机，对工程进度和人员安全将造成严重影响。由于断层破碎带性质及其稳定程度不同，国内外学者针对具体工程，提出了一系列加固措施：在软弱围岩中多采用管棚、锚杆等超前支护；在有节理和带孔的硬岩地层以及有巨大碎块的卵石-砾石地层中多采用注浆，根据节理、孔洞大小和地下水流动的速度，灌注水泥浆、水泥-水玻璃浆或黏土浆等；在可灌性差、地下水丰富且渗透性好的冲积地层中多采用人工冻结法；对围岩强度极低、埋深小、需控制地表下沉的土砂等地层中多采用预衬砌。在理论方面，针对断面节理纵横交错的断层破碎带的研究方法有：① 用等效连续体来替代岩体中的不连续断层、弱面等；② 用特定的节理来模拟岩体中的不连续体；③ 研究微裂隙的连续发展而导致的剪切带的形成及其积累过程。虽然许多学者在一些方面取得了相应的成果，但缺乏系统全面的分析研究。因此，在按照原有设计方案施工的前提下，研究TBM如何安全快速地穿越断层破碎带，对整个隧道工程的施工具有重要的实际意义。王梦恕等对TBM快速通过断层破碎带技术进行了阐述，介绍了可能遇到的各种不利情况及其处理措施。徐虎成描述了在新疆某引水工程断层破碎带中，TBM遭遇塌方情况下的卡机处理与脱困方法。张国结合厄瓜多尔CCS（Coca Codo Sinclair，科卡科多辛克雷）项目水电站输水隧洞工程，选取"旁洞+上导洞揭顶开挖"的施工方案，使双护盾TBM安全高效地通过50 m破碎带，形成双护盾TBM快速施工。陈岗等利用MIDAS有限元软件模拟碎裂石断层加固与否以及管片和围岩位移的变化规律，研究了TBM穿越碎裂石断层注浆加固技术。

1.6 TBM施工对邻近既有建（构）筑物的影响

很多情况下，在地铁建设中，新建隧道与地表建筑、既有隧道及其桩基础之间距离较近，在新建隧道开挖过程中，既有隧道等结构破坏进而影响运营安全的状况时有发生，同时，既有隧道等结构破坏也妨碍了新建隧道的安全施工。因此，需要进行邻近既有隧道、地表建筑、桩基等结构安全施工技术的研究。

国内外已有许多学者对该课题进行了多方面的研究。在理论分析方面，王梦恕和王占生讨论了盾构施工对不同深度基础建筑物的影响，论述了盾构施工对结构物影响的预测手段和影响区域的划分，分析了盾构经过既有结构物时的施工组织管理方法，提出了盾构通过结构物时常见的工程处理措施。施成华等将岩土体看成一种随机介质，将开挖岩土体引起的地表下沉看成随机过程，并对某工程开挖施工引起的地表位移和变形进行了数值模拟分析，并据此判断隧道开挖对住宅楼的影响。孙吉主根据隧道与基桩位置的3种不同情况，提出了基桩稳定性的简便工程分析方法，能有效地校验各种方法的成果。Chen等利用两阶段方法（即先计算土体的变形然后再将变形作用在桩上）对隧道施工引起的基桩变形等相关特性进行了研究。

在数值模拟方面，Jenck等运用FLAC3D数值模拟软件对盾构施工和建筑物之间的相互影响进行了模拟分析，数值模拟过程中对盾构施工做了简化，并且考虑了地层损失，分析研究了建筑物刚度对地表位移产生的影响，结果表明：在建筑物周边区域，地表沉降发生了明显的变化。因此，有必要对建筑物周边区域进行防护。Soliman 等考虑盾构法双孔隧道相继掘进的相互影响，用有限元数值模拟软件分析了双孔隧道相互应力变形关系，与单孔隧道的结果对比表明可用单孔隧道的解来推导出双孔隧道的解。Akagi 等采用了一种新的单元（即开挖单元）和三维有限元网络模拟了两条平行隧道的相互作用，模拟结果与现场监测结果吻合。

在模型试验方面，吴波等通过土工离心机模型试验模拟隧道施工对管线的影响。Kim 等利用缩尺模型分别研究了平行与垂直隧道的相互作用，研究内容包括后建隧道对邻近已建隧道衬砌的影响。Chen 和 Poulos 等利用离心模型试验对因隧道施工引起的单桩和群桩（2×2）应力与变形特性进行了初步研究。高波采用大比例尺室内模型进行了北京地铁西单车站合理施工步骤的试验研究和北京地铁复八线区间暗挖隧道支护参数的优化研究。王明年等进行了广州地铁 2 号线越秀公园站开挖顺序和 3 孔小间距间相互影响的模型试验研究。林刚等对双联拱公路隧道综合修建技术（包括施工方法、支护参数和长期安全性等）进行了相似模型试验研究。

1.7 TBM 隧道施工设备和改进

除了 TBM 施工技术的不断发展外，TBM 配套设备的开发和管理对施工效率的影响也不可忽视。王宇通过采用重点设备管理法对 TBM 设备进行管理，从生产方面、质量方面、成本方面、安全方面以及维修性方面进行综合性分析，选出刀具、主轴承和液压系统作为设备管理的重要管理对象。徐赞针对如何保证 TBM 快速掘进，从 TBM 空推步进方式及配套基础设施建设、连续输送带出渣与掘进速度相适应，消除连续出渣体系与二次衬砌施工的相互干扰以及 TBM 维护与细部改造等方面进行了分析研究。王文广等对防刀盘"结泥饼"设计、刀盘和刀具的耐磨设计和防止"卡盾"的措施等进行了研究，使单护盾 TBM 能够适用在砂岩、砂质泥岩中掘进，更好地适用地质地层，提高掘进效率。

1.8 TBM 信息化施工技术研究

欧美、日本等地区在 20 世纪 70 年代就已开始研究施工项目的数据管理系统，TBM 数据管理系统也逐步发展起来，不同学者对于 TBM 数据管理技术和方法不断进行尝试，并取得了较好成果。20 世纪末，Forsberg 和 Hartwig 提出了一种采用 Lisp 语言编写，运行于 UNIX 系统上的 TBM 设备专家系统。该系统根据隧道的综合信息进行分析，为 TBM 的可行性研究和选型提供决策依据和方案。21 世纪初，日本学者 Okubo 和 Fukui 提出了一种通过 Pascal 和 Basic 进行编写的专家系统，该系用于评估 TBM 的施工性能，如使用率、推进力、扭矩、功率等参数。随后，欧盟为促进基础设施建设技术的革新，尤其是为了实现对隧道施工数据的管理，提出了地下工程施工技术创新计划，意在为隧道建设的各参与方提供完备的施工数据，以实现隧道工程的顺利开展。Sagong 等通过 PDA（Personal Digital Assistant，个人数字助手）技术和无线网络技术为隧道工程中的掌子面信息数据设计数字化描述系统（Digitalized Tunnel Face Mapping System，DITFAMS），用以高效存储与利用隧道施工中的围岩信息。TBM 施工数据管理正从理论向工程化应用方向发展，并逐步转变为全面商业化推广。杨志勇等开发了盾构施工风险监控系统，该系统以盾构施工数据为研究对象，具有数据传输、工程进度实时查看等功能，通过对施工数据实时监控及深入分析，实现对工程状况的及时感知和对施工风险的有效规避。综上可知：

（1）TBM 隧道施工在国外，特别是西方发达国家的特长隧道施工中得到普遍采用，而我国虽然采用 TBM 修建隧道起步较晚，但也涵盖了多个工程领域，包括：水利水电工程、交通工程、矿山工程和地铁工程等。

（2）以往的小半径曲线隧道大多是采用盾构法和矿山法修建的，而采用 TBM 施工的实例非常少，可借鉴的相关经验极其缺乏。

（3）隧道衬砌水压力的计算方法有折减系数法、理论解析法、解析数值法、数值模拟法、水文地球化学法和模型试验法。折减系数法是最常用的方法，但是折减系数的确定非常困难，而模型试验法是研究折减系数的一种最有效的方法。国内外学者在这方面做了不少工作，但大多是一些定性的规律性和影响因素方面的研究，尚未提出一种有效的隧道水压力的统一计算方法和折减系数的表达公式。

（4）TBM 空推过矿山法段的施工实例很少，而盾构过矿山法段的空推实例较多，这些盾构过矿山法段的空推经验可为 TBM 空推过矿山法段的施工方案和施工技术提供很好的借鉴。

（5）TBM 过断层破碎带段施工技术与断层破碎带性质及其稳定程度密切相关，国内外学者针对具体工程提出了一些有效的加固措施。然而，在城市轨道交通方面 TBM 施工过断层破碎带段的研究很少，需进一步加强。

（6）TBM 施工穿过邻近结构物的实例不多，但盾构施工穿过邻近结构物的研究方面进行了不少的理论分析、数值模拟和试验研究工作，所取得的研究成果和经验可为研究 TBM 施工穿越邻近结构物的影响提供非常有价值的参考。

（7）以往 TBM 隧道施工实例很少，且多数设备都是从国外厂商处购入，设备优化和改进不方便。目前的 TBM 施工设备由国内设备制造商提供，这为在现场施工中不断优化和改进创造了有利的条件。

（8）信息化隧道施工已成为现代隧道施工的标志，是现代隧道施工中不可或缺的重要技术。

总体而言，目前我国的 TBM 隧道施工实例很少，小半径曲线 TBM 隧道施工的案例更少，需开展相关研究，为小半径曲线 TBM 隧道设计施工提供急需的四新（新技术、新工艺、新材料、新设备）技术，以切实降低工程风险，解决设计和施工中遇到的难题。

1.9　小半径高水头 TBM 地铁隧道实例

本节列出两个与本书密切相关的小半径高水头 TBM 地铁隧道实例。

1.9.1　深圳地铁 6 号线二期工程民乐停车场出入线隧道

深圳地铁 6 号线二期工程民乐停车场出入线隧道线路大体呈东西走向，起点为深圳地铁 6 号线二期工程翰梅区间梅林关站，左线长 2 472.834 m，右线长 2 399.59 m，采用双护盾 TBM 施工，如图 1.9.1 所示。

图 1.9.1 深圳地铁 6 号线二期工程线路

地铁线路出翰梅区间后以 $R=300$ m 的曲率半径（长 750 m）往西转，沿塘朗山西行 1 km，再以 $R=260$ m 的曲率半径（长 600 m，尚无先例）往东转接入民乐停车场线路，曲线段占区间长度一半。民乐停车场出入线区间隧道依次穿越厦深高铁、地铁 4 号线、新彩隧道、广深港高铁、南坪快速路牛咀大桥，侧穿牛咀水库等，线路最大纵坡为 34.8‰。隧道埋深为 3～248 m，最大水头高度为 145 m。

为避免施工爆破对既有线路的不利影响，设计采用两台 $\phi 6\,500$ 双护盾 TBM 硬岩掘进机（见图 1.9.2）施工。TBM 在民乐停车场组装完成后依次空推通过三线大断面矿山法隧道（89 m）、明挖段结构（74 m）、单洞双线矿山法隧道（160 m）后在矿山法隧道内始发，掘进完成后在梅林关站北端矿山法隧道内接收，并空推通过矿山法隧道（175 m）后在梅林关站端头井拆机吊出。

管片形式采用通用环管片，通过对每环管片不同拼装点位的选择，组合计算每环管片楔形量来满足线路直线段和曲线段施工和纠偏的需要。TBM 施工段衬砌断面由 6 块管片组成，每一环管片分为 6 块，一块封顶块（F）、两块邻接块（B1、B2）、三块标准块（A1、A2、A3），如图 1.9.3 所示。管片设计参数见表 1.9.1。

图 1.9.2　民乐停车场出入线隧道双护盾 TBM 掘进与管片拼装

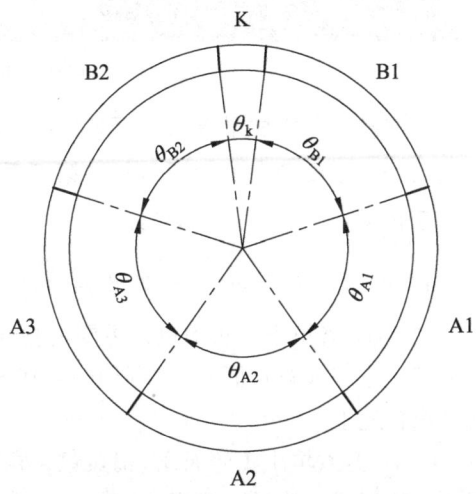

图 1.9.3　民乐停车场出入线隧道管片衬砌环构造

表 1.9.1　隧道管片设计参数

项目	特征	项目	特征
管片外径/mm	6 200	衬砌环组合形式	通用型衬砌环
管片厚度/mm	400	管片连接形式	弯螺栓连接
管片分块/块	6	最大楔形量/mm	40
管片宽度/mm	1 200	楔形角/（°）	0.369 6
管片拼装方式	错缝拼装		

隧道沿线主要穿越地层为中、微风化花岗岩层，微风化花岗岩层抗压强度平均为 95 MPa，最大为 125 MPa。TBM 共 7 次穿越断层破碎带。地下水类型为基岩裂隙水，略具承压性，地下水对混凝土及钢筋局部为弱腐蚀性，其余均为微腐蚀性，如图 1.9.4 所示。

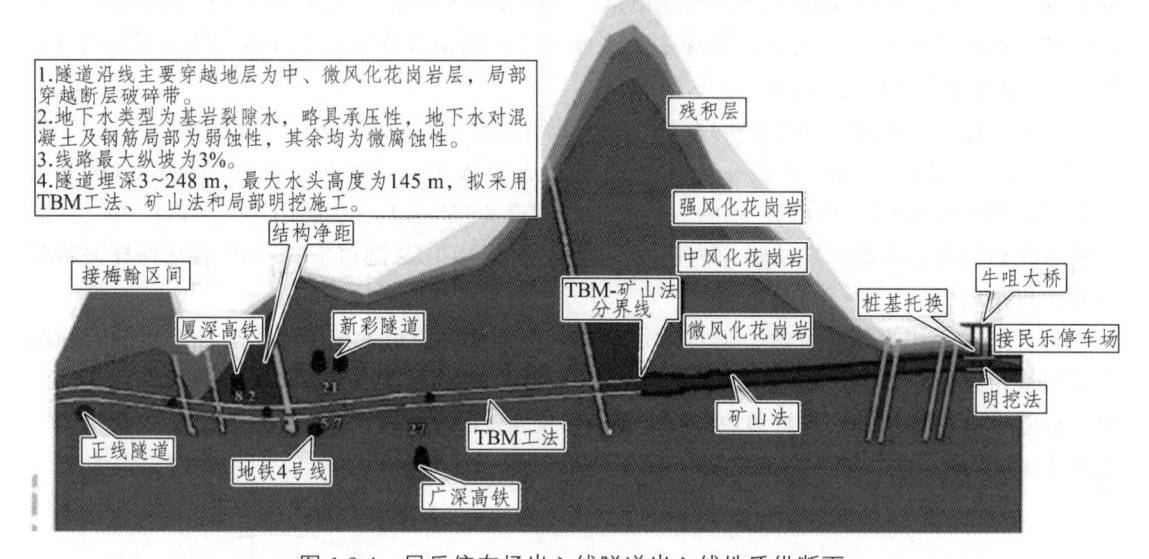

图 1.9.4　民乐停车场出入线隧道出入线地质纵断面

根据已有勘察成果资料及野外钻探、原位测试、室内土工试验结果，民乐停车场出入线经过的场地主要分布的地层包括：第四系全新统人工填堆积层（Q_4^{ml}）、残积层（Q^{el}）、下伏燕山期花岗岩（γ_5^3）及碎裂岩。

1. 第四系全新统人工堆积层（Q_4^{ml}）

（1）①$_1$ 素填土：灰褐色，主要由黏性土组成，夹少量砂砾，局部夹有少量填石，稍湿，松散状，未完成自重固结。层厚 0.5 ~ 19.60 m，层底标高 98.05 ~ 173.02 m。该层广泛分布，属Ⅱ级普通土。

（2）①$_2$ 素填土（碎石）：褐黄色，稍密 ~ 中密，主要由中等 ~ 微风化花岗岩质碎石块及混凝土块组成，块径一般为 4 ~ 50 cm，夹有少量黏性土。层厚 5.10 m，层底标高 143.76 m。该层为局部分布，属Ⅲ级硬土。

（3）①₃素填土（块石）：浅灰色，稍湿，稍密～中密，主要由微风化粗粒花岗岩块石组成，块石直径 20～50 cm，含量大于 50%，由人工填成。该层只在钻孔 MFNZ3-CRX-44 揭露，揭露层厚 0.4 m，层底标高 131.7 m，属Ⅳ级软石。

2. 第四系残积层（Q^{el}）

②₁砾质黏性土：褐黄色，硬塑，由花岗岩风化残积而成，含有约 20% 的石英颗粒及较多的高岭土。层厚 2.00～14.50 m，层底标高 147.24～317.66 m。该层为局部分布，属Ⅱ级普通土。

3. 燕山期花岗岩（γ_5^3）

（1）③₁全风化粗粒花岗岩：褐红、棕红色，岩芯呈土柱状，原岩结构完全破坏，矿物基本风化为黏性土，遇水易软化崩解，手捏易散。揭露层厚 1.20～11.10 m，层底标高 96.92～312.26 m。该层为局部分布，属Ⅲ级硬土。

（2）③₂强风化粗粒花岗岩（块状）：灰白、草绿色，原岩结构清晰，原岩矿物除石英外，基本已风化，岩芯呈半岩半土状，块状，手掰不易断，锤击易碎。揭露层厚 0.90～9.20 m，层底标高 87.04～301.56 m。该层为局部分布，岩体基本质量等级为Ⅴ类，属Ⅳ级软石。强风化层局部揭露有孤石。

（3）③₃中风化粗粒花岗岩：肉红、灰白色，粗粒结构，块状构造，岩石风化裂隙发育，裂隙倾角以 45°、70° 两组为主，裂面微张或闭合，延伸一般小于 0.5 m，基本无充填，岩芯呈碎块状、短柱状，结构部分破坏，锤击声哑，锤击易碎。揭露层厚 0.80～26.90 m，层底标高 78.64～302.96 m。该层沿线普遍分布，饱和单轴抗压强度为 28.2 MPa，岩体坚硬程度为软岩，岩体完整程度为破碎～较破碎，岩体基本质量等级为Ⅳ类，属Ⅴ级次坚石。

（4）③₄微风化粗粒花岗岩：青灰、肉红色，粗粒结构，块状构造，岩石风化裂隙较发育，岩芯呈短柱状～长柱状，结构基本未变，锤击声脆，难击碎。揭露层厚 0.80～201.60 m，层顶标高 54.10～166.12 m。该层沿线普遍分布，饱和单轴抗压强度范围值为 75.11～98.86 MPa，平均值为 86.20 MPa，标准值为 82.10 MPa。岩体坚硬程度为坚硬，岩体完整程度为较破碎～较完整，岩体基本质量等级为Ⅱ～Ⅲ类，属Ⅵ级坚石。

4. 碎裂岩

（1）④₁块状强风化碎裂岩：褐黄、灰褐色，原岩结构清晰，原岩矿物除石英外，基本已风化，岩芯呈半岩半土状，局部夹有较多中等风化块，手掰不易断，锤击易碎。该层仅见于 MFNZ3-CRX-31 钻孔，为局部分布。揭露层厚 7.60 m，层顶标高 114.01 m，属Ⅳ级软质岩。

（2）④₂中风化碎裂岩：青灰、灰褐色，碎裂结构，块状构造，岩石风化裂隙较发育，其倾角以 70°、40° 两组为主，裂面微张、不平，延伸不长，裂面有蚀变，可见轻微绿泥石化，岩芯呈大块状、柱状，结构基本未变，锤击声脆，难击碎。揭露层厚 2.9～6.1 m，层顶标高 104.05～123.44 m。该层为局部分布，岩体坚硬程度为软岩～较软岩，岩体完整程度为破碎～较破碎，岩体基本质量等级为Ⅴ～Ⅵ类，属Ⅵ级次坚石。

（3）④₃微风化碎裂岩：青灰、灰褐色，碎裂结构，块状构造，岩石风化裂隙较发育，其倾角以 80°、50° 两组为主，裂面微张、不平，延伸不长，裂面有蚀变，可见轻微绿泥石化，岩芯呈大块状、柱状，结构基本未变，锤击声脆，难击碎。揭露层厚 3.70～34.00 m，层顶标高 93.40～177.35 m。该层为局部分布，岩体坚硬程度为软岩～较软岩，岩体完整程度为破碎～较破碎，岩体基本质量等级为Ⅳ~Ⅴ类，属Ⅴ级次坚石。其碎裂岩岩芯照片如图1.9.5所示。

出入线线路沿线未见地表水体，但在线路西面约160 m的丘陵坡脚处有一水库——牛咀水库，该水库地势低洼且距离线路山体较远，对线路基本无影响。另外在线路MRDK2+300处西侧约180 m沟谷内有山涧溪水，出水点地势相对线路较低，水量约10~20 m³/d且受季节和降水影响。

根据其赋存介质的类型，沿线地下水主要有两种类型：一类是第四系地层中的松散岩类孔隙潜水，主要赋存于人工填土层中；另一类为基岩裂隙（构造裂隙）水，主要赋存于强、中等风化带及断裂构造裂隙中，具有承压性。

图1.9.5 碎裂岩

深圳地铁6号线二期工程民乐停车场出入线隧道工程的主要特点可归纳如下：① 小半径施工占施工总长过半，线路最小曲线半径为260 m，无先例；② 高水头，最高水头约145 m；③ 长距离空推（长度为498 m）；④ 7次穿越断裂带；⑤ 洞内始发；⑥ 穿越牛咀大桥处的大体量（7根）桩基托换；⑦ 采用双护盾TBM施工。

1.9.2 深圳地铁8号线一期工程梧桐山南站—沙头角站区间隧道

深圳地铁8号线一期工程梧桐山南站—沙头角站区间线路大体呈西东走向，起于梧桐山南站，止于沙头角站，左线长约4 119.076 m，右线长约4 135.7 m，隧道埋深11.1~253.1 m，最大水头高度为210 m，最小曲线半径为400 m。区间隧道采用TBM法掘进（长度为3 395 m）为主，局部软岩段采用矿山法开挖初支+TBM空推拼装管片（首尾两段总长740.7 m）工法施工为辅，如图1.9.6所示。

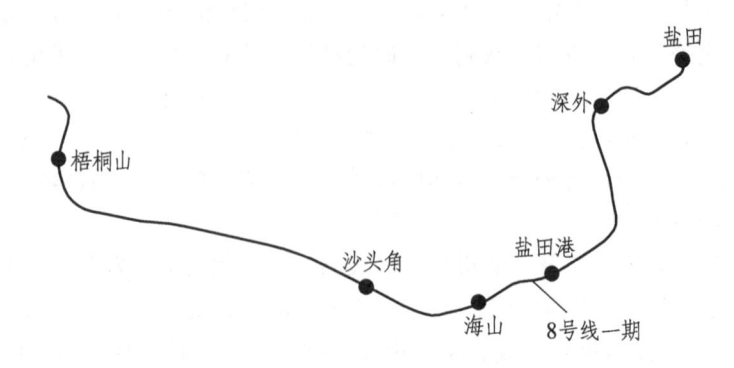

图1.9.6 深圳市城市轨道交通8号线一期工程线路

梧沙区间线路出梧桐山南站沿东南向小半径曲线侧穿梧桐山管理区大楼后，下穿深盐二通道桥桩基础（2处共4根桩基需托换），隧道基本沿罗沙路下方直行穿越梧桐山（下穿长度约为515 m，净距为19.2~22.9 m），分别经过夹门山、五亩地、伯公坳后，隧道进入既有的梧桐山隧道下方，与既有梧桐山公路隧道并行约400 m后，在半山悦海和御景翠峰之间沿深盐路下方继续向东，下穿盘山公路高架桥后进入沙头角站。区间共设置一座临时施工竖井及横通道、两座风井、七座联络通道及一处废水泵房，如图1.9.7所示。

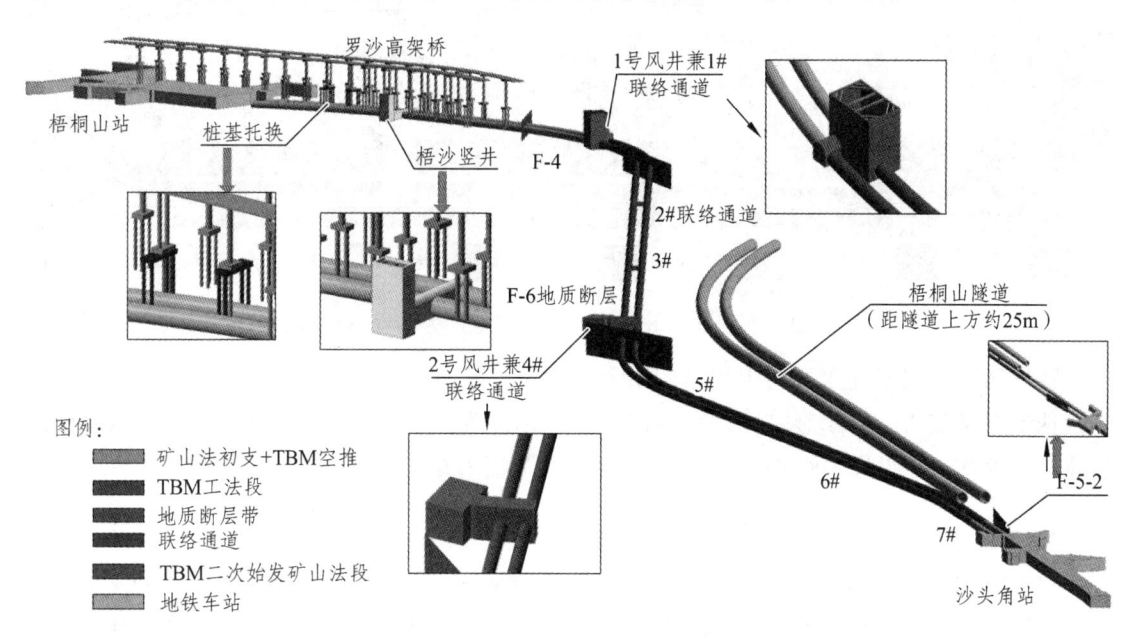

图 1.9.7　深圳市城市轨道交通 8 号线一期工程梧沙区间平面位置

本区间采用两台新造双护盾 TBM，TBM 在工厂组装调试完成后，自常熟出发采用陆运+水运的方式运至工地。TBM 由盾体、双轨梁、喂片机及 1#~11# 台车组成，全长约 150 m，总质量约 900 t。其中盾体质量为 560 t、长 12 m，如图 1.9.8 所示。

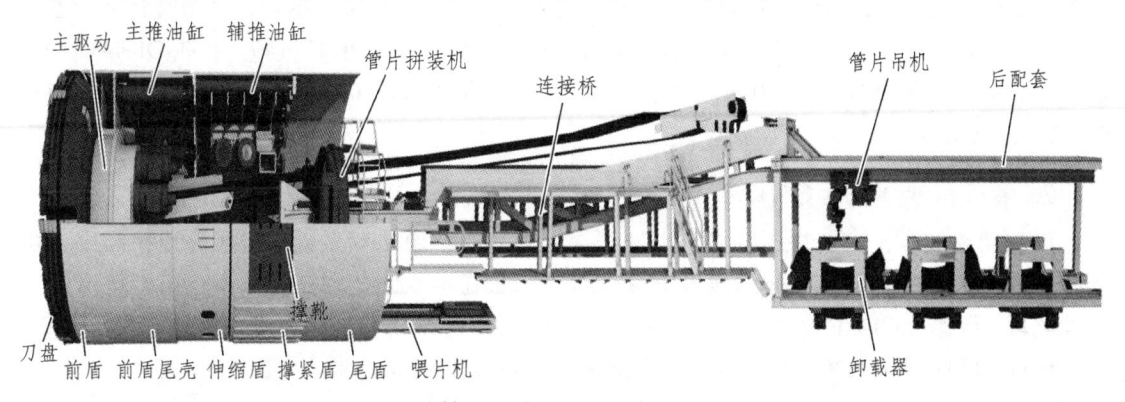

图 1.9.8　深圳地铁 8 号线一期工程梧沙区间双护盾 TBM

深圳地铁 8 号线一期工程梧沙区间隧道工程 TBM 施工段衬砌断面采用标准环管片，由 6 块管片组成（3 块标准管片、2 块邻接管片和 1 块封顶管片），管片厚度为 400 mm，内净空为

2.7 m，轨顶与管片净距为 840 mm。

梧沙区间大多位于微风化凝灰岩中，洞口段为强风化岩及残积岩等，邻近梧桐山站约 353 m 及邻近沙头角站约 224 m 位于全～强风化凝灰岩层中，隧道围岩综合分级为Ⅲ～Ⅴ级。隧道不良地段穿越 3 条断裂带，断裂带以北东向和东西向为主，如图 1.9.9 所示。

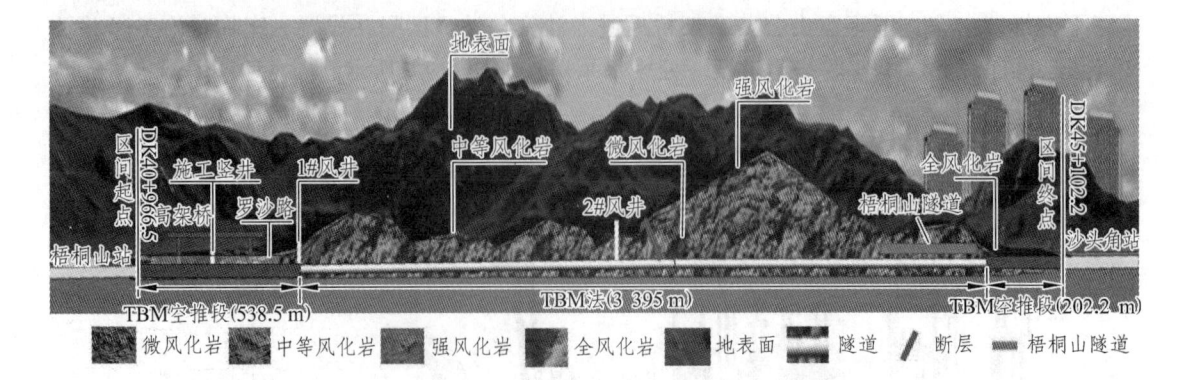

图 1.9.9　深圳地铁 8 号线一期工程梧沙区间地质纵断面

隧址区域地层岩性主要为上覆第四系全新统人工堆积层（Q_4^{ml}）、第四系残积层（Q^{el}），下伏侏罗系凝灰岩。沿断裂带内发育的构造岩主要为强、中等风化碎裂岩，节理裂隙及构造裂隙极为发育，在里程 DK44+660～DK44+840 段为侵入花岗岩体。

1. 第四系全新统人工堆积层（Q_4^{ml}）

（1）①$_1$素填土：褐黄、褐红、灰褐色，主要由黏性土组成，含少量碎石，稍湿～饱和，呈稍密状态。主要分布于隧道两端罗沙路及深盐路上，在山岭隧道段仅在盘山路上有分布，其里程范围为左线左 DK40+980～左 DK41+560 段及左 DK44+910～左 DK45+149、右线 DK40+980～DK41+440 段及 DK44+910～DK45+149 段。层厚 1.00～7.50 m，平均层厚 2.96 m，层底埋深 1.00～8.00 m，层底高程 22.01～145.76 m，属Ⅱ级普通土。

（2）①$_2$填碎石：杂色、灰褐色、褐黄色，主要由中～微风化凝灰岩碎石组成，碎石直径一般为 0.05～0.20 m，局部粒径超过 0.30 m，夹少量黏性土，稍湿～饱和，呈稍密状态。主要分布于隧道东端深盐路上，其里程范围为左线左 DK44+910～左 DK45+149、右线 DK44+910～DK45+149 段。层厚 0.50～10.30 m，平均层厚 4.42 m，层底埋深 0.50～10.30 m，层底高程 17.14～92.72 m，属Ⅲ级硬土。

2. 第四系残积层（Q^{el}）

硬塑状粉质黏土：灰褐、灰白色，硬塑～坚塑，主要由侏罗系凝灰岩风化残积而成，切面稍有光泽，无摇振反应，干强度及韧性中等。该层在本线路范围主要分布在山岭隧道段及深盐路段。层厚 2.60～17.70 m，平均层厚 8.93 m，层顶埋深 0.00～10.30 m，层顶高程 17.14～284.09 m，层底埋深 5.20～23.50 m，层底高程 6.06～278.89 m，属Ⅱ级普通土。

3. 侏罗系凝灰岩（J）

⑨$_4$微风化凝灰岩（W1）：灰、灰白、深灰色，凝灰质结构，块状构造，岩石风化裂隙较发育，岩体较完整，岩芯呈短柱状～柱状，结构基本未变，锤击声脆，难击碎，RQD（岩石

质量指标)=55%~90%，岩体基本质量等级为Ⅱ~Ⅲ类。该层在本场地除断层影响带以外的区域广泛分布，本次勘察未揭穿该层，揭露厚度2.00~247.50 m，层顶标高-4.21~266.49 m。根据室内试验，饱和抗压强度范围值为32.2~92.6 MPa，平均值为58.7 MPa，属较硬岩~坚硬岩。实测完整性指数平均值为0.725，岩石完整性程度为较完整，属Ⅵ级次坚石。

深圳市气候属亚热带季风气候，热量丰富、日照时间长、雨量充沛，气候和降雨量随冬、夏季风的转换而变化。冬季无严寒，夏季湿热多雨，一年内有冷暖和干湿季之分，具有雨热同季、干凉同期的特点。但降水和气温在一年中的变化较大，灾害性天气也较多。

本区间地表水系较发育，主要为梧桐山—沙头角区间的深圳河水系。深圳河由东向西流入深圳湾，近海段河水流向受涨落潮影响明显，在线路DK44+800北侧约160 m处为正坑水库，勘察期间水位高程为45.80 m。在本区间里程DK41+442及DK43+133处见沟谷流水，水量较小，主要接受大气降水和泉水的补给，水量受季节影响严重，向南汇入深圳河中。

根据其赋存介质的类型，工程沿线地下水主要有两种类型：一类是第四系地层中的松散岩类孔隙潜水；另一类为基岩裂隙水。第四系地层松散地层孔隙潜水主要赋存于人工填土层(填碎石)中，但本次钻探揭露层零星分布，厚度较小。地下水补给来源主要为大气降水，富水量一般，地下水位随地形起伏而变化。基岩裂隙水按裂隙成因和性质可分为风化带裂隙水和构造裂隙水。风化带裂隙水主要赋存在全、强风化带中，含水层厚度变化较大，全风化岩中水量一般较少，强风化基岩中水量稍丰富。构造裂隙水主要赋存在中等风化、微风化基岩中，由于节理裂隙发育密度和贯通性各处差异较大，受断裂构造的影响不同，基岩富水性不同，整体上属弱含水、弱透水性地层。大部分基岩多为第四系松散地层所覆盖，地下水补给来源主要为第四系地层中的孔隙水补给，属大气降水间接补给。另外，沿线多处发育有断裂构造，断裂破碎带含水量相对较丰富，透水性较好。本次勘察期间测得稳定地下水位埋深为1.60~44.00 m，水位高程为24.29~240.09 m。

深圳地铁8号线一期工程梧沙区间隧道工程的主要特点有：① 小半径施工，线路最小曲线半径为400 m；② 高水头，最高水头约为210 m；③ 长距离空推(长度为740.7 m)；④ 3次穿越断层破碎带；⑤ 洞内始发；⑥ 下穿深盐二通道桩基(4根)托换；⑦ 平行下穿既有梧桐山隧道(下穿长度约为515 m，净距为19.2~22.9 m)；⑧ 采用双护盾TBM施工。

综合上述两个小半径高水头TBM地铁隧道实例，可将工程重难点归纳如下：

(1) 小半径曲线设计施工：两座隧道均存在小半径曲线段，特别是深圳地铁6号线二期工程民乐停车场出入线隧道小半径施工占施工总长过半，线路最小曲线半径为260 m，尚无先例。小半径曲线段易出现卡盾、管片错台、掉渣和渗漏水等现象，严重时，可能导致TBM推进轴线严重偏移隧道设计轴线，存在调线调坡的潜在风险。施工过程中如何优化管片设计，采取有效措施保证施工顺利进行是该工程的重点。

(2) 大埋深、高水头：两座隧道工程均埋深大、水头高、水压大，特别是深圳地铁8号线一期工程区间隧道最大埋深为253.1 m、最高水头约为210 m。如何准确计算如此大埋深、高水头情况下作用在隧道衬砌上的静水压力，开展对应管片标准化设计以提高管片的防水性能是该工程的难点。

(3) TBM空推施工：两座隧道均存在多段长距离矿山法开挖初支+TBM空推安装管片，管片与喷锚初支间采用豆砾石内充水泥浆(或直接采用惰性浆液)回填。如何实现TBM平稳推进，豆砾石充填密实，提高注浆质量，防止衬砌错台，保证管片衬砌稳定性也是该工程的重点。

（4）桥梁桥墩和桩基托换：深圳地铁6号线二期民乐停车场出入线隧道下穿位于高陡边坡上的南坪快速路牛咀大桥上，需进行高桥墩托换。深圳地铁8号线一期工程区间隧道下穿深盐二通道高架桥桥桩，需进行桩基托换。如何进行边坡加固，防止横向荷载下的高桥墩压杆失稳，保证桥墩和桩基托换的顺利进行是该工程的难点。

（5）断层破碎带施工：两座TBM隧道均穿越多处断裂破碎带，个别破碎带水头高且破裂较为严重，TBM施工时容易引起涌水涌砂、卡刀盘及盾壳等情况。施工中如何应对涌砂涌水现象，保证掌子面掘进的顺利进行也是该工程的难点。

（6）上跨下穿多种建（构）筑物：两座隧道穿越厦深高铁、地铁4号线、新彩隧道、广深港高铁、南坪快速牛咀大桥桩基础、梧桐山管理区大楼，下穿长岭天桥、罗沙高架桥、盘山公路高架桥，长距离平行下穿梧桐山公路隧道等各种类既有复杂建（构）筑物，侧穿牛咀水库等，TBM掘进时可能对其产生潜在影响。施工中如何控制TBM推进参数，保证既有建（构）筑物的安全也是该工程的难点。

2 小半径曲线隧道段 TBM 管片受力分析和设计

小半径曲线隧道 TBM 施工时其姿态难以控制，很容易出现管片错台、破损等问题。管片的选型和拼装对于小半径曲线隧道转弯的实现和防止管片发生错台及破损等有着至关重要的作用。

2.1 小半径曲线隧道 TBM 施工力学分析

以深圳地铁 6 号线二期工程民乐停车场出入线隧道 TBM 施工为工程背景，对小半径曲线隧道 TBM 施工力学进行模拟分析。

1. 计算模型的建立

基于其工程特点和研究目的，施工方建立了如图 2.1.1 所示的计算模型。隧道曲线半径为 260 m，两隧道轴线净距为 7.3 m，覆土厚度为 14 m。隧道长度沿隧道轴线方向取 30°，开挖直径为 6.6 m，考虑边界效应，计算范围取 3~6 倍洞径，以隧洞中心线向 X 方向左右取 37.3 m，Z 轴正向取至地表、负向向下取 40 m。地表在法向取自由边界外，其他边界都取位移约束。

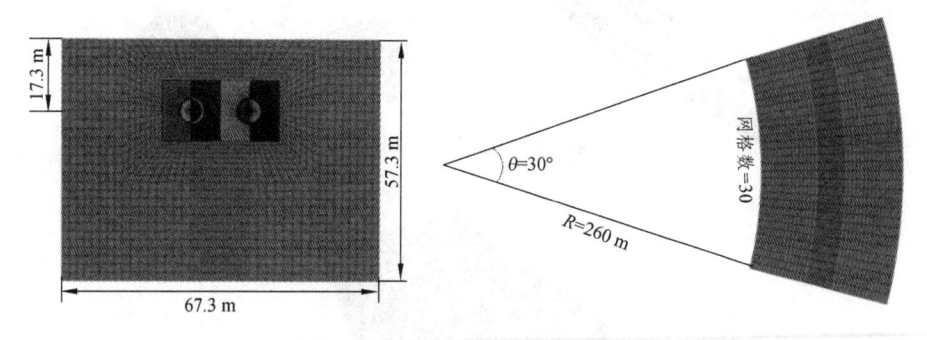

图 2.1.1 计算模型

根据工程地质勘查报告、现场钻探、原位测试、孔内测试及室内试验可知场区表层为残积土层，基岩为全风化、强风化、中风化粗粒花岗岩，微风化粗粒花岗岩，块状强风化碎裂岩和中风化碎裂岩等。隧道围岩综合分级为Ⅲ～Ⅴ级，取最不利围岩Ⅴ级围岩，围岩、注浆层和管片均采用实体单元模拟，符合莫尔-库仑准则，计算参数列于表 2.1.1 中。

表 2.1.1 计算参数

材料	密度/(kg/m³)	弹性模量/GPa	抗拉强度/MPa	摩擦角 φ/(°)	黏聚力 c/MPa	泊松比 μ
Ⅴ级围岩	1 800	1.3	0.04	22	0.12	0.39
管片 C50	2 500	35.5	0.78	55	2.87	0.2
注浆	2 200	1.2	0.10	31.1	3.19	0.25

模拟分三步进行：首先平衡初始地应力，而后进行隧道开挖，最后进行管片支护和注浆施工。模拟实际开挖过程中，每推进一环管片，在管片上施加顶推力以模拟千斤顶的作用，注浆与管片安装同步进行。

2. 数值模拟结果分析

取图 2.1.2 所示的监测截面，分析管片的拱顶沉降、拱底隆起和水平位移特征。

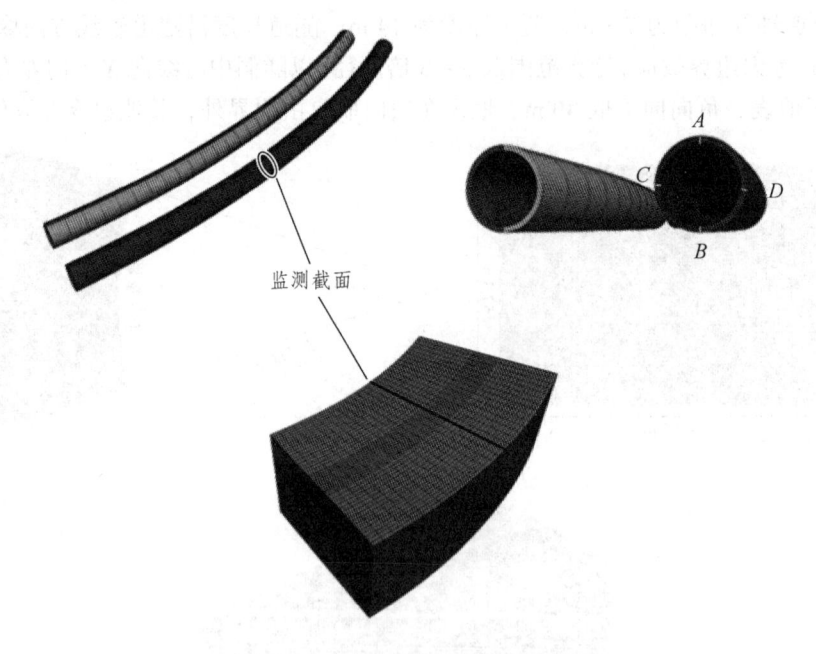

图 2.1.2 监测截面和监测点选取

3. 围岩位移分析

围岩开挖后位移云图如图 2.1.3 所示，可以看出：①围岩的最大竖向位移发生在仰拱，底部为 1.21 cm，拱顶为 0.76 mm，说明在Ⅴ级围岩条件下仰拱隆起大于拱顶沉降；②围岩的最大水平位移很小，为 1.3 mm，主要集中在拱腰位置；③围岩的位移主要由竖向位移控制。

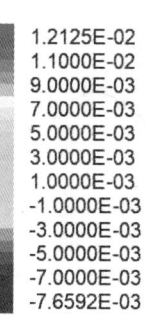

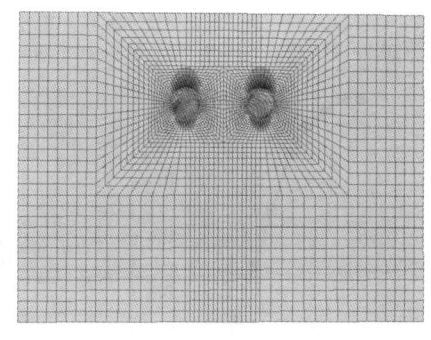

（a）围岩竖向位移

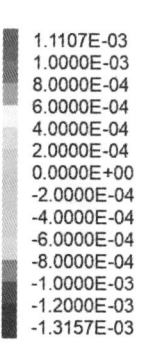

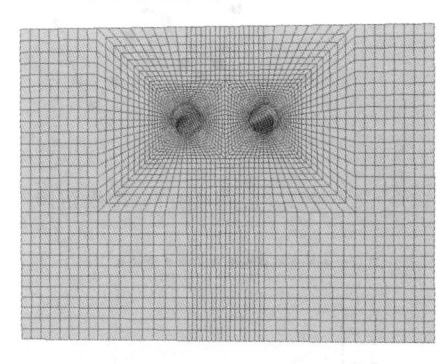

（b）围岩水向位移

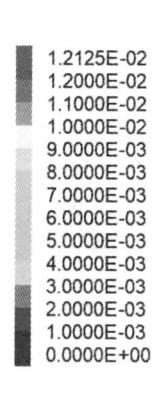

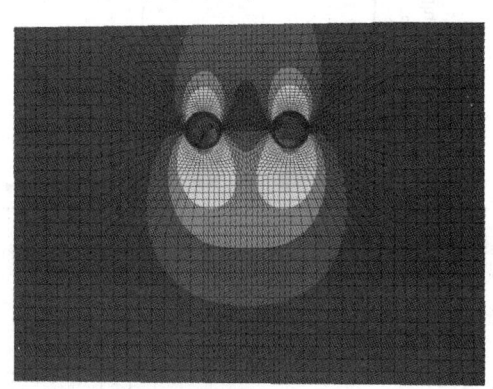

（c）围岩总位移

图 2.1.3 围岩位移云图

4. 地表沉降分析

地表沉降如图 2.1.4 所示，可知地表沉降呈漏斗状分布，曲线的存在导致地表沉降非对称分布，右线隧道（即两隧道中曲线半径较大者）地表沉降较大。施工影响在距离两条隧道中轴线-25～+25 m。地表沉降满足地表沉降控制指标-10～+30 mm。

5. 衬砌位移分析

将监测断面处（第 15 环管片）的管片位移随施工过程变化绘于图 2.1.5 中。由图可知，管片位移在管片安装后立即产生，后随开挖断面推进，管片变形增大，最终达到稳定，拱顶表现为下沉，拱底表现为隆起。同时可以看出，管片向外发生了平移。

图 2.1.4　地表沉降

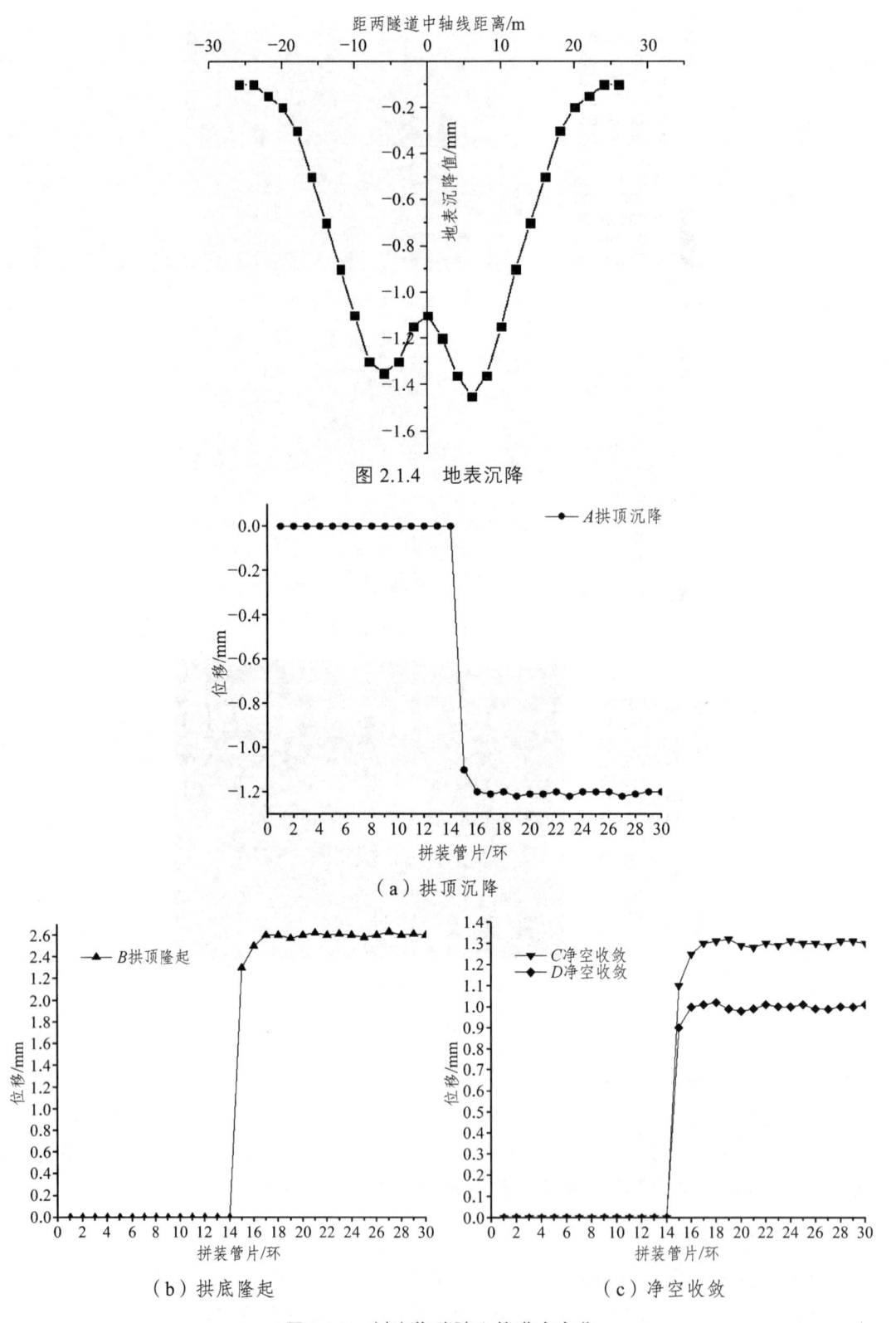

(a) 拱顶沉降

(b) 拱底隆起

(c) 净空收敛

图 2.1.5　衬砌位移随支护进度变化

2.1.1 小半径曲线隧道埋深对围岩和管片位移影响分析

采用图 2.1.1 所示计算模型和图 2.1.2 的监测方案，取隧道埋深 14 m、18 m、22 m、26 m 和 30 m 5 种工况，分析围岩位移、地表沉降和衬砌位移随开挖进尺的变化规律。

1. 围岩位移分析

围岩开挖后竖向位移云图如图 2.1.6 所示，可以看出最大竖向位移在拱顶和底部，围岩最大竖向位移随着埋深增加而减小。

围岩开挖后水平位移云图如图 2.1.7 所示，可以看出围岩最大水平位移发生在地表，围岩最大水平位移先随着埋深增加而减小。

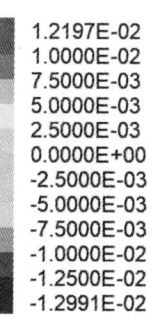

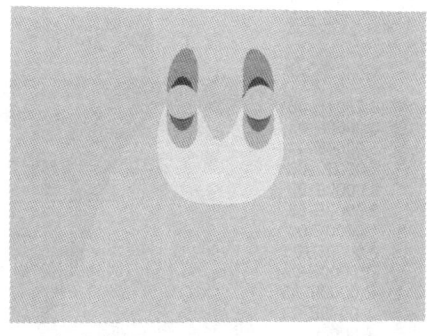

（a）埋深 14 m

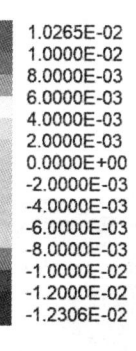

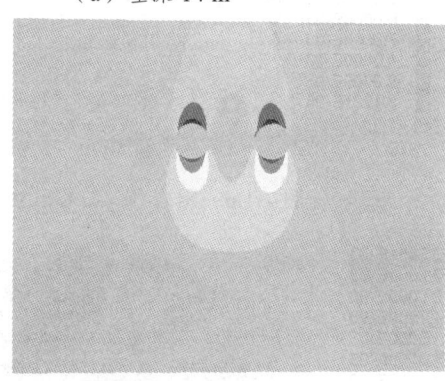

（b）埋深 18 m

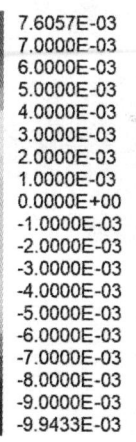

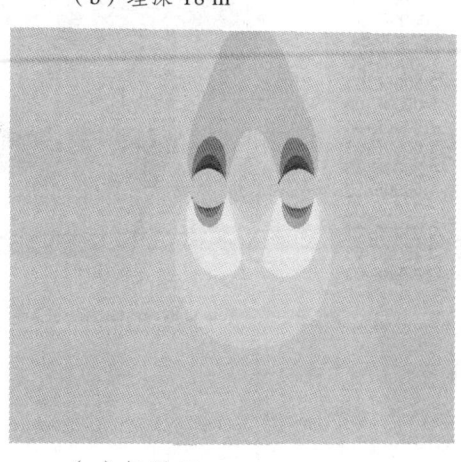

（c）埋深 22 m

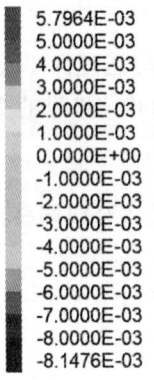

（d）埋深 26 m

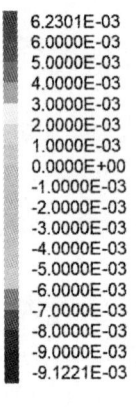

（e）埋深 30 m

图 2.1.6　围岩竖向位移云图

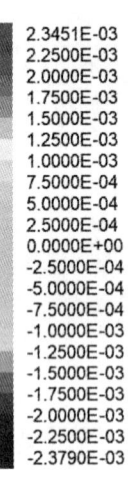

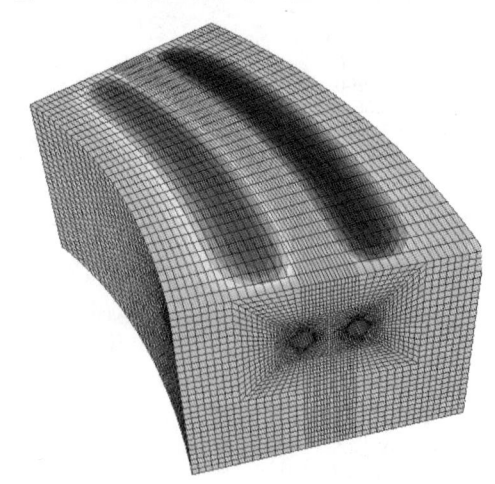

（a）埋深 14 m

（b）埋深 18 m　　　　　　　　　（c）埋深 22 m

（d）埋深 26 m　　　　　　　　　（e）埋深 30 m

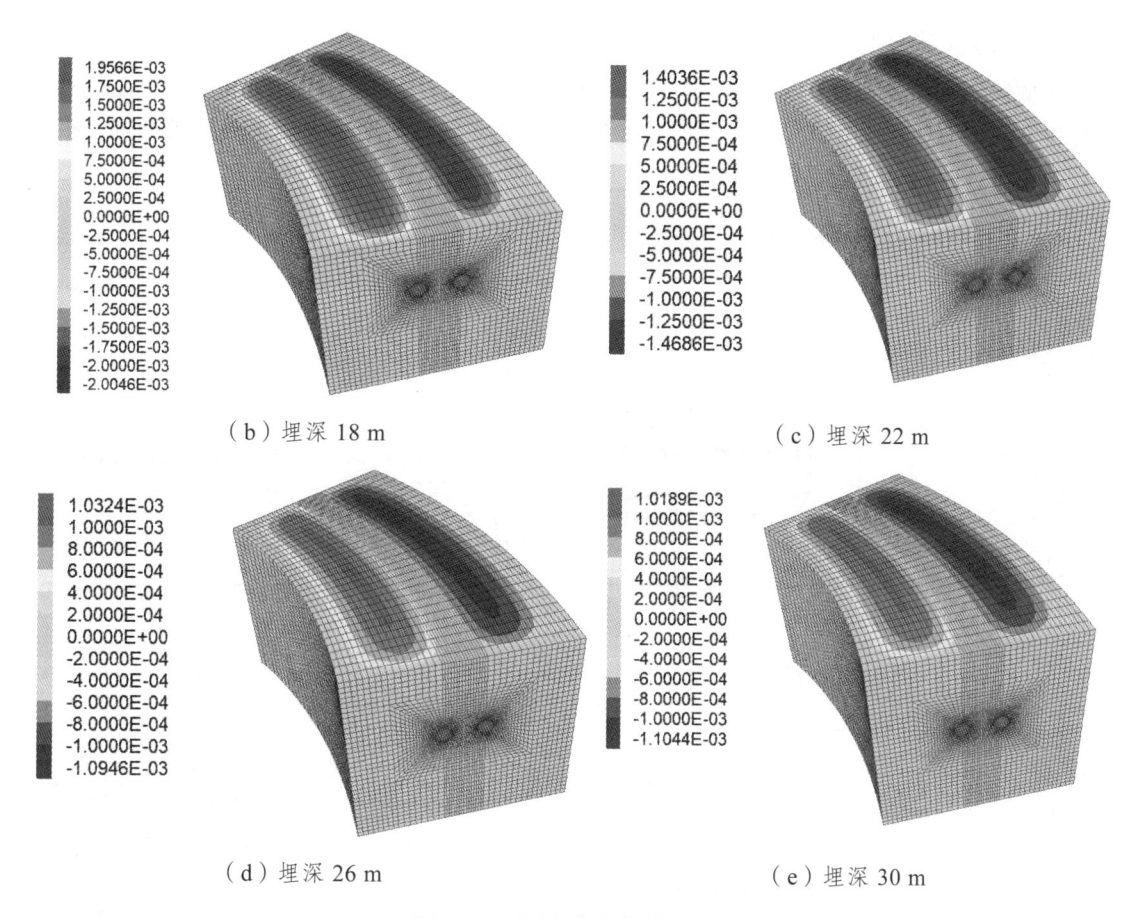

图 2.1.7　围岩水平位移云图

2. 地表沉降分析

地表沉降如图 2.1.8 所示。由图可知，地表沉降呈漏斗状分布，但最大沉降不在两隧道中轴线处，而是在右线隧道（即两隧道中半径较大者），左线最大沉降小于右线。

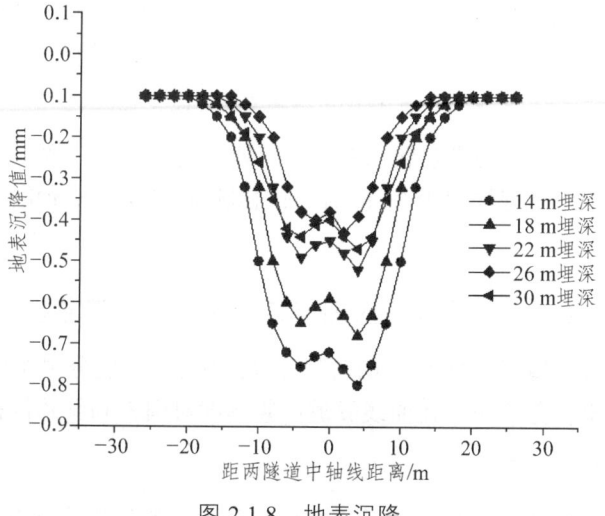

图 2.1.8　地表沉降

3. 衬砌位移分析

将监测断面处（第 15 环管片）的管片位移随施工过程变化绘于图 2.1.9 中。由图可知，管片位移在管片安装后立即产生，后随开挖断面推进，管片变形增大，最终达到稳定，拱顶表现为下沉，拱底表现为隆起。同时，可以看出，管片向外发生了平移。

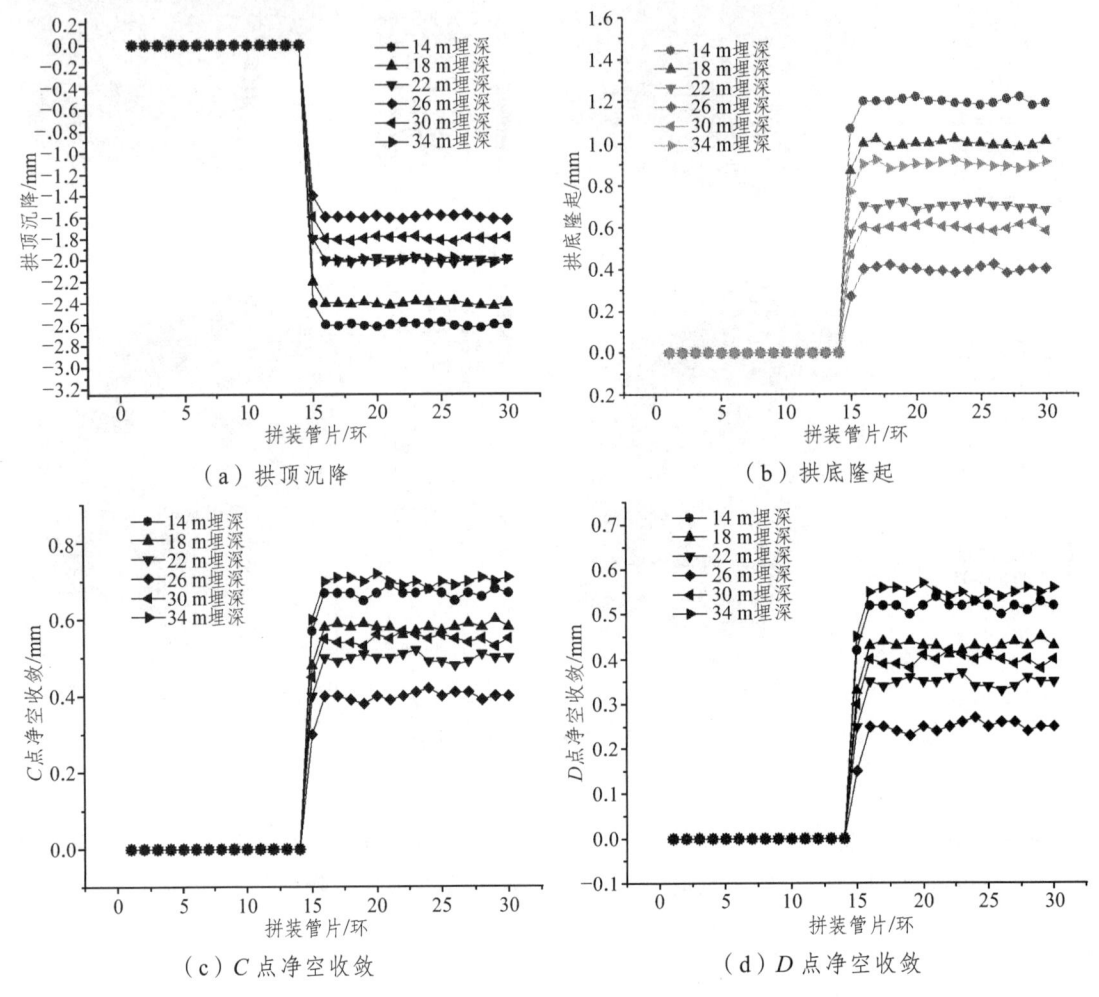

（a）拱顶沉降

（b）拱底隆起

（c）C 点净空收敛

（d）D 点净空收敛

图 2.1.9　衬砌位移随支护进度变化

可以看出，拱顶下沉、拱底隆起和水平位移随埋深变化规律一致：当埋深小于 26 m 时，位移随埋深增加而减小；当埋深大于 26 m 时，位移随埋深的增加而增加，即埋深 26 m 为临界埋深。

2.1.2　小半径曲线隧道注浆厚度对围岩和管片位移影响分析

采用图 2.1.1 所示计算模型和图 2.1.2 的监测方案，取注浆厚度分别为 0.2 m、0.3 m、0.4 m、0.5 m 和 0.6 m 5 种工况，分析小半径曲线隧道注浆厚度对围岩和管片位移的影响。

1. 围岩位移分析

围岩开挖后竖向位移如图 2.1.10 所示，竖向位移随注浆厚度变化如图 2.1.11 所示，水平位移如图 2.1.12 所示。由图可以看出,围岩拱顶下沉、拱底隆起和水平位移均随注浆厚度的增加而增加,与普遍认知吻合。

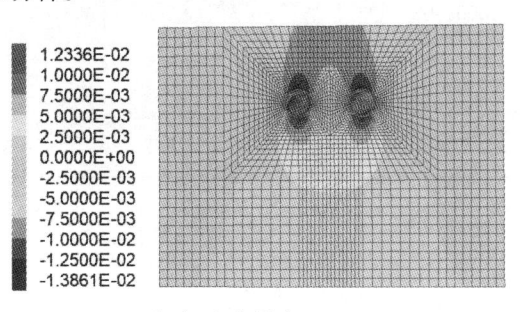

(a)注浆厚度 0.2 m

(b)注浆厚度 0.3 m

(c)注浆厚度 0.4 m

(d)注浆厚度 0.5 m

(e)注浆厚度 0.6 m

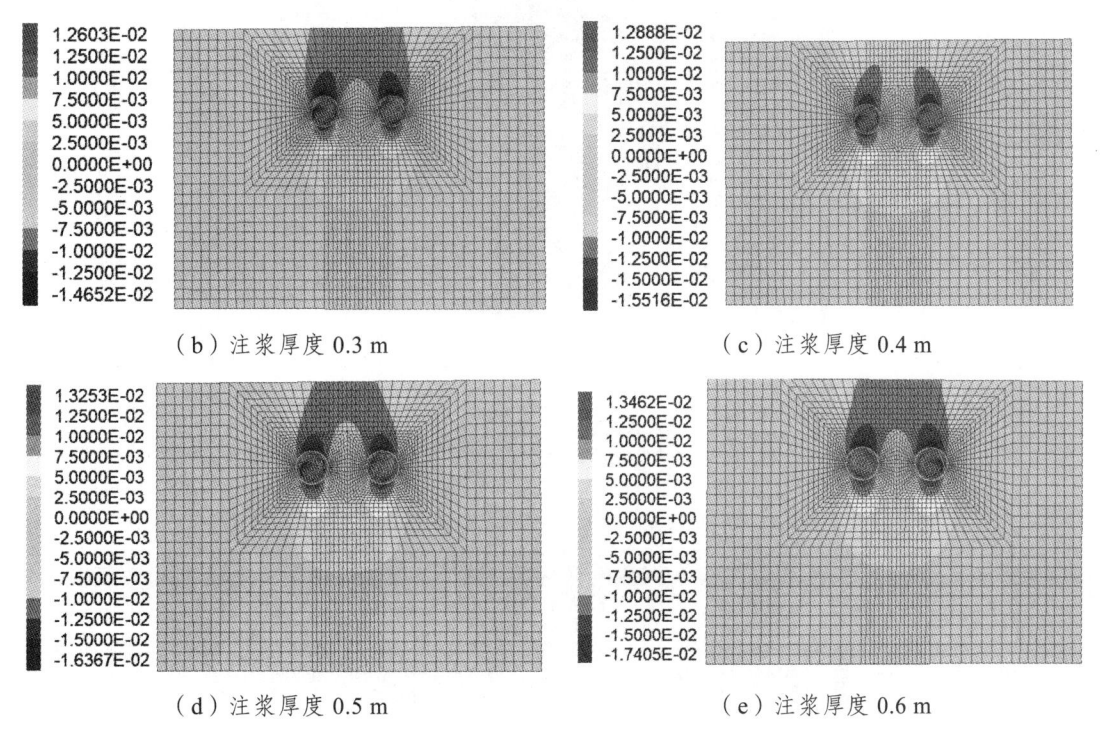

图 2.1.10 围岩竖向位移云图

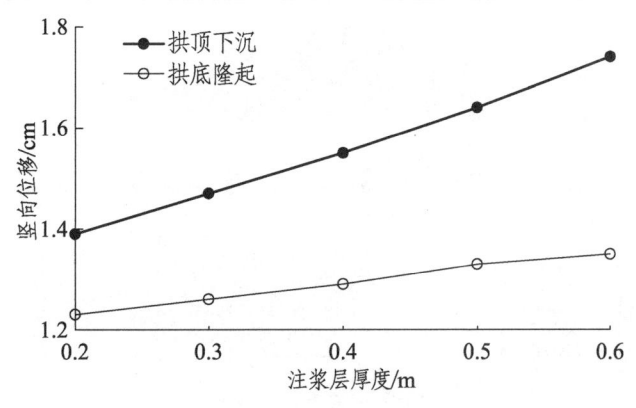

图 2.1.11 围岩竖向位移随注浆厚度变化

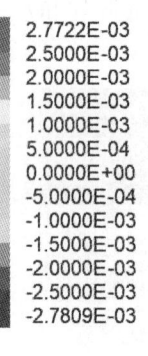

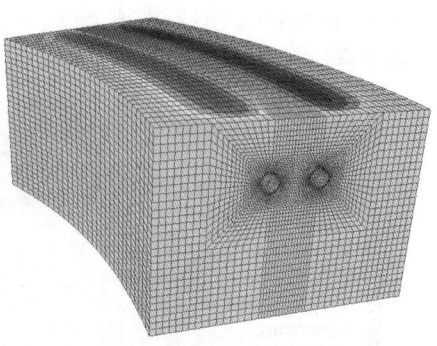

(a)注浆厚度 0.2 m

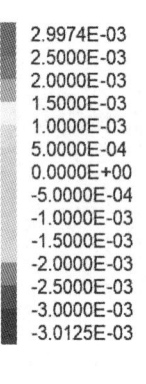

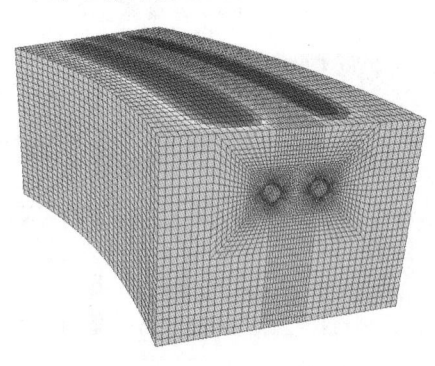

(b)注浆厚度 0.3 m

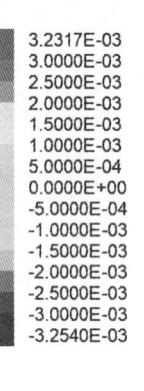

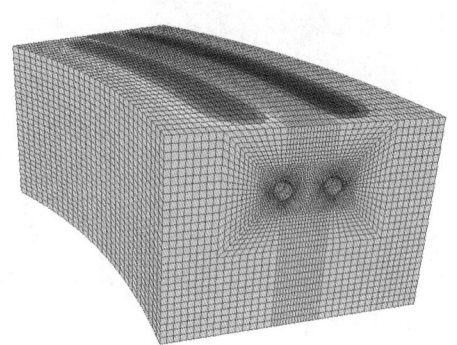

(c)注浆厚度 0.4 m

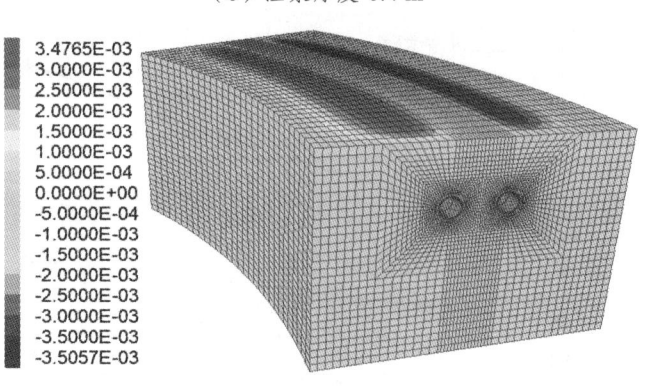

(d)注浆厚度 0.5 m

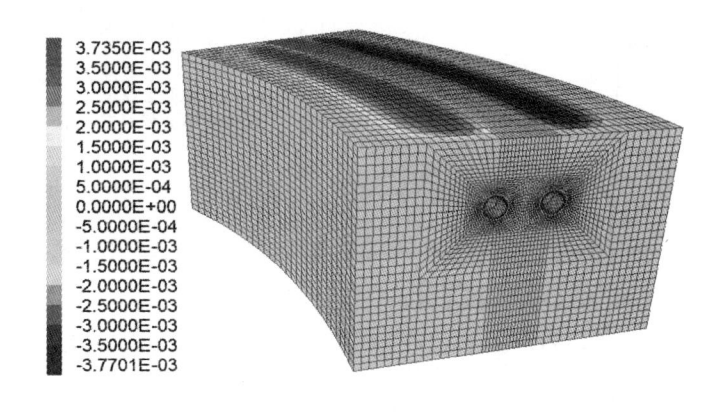

（e）注浆厚度 0.6 m

图 2.1.12　监测断面和监测点水平位移云图

2. 地表沉降分析

围岩开挖后监测断面处地表沉降如图 2.1.13 所示。由图可知，地表沉降随注浆厚度的增加而增加，左线最大沉降量小于右线，与普遍认知吻合。

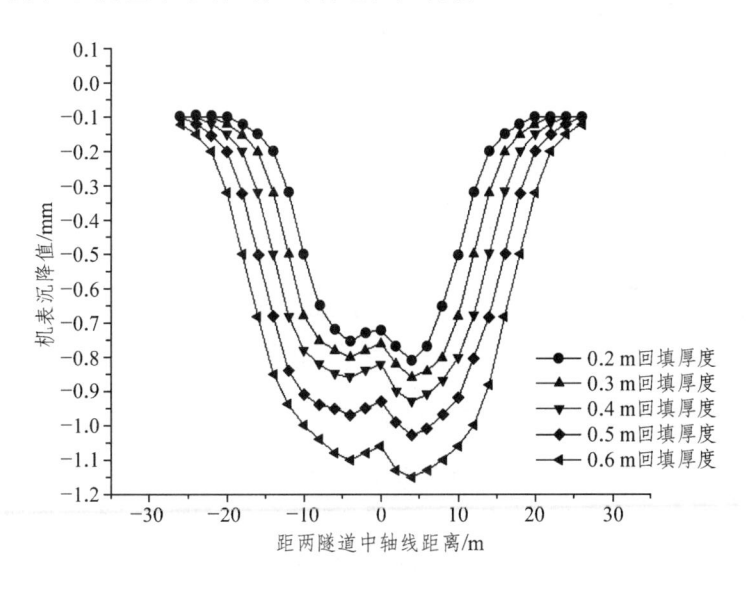

图 2.1.13　监测断面处地表沉降

3. 管片位移分析

将监测断面处（第 15 环管片）的管片位移随施工过程变化绘于图 2.1.14 中。由图可知，管片位移在管片安装后立即产生，后随开挖断面推进，管片变形增大，最终达到稳定，拱顶表现为下沉，拱底表现为隆起，管片向外发生了平移，所得结果与前述类似。同时可以看出，管片拱顶下沉、拱底隆起和水平位移规律一致，均随注浆厚度的增加而增加。

（a）拱顶沉降

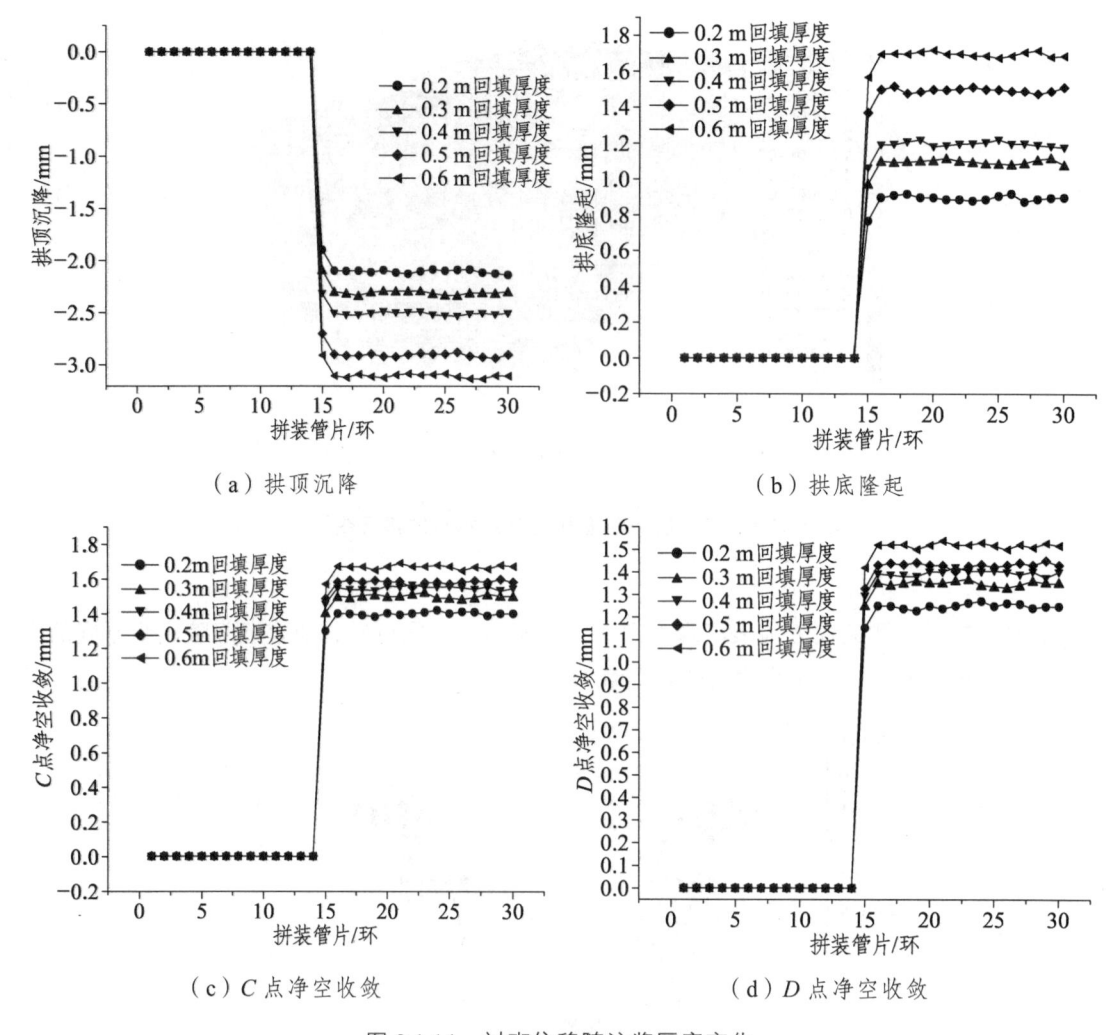

（b）拱底隆起

（c）C点净空收敛

（d）D点净空收敛

图 2.1.14　衬砌位移随注浆厚度变化

2.1.3　小半径曲线隧道支护时机对围岩和管片位移影响分析

采用图 2.1.1 所示计算模型和图 2.1.2 的监测方案，取管片安装时机距 TBM 盾尾间隙间距为 1 环、2 环、3 环、4 环、5 环、6 环和 7 环等 7 种工况（见图 2.1.15），取埋深 14 m，分析围岩位移、地表沉降和管片位移随开挖进尺的变化规律。

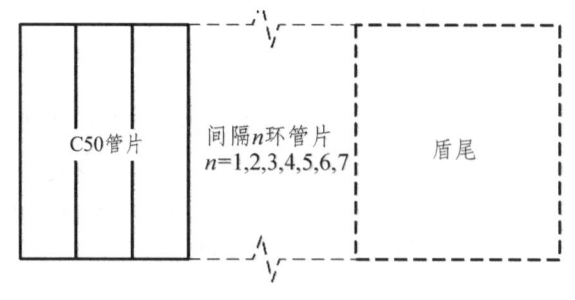

图 2.1.15　监测断面和监测点选取

1. 围岩位移分析

围岩竖向位移随环数变化如图 2.1.16 所示。由图可知,围岩竖向位移随管片安装环数的增大而增加,但从 1 环到 2 环增加量最大,此后增加缓慢。

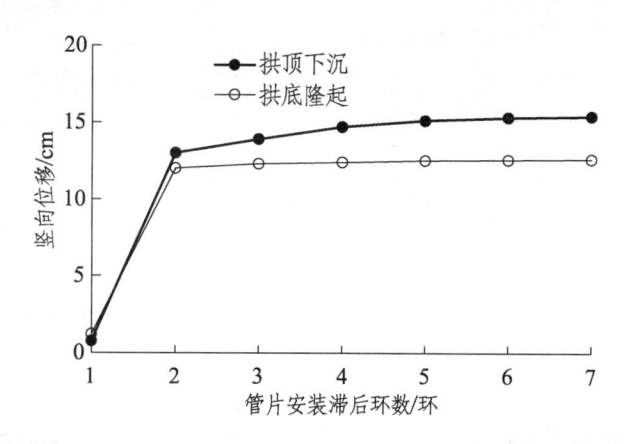

图 2.1.16　围岩竖向位移随管片安装环数变化

围岩水平位移如图 2.1.17 所示。由图可以看出,围岩最大水平位移发生在地表,围岩水平位移随着支护间距的增加而增加。

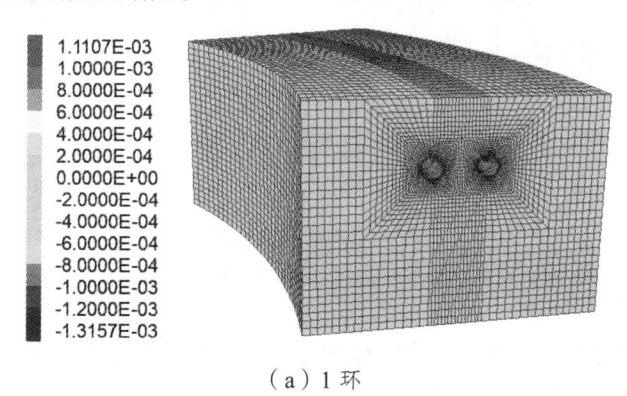

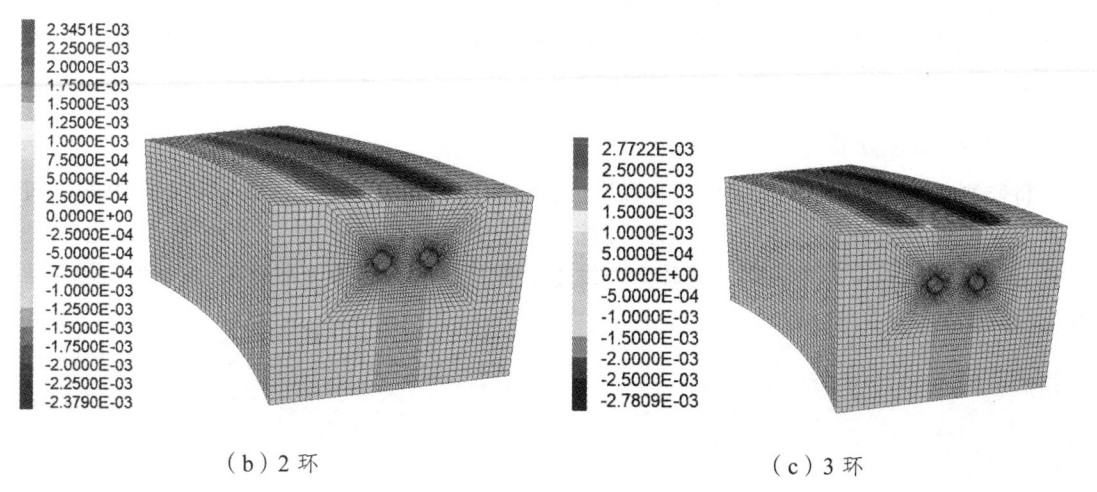

(a) 1 环

(b) 2 环

(c) 3 环

（d）4环　　　　　　　　　　　　　　（e）5环

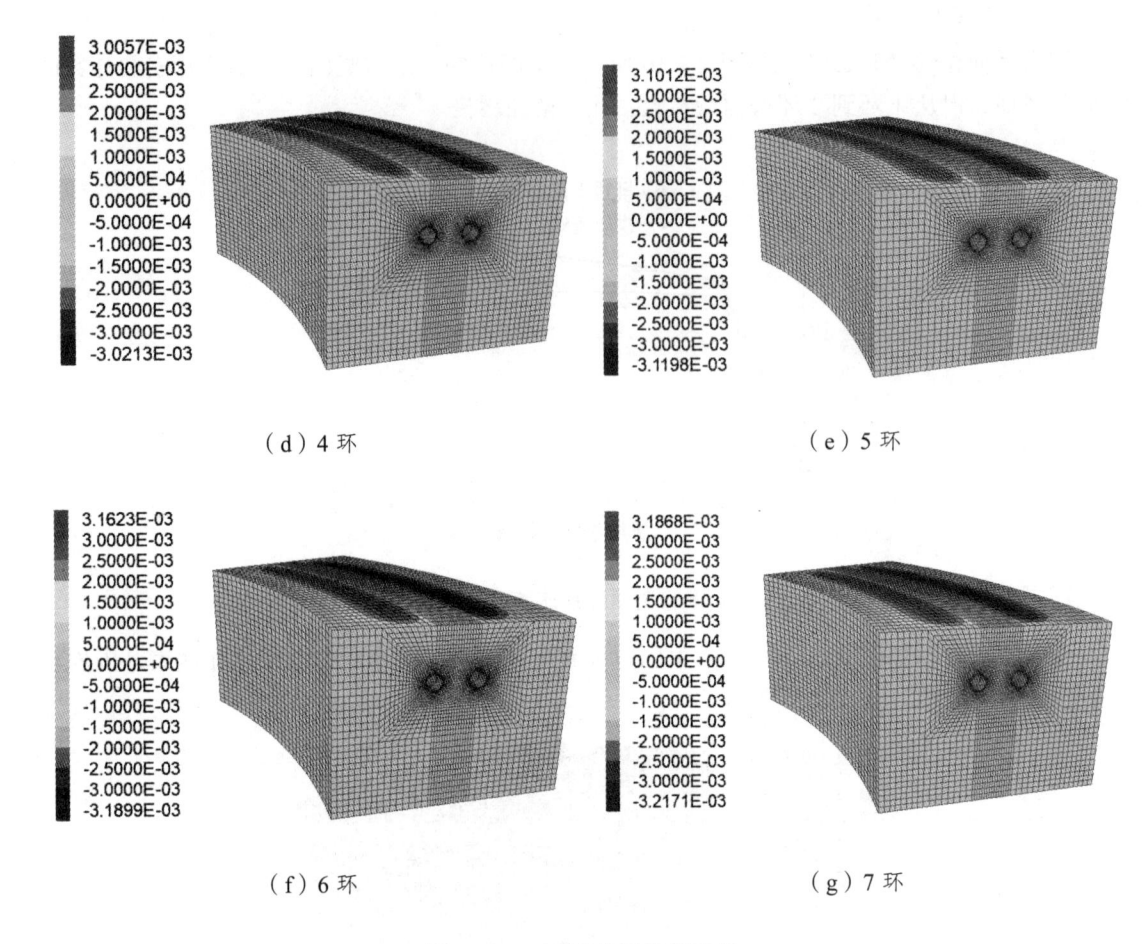

（f）6环　　　　　　　　　　　　　　（g）7环

图 2.1.17　围岩水平位移云图

2. 地表沉降分析

地表沉降变化如图 2.1.18 所示。由图可知，地表沉降整体呈漏斗状分布，但沉降最大值不在两隧道中轴线处，而在右线隧道，即两隧道中曲线半径较大者；地表沉降随管片安装间距增大而增加，但从 1 环到 2 环增加量最大，此后增加缓慢，表明应尽早支护管片以减小地表沉降。

3. 衬砌位移分析

将监测断面处（第 15 环管片）的管片位移随施工过程变化绘于图 2.1.19 中。由图可知，管片位移在管片安装后立即产生，后随开挖断面推进，管片变形增大，最终达到稳定，拱顶表现为下沉，拱底表现为隆起；管片向外发生了平移，所得结果与前述类似；管片位移随管片安装间距的增大而增加。

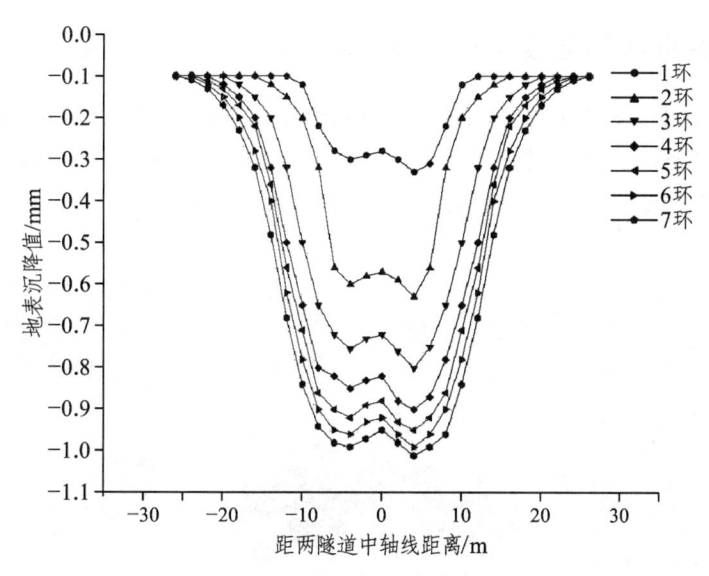

图 2.1.18 监测断面处地表沉降

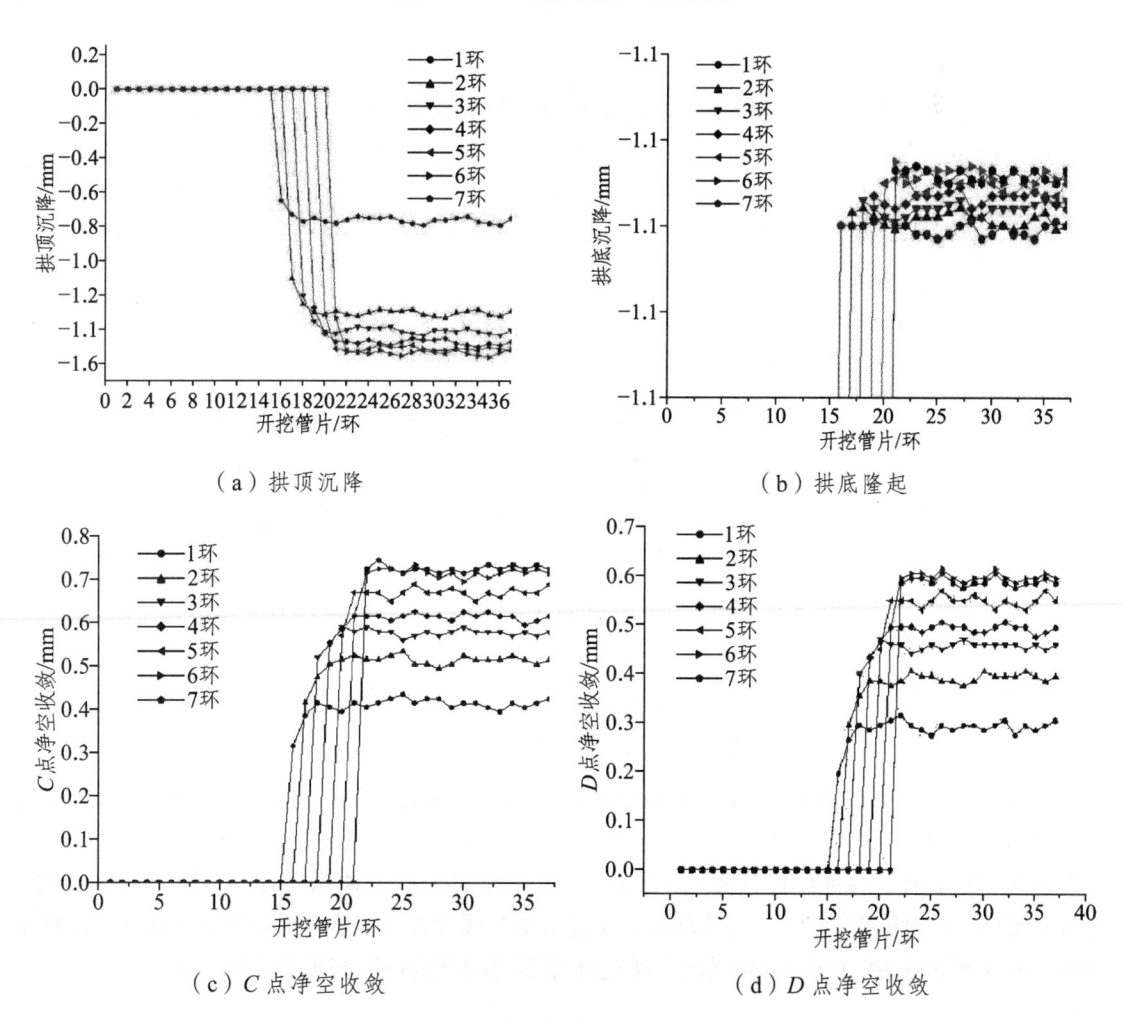

(a) 拱顶沉降

(b) 拱底隆起

(c) C 点净空收敛

(d) D 点净空收敛

图 2.1.19 衬砌位移随支护时机变化

2.2 小半径曲线隧道段 TBM 管片设计与拼装技术研究

TBM 在小半径曲线隧道施工时 TBM 姿态和管片姿态控制困难，极易出现管片错台、破损等问题，问题的解决主要通过管线的外观质量和线形控制。管片质量问题主要分为破损、错台和渗漏水 3 类（见图 2.2.1），线形控制问题主要表现在成型隧道的轴线控制与设计轴线偏差超限。

（a）破损　　　　　　　　　（b）错台　　　　　　　　　（c）渗漏水

图 2.2.1　管片缺陷

管片渗漏水主要由止水条引起，造成止水条出现破损是由于自身质量、拼装施工以及管片破损、错台，而管片破损和错台的产生主要是由于管片选型、施工时的管片姿态控制困难以及拼装质量问题。因此，应该从管片选型、拼装以及监测导向方面防止管片发生破坏。

目前，曲线段常用的管片衬砌环类型为标准环管片及通用环管片（见图 2.2.2）。两种曲线段管片比较见表 2.2.1。

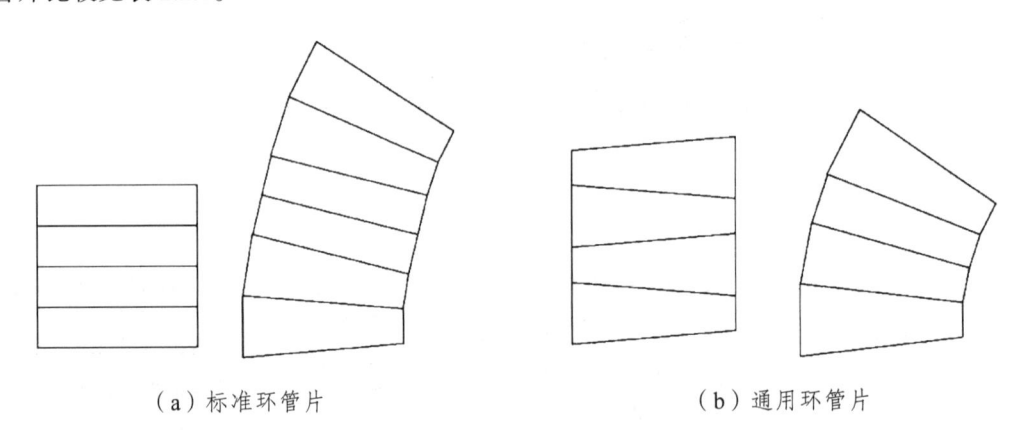

（a）标准环管片　　　　　　　　　　　　（b）通用环管片

图 2.2.2　曲线段管片衬砌环类型

民乐停车场出入线隧道的 TBM 衬砌结构断面为圆形断面，外径 6 200 mm、内径 5 400 mm，管片厚度为 400 mm、宽度为 1 200/1 500 mm，最小曲线半径为 260 m。为更好地满足曲线模拟和施工纠偏需要，在曲线段选择宽 1.2 m、楔形量为 40 mm 的通用环管片。管片混凝土强度等级为 C50，抗渗等级为 P12。管片环纵、环缝采用弯螺栓连接，其中每环纵缝采用 12 根 M30 螺栓，每个环缝采用 10 根 M30 螺栓。通过选择不同的点位拼装来拟合不同的曲线。

表 2.2.1 两种曲线段管片的对比

管片类型	优点	缺点
标准环管片	① 拼装点位固定，拼装过程较简单，利于控制拼装质量； ② 直行环几何形状对称，特别在区间直行段，拼装质量、管片受力情况更优	① 管片环种类较多（3种），增加设计工作量，生产过程钢模较多，增加造价，不利于现场管理； ② 无法拟合竖曲线，需靠管片接缝间的传力衬垫拟合
通用环管片	① 只有一种类型的管片衬砌环，管片生产、现场施工时便于管理； ② 通过管片不同的旋转角度实现对平、竖曲线的拟合，可最大限度地减小曲线拟合误差的积累	① 拼装点位多，对管片拼装过程施工精度及控制要求更高； ② 管片在直行施工质量、受力情况不如标准环管片； ③ 因封顶块有时会出现在底部，对封顶块的质量要求较高

2.2.1 管片设计

1. 盾尾间隙

盾尾间隙指管片外壁与盾尾之间的空隙。当主机转弯过快时，曲线外侧的管片盾尾间隙就相对较小；当管片因楔形量等大于掘进转弯行程差时，曲线内侧的盾尾间隙就相对较小。施工中，应该保证盾尾间隙不小于允许的最小间隙。如果盾尾间隙过小，则在TBM推进过程中盾尾钢丝刷会与管片发生干扰，会加重TBM向前推进的阻力，减缓掘进速度，使管片发生错台等损坏，最终造成隧道渗漏水或地表沉降。管片的不同拼装点位可以使一侧的盾尾间隙减小，同时使另一侧的间隙得到最大补偿，从而可以对盾尾间隙起到调节作用。因此，当无法通过主推油缸行程差来调整盾尾间隙时，可考虑采用转弯环和标准环管片组合的方式适应盾尾间隙变化。

2. 管片楔形量理论计算

在平面小半径曲线地铁施工中采用的普通楔形管片一般分为3种：左转弯环、右转弯环、标准环管片。其中，标准环不具备转弯拟合曲线和纠偏能力，1个管片环含6块管片：1封顶块+2邻接块+3标准块，每块管片宽度不等，最短F块（1 180 mm）、最宽B2块（1 220 mm）始终相对，差值为40 mm，管片简图如图2.2.3所示。拼装点位是指管片拼装时封顶块所在的位置。管片拼装点位如图2.2.4所示，共10个拼装点位，通过选择拼装不同点位的楔形环，就可以得到不同方向的楔形量。管片本身存在的楔形量使得隧道左右转弯，左转弯右超、右转弯左超。点位选择总的原则是使管片拼装点位组合的实际楔形量和隧道线形理论楔形量相契合。

当点位处于8点位和3点位时，左转弯或右转弯的楔形量最大。当点位拼装在8点位时，为1 220-1 180=40（mm），则楔形量为右超40 mm。当点位拼装在9点位时，相当于在8点位时整体顺时针旋转了36°，即右超楔形量为 1 220×cos36°-1 180×cos36°=36×cos36°=32.6（mm），同理得出下超楔形量为23.5 mm，其他点位楔形量计算相类似。管片环随点位变化的楔形量见表2.2.2。

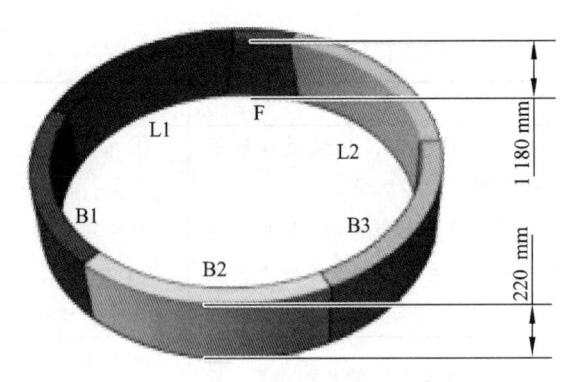

图 2.2.3 管片

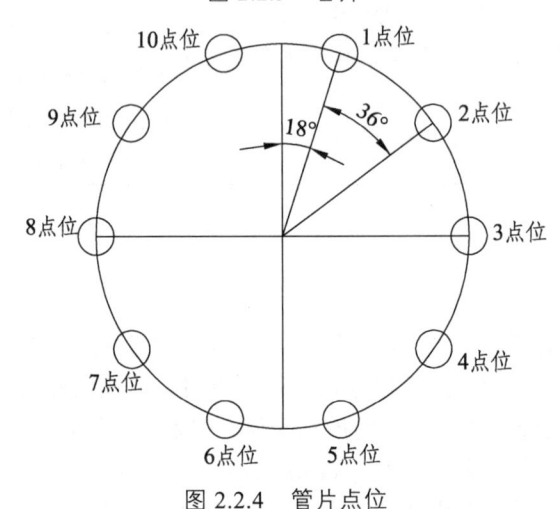

图 2.2.4 管片点位

表 2.2.2 管片环随点位变化的楔形量　　　　　　　　　　单位：mm

点位	1	2	3	4	5	6	7	8	9	10
左超/mm	12.36	32.36	40	32.36	12.36	-12.36	-32.36	-40	-32.36	-12.36
右超/mm	-12.36	-32.36	-40	-32.36	-12.36	12.36	32.36	40	32.36	12.36
上超/mm	-38.04	-23.51	0	23.51	38.04	38.04	23.51	0	-23.51	-38.04
下超/mm	38.04	23.51	0	-23.51	-38.04	-38.04	-23.51	0	23.51	38.04

管片偏转角按式（2.2.1）计算：

$$\alpha = \left(\frac{L}{2\pi R}\right) \cdot 360, \quad \alpha = 2\arctan(\delta/D) \tag{2.2.1}$$

式中，L 为曲线段线路中心线的长度，m；R 为曲线半径，m；δ 为转弯环的最大楔形量的一半，mm；D 为管片直径，mm。

转弯环是按照最大楔形量考虑的，在实际应用中应该参考表 2.2.2 并结合小区间拟合思想对区间整体楔形量进行拟合。

3. 管片选型的原则

管片选型以与 TBM 主机的目前姿态及姿态趋势协调为主，线形控制为辅，但仍需保证轴线偏差不能超限，同时要综合考虑下一环或几环的掘进控制和选型问题。

小半径曲线隧道每掘进 1 环，管片端面与该处轴线的法线方向在平面上将产生一定的角度 θ，在千斤顶推力作用下产生 1 个侧向分力，管片受到该侧向分力的影响，容易产生错台，甚至管片环缝的螺栓受到该侧向分力引起的剪切力作用，使得管片发生破损。因此，为了减少管片破坏，应该减小该侧向分力的大小。侧向分力按式（2.2.2）计算：

$$\theta = \arctan \frac{L}{R} = \arctan \frac{L}{R_C + D/2}, \quad F_{侧} = F_{总} \sin \theta \tag{2.2.2}$$

式中，$F_{总}$ 为 TBM 油缸作用力；$F_{侧}$ 为平行于管片环面的侧向作用反力；R_C 为 TBM 掘进曲线半径；D 为管片外径；L 为管片宽度。

可以看出，侧向分力的大小取决于 $F_{总}$ 和 θ，而 θ 取决于 L、R_C 以及 D，当 D 一定时，L 越小、R_C 越大，则 θ 越小，$F_{侧}$ 也就越小。因此，在选择管片时，应该选择宽度较小的管片。

4. 管片选型依据与方法

管片选型依据：TBM 与管片的状态结合曲线楔形量，或 TBM 与管片的状态结合管片与设计轴线趋向。

（1）结合曲线楔形量的选型。

① 圆曲线每环偏移计算。

根据三角形相似原理，如图 2.2.5 所示，△ABC 和 △DFE 相似，曲线在单环上的楔形量按下式计算：

水平曲线：$X = \dfrac{D}{R} \cdot B$ （2.2.3）

竖曲线：$Y = R \cdot P$ （2.2.4）

式中，X 为水平曲线在单环上的楔形量；Y 为竖直曲线在单环上的楔形量；B 为管片宽度；D 为管片直径；R 为曲线半径；P 为竖曲线坡度。

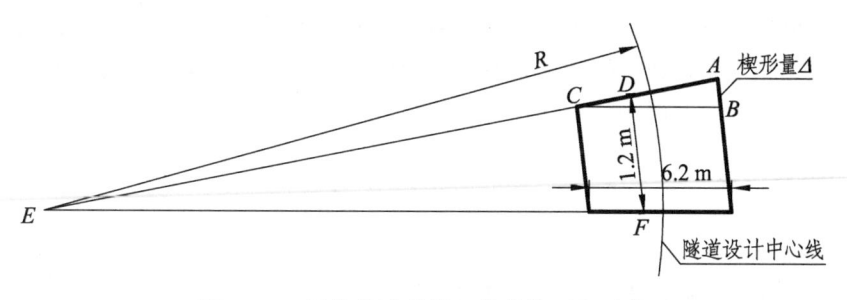

图 2.2.5 圆曲线隧道单环曲线楔形量计算

② 缓和曲线每环偏移计算。

缓和曲线连接直线与圆曲线，假设缓和曲线共有 n 环，直线楔形量为 0，圆曲线通过计算得到楔形量 a，把缓和曲线看成一个均匀渐变过程，那么每环偏移 $\Delta = a/(n+1)$，故缓和曲线上：第 1 环楔形量为 Δ，第 2 环为 2Δ……第 n 环为 $n\Delta$。通过计算得知曲线隧道的楔形量后，一般按照转弯环与标准环 1∶1 的比例，根据盾尾间隙、油缸行程差等综合情况，考虑拼装后间隙和油缸行程差的变化，运用小区间拟合思想，选择不同的点位，合理选择转弯环的点位以满足转弯要求。

（2）结合管片轴线与设计轴线趋向的选型。

当TBM掘进机的掘进轨迹已经偏离了设定曲线，利用管片轴线与设计轴线的趋向来进行管片选型。管片轴线方向与油缸行程差是计算管片相对于设计轴线的趋向值的重要条件。管片轴线与设计轴线的趋向信息需要通过VMT导向系统得到。VMT系统在TBM上设定有前点和后点两个虚拟参考点。前点在TBM切口环处，后点在TBM尾盾与前盾的连接处。TBM自动测量系统将通过测量计算出TBM前点和后点水平和垂直的偏差。通过偏差能够计算出TBM轴线的方向，即为TBM姿态。

$$水平趋向：\alpha_1 = \frac{X_1 - X_2}{L} \tag{2.2.5}$$

$$垂直趋向：\theta_1 = \frac{Y_1 - Y_2}{L} \tag{2.2.6}$$

式中，X_1、Y_1为前点水平、垂直偏差；X_2、Y_2为后点水平、垂直偏差；L为前后点的距离。

$$水平夹角：\alpha = \frac{L_1 - L_2}{L_{Q_1-Q_2}} \tag{2.2.7}$$

$$垂直夹角：\theta = \frac{L_1 - L_2}{L_{Q_1-Q_3}} \tag{2.2.8}$$

式中，L_1、L_2、L_3、L_4分别为四个行程Q_1、Q_2、Q_3、Q_4传感器的油缸长度；$L_{Q_1-Q_2}$为Q_1、Q_2点的距离；$L_{Q_1-Q_3}$为Q_1、Q_3点的距离。

通过计算得到TBM与设计轴线的夹角、管片与TBM的夹角，则可以得到管片与设计轴线的夹角。管片与设计轴线水平夹角$\alpha_2=\alpha_1+\alpha$，管片与设计轴线垂直夹角$\theta_2=\theta_1+\theta$。管片选型就是通过选择管片的型号和点位来使管片与设计轴线水平夹角α_2、垂直夹角θ_2向零靠近。

TBM管片的设计流程包括：① 对管片进行计算，选择管片的厚度、螺栓型号、止水条道数及尺寸。② 根据线路曲线半径，计算管片的楔形量，选择管片的形式（标准/通用）及宽度。③ 对管片、螺栓进行分块设计。④ 初步绘制螺栓大样图及手孔布置图，对管片及螺栓分块进行检验。⑤ 根据止水条道数、管片形式选择接缝尺寸。⑥ 确定吊装孔、注浆孔形式及尺寸。⑦ 选择预埋滑槽尺寸，对滑槽位于管片中的位置进行设计。⑧ 绘制图纸。

2.2.2 管片拼装

1. 管片排版

通过计算出设计线路在水平、垂直方向上的楔形量，然后计算出该组管片所分担的楔形量。根据在不同点位上管片的楔形量，就可以通过不同的点位组合，使得所选管片的楔形量与设计线路大致吻合。选取组合段管片环数越少，管片越接近线形，一般8~10环管片的组合段的总楔形量能与线形段楔形量相匹配。1个组合段中两环管片为1个计算单位（小组合），如果1个组合段中存在多段直线段的小组合，则这些直线段应该分开，如"直线段+楔形段+直线段+楔形段"。如果水平线形为直线，则组合段中点位（特别是直线段点位小组合）尽量选择在靠近最左或最右处，即选择在油缸油压差最小处。垂直线形同样如此。

2. 管片安装前检查

在管片安装前需对管片表面的浮灰、浮沙及其他杂物进行清理，以保证管片间接触面的清洁，检查管片外观有无磕碰，止水条、导向杆粘贴是否牢固，管片安装孔及定位销孔是否正常，管片类型是否符合等。出现缺陷时需及时修复，管片类型错误或缺陷严重不能及时修复的应运出洞外处理。

3. 管片安装步骤

管片安装步骤如下：

（1）为保证管片安装精度，管片安装前需对安装区进行清理。

（2）管片安装时一般以 F 块在顶部而定，首先安装 B2 块，左右对称安装 B3、B1 块，然后安装 L1、L2 块，最后安装封顶块。每安装 1 块管片，立即将管片纵、环向连接螺栓插入连接，并戴上螺帽用风动扳手紧固。

（3）检查已拼管片的开口尺寸，要求略大于封口块管片尺寸，在安装最后一片管片前，应对防水密封条进行适当润滑处理，安装时先径向插入 2/3，调整位置后缓慢纵向顶推（防止封顶块顶入时搓坏防水密封条）。

（4）管片安装前应对已安装的最后 1 环管片的前端止水条进行检查，若发现损坏或已发生预膨胀的必须更换。封顶块安装困难时，应涂润滑剂，再进行安装，以免损坏止水条。安装管片后顶出推进油缸，扭紧连接螺栓，保证防水密封条接缝紧密，防止由于相邻两管片在 TBM 推进过程中发生错动以及防水密封条接缝增大和错动而影响止水效果。

（5）若出现管片贯穿大于 0.2 mm 宽度的裂缝及混凝土剥落现象，应对管片及时进行调换。

4. 螺栓固定

螺栓的拧紧分 4 次进行：① 首先管片拼好后，适当地拧紧环向、纵向螺栓。② 当 TBM 推进时，管环纵向易发生移位变形，此时应拧紧管环的纵向螺栓。③ 管片出盾尾径向时易发生变位，此时应拧紧管环的环向螺栓。④ 当管片脱离盾尾 7~8 环后，最后拧紧所有螺栓。螺栓需用弹性密封垫圈和钢垫圈。拧紧力矩应符合要求。螺栓的复紧可以有效防止错台的发生，因此在管片拼装好以后，必须及时做好复紧螺栓工作。

TBM 管片现场拼装如图 2.2.6 所示。

图 2.2.6 TBM 管片现场拼装

3 大埋深高水头地铁隧道静水压力计算方法

隧道衬砌水压力问题一直困扰着隧道工程的结构设计,至今尚未有被隧道工程界普遍认可的结论。有些研究成果认为静水状态下全部水头都应该作用在隧道衬砌上,只有在渗水情况下才存在水压力折减;而另外一些研究成果却并不支持这一观点。为了弄清楚这一问题,针对大埋深高水头情况下作用在隧道衬砌上的水压力的计算开展理论分析和模型试验研究。

3.1 隧道衬砌水压力理论分析

静水压力是指静止液体对其接触面上所作用的压力,是一种表面力,是指向作用面的法向应力,是空间位置和时间的标量函数。一般岩体单位面积上承受的静水压力表示为

$$P_{静} = \gamma(H-Z) \tag{3.1.1}$$

式中,$P_{静}$ 为静水压力;γ 为水的容重;H 为计算点地下水水头;Z 为计算点位置高程。

动水压力是指地下水在重力作用下沿着岩体裂隙运动会产生阻力,为克服阻力而产生的对岩体裂隙隙壁以及裂隙内充填物质的作用力。岩体单位体积上所承受的动水压力大小为

$$P_{动} = -\frac{\partial P}{\partial S} = -\gamma \frac{\partial(H-Z)}{\partial S} \tag{3.1.2}$$

式中,S 为地下水的渗流途径;P 为水压力;$P_{动}$ 为动水压力。

$$\begin{cases} P_{X动} = -\gamma \dfrac{\partial H}{\partial X} \\ P_{Y动} = -\gamma \dfrac{\partial H}{\partial Y} \\ P_{Z动} = -\gamma \dfrac{\partial H}{\partial Z} + \gamma \end{cases} \tag{3.1.3}$$

采用保角变换理论将圆形隧道渗流场(见图 3.1.1)简化成如图 3.1.2 所示的保角变换计算模型。地表位于水位线下。以地表面为位势零面(孔隙水压力为 0),隧道中心到地层表面距离为 $H+h$,围岩渗透系数为 K_S,衬砌外侧半径为 r_1,内侧半径为 r_0,衬砌渗透系数为 K_1,区域 Ⅰ、Ⅱ 分别代表围岩和衬砌。

基于以上条件,进行假定:①围岩和衬砌为均质连续、各向同性介质;②岩体与水不可压缩,地下水位线不变;③地下水渗流为层流,运动规律服从达西定律和连续性方程;④隧道水头高度远大于半径,衬砌内渗流方向为径向。

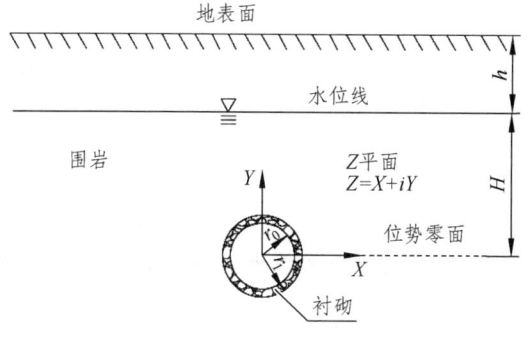

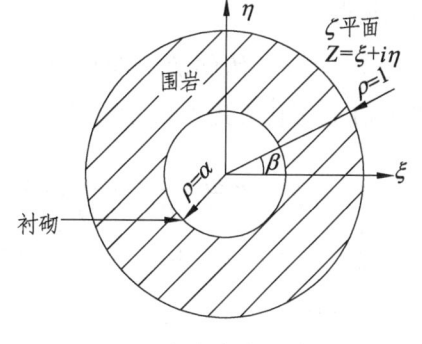

图 3.1.1 隧道渗流场

图 3.1.2 保角变换计算模型

位势零面设于图 3.1.1 中虚线位置，基于通过介质的各向同性，根据质量守恒和达西定律，隧道周围的二维稳态地下水渗流场满足拉普拉斯方程。在 Z 平面中，围岩内的渗流微分方程在直角坐标系中表示如下：

$$\frac{\partial^2 H_S}{\partial X^2}+\frac{\partial^2 H_S}{\partial Y^2}=0 \tag{3.1.4}$$

$$H_S=\frac{P}{\gamma_w}+\frac{u^2}{2g}+y \tag{3.1.5}$$

由于本隧道前期探测未出现大型渗流通道，地下水渗流主要通过岩体裂隙，因此渗流速度较低，故上式简化为

$$H_S=\frac{P}{\gamma_w}+y \tag{3.1.6}$$

式中，H_S 为围岩总水头；P 为孔隙水压力；γ_w 为水的容重；y 为高程水头。

深埋隧道的水头高度远远大于隧道半径，水位边界对隧道周边渗流场影响较小，近似认为隧道周边半径相同处水头相等，初始边界条件如下：

$$H_S(y=H)=H \tag{3.1.7}$$

利用复变函数中的保角变换原理，将图 3.1.1 中 Z 平面的 R 区域映射到图 3.1.2 中 ζ 平面的单位圆区域：

$$Z=\mu(\xi)=-\mathrm{i}\frac{1+\xi}{1-\xi} \tag{3.1.8}$$

根据复变函数中的保角变换原理，变换后的势函数同样满足拉普拉斯方程，式（3.1.4）在 ξ-η 坐标系中可改写为

$$\frac{\partial^2 H_S}{\partial \zeta^2}+\frac{\partial^2 H_S}{\partial \eta^2}=0 \tag{3.1.9}$$

$$\frac{\partial^2 H_S}{\partial \rho^2}+\frac{1}{\rho}\frac{\partial H_S}{\partial \rho}+\frac{1}{\rho^2}\frac{\partial^2 H_S}{\partial \beta^2}=0 \quad (0\leqslant \rho \leqslant 1) \tag{3.1.10}$$

分离变量得

$$H_S(\rho,\beta) = R(\rho)\Phi(\beta) \qquad (3.1.11)$$

将式（3.1.11）代入式（3.1.10）得

$$R''\Phi + \frac{1}{\rho}R'\Phi + \frac{1}{\rho^2}R\Phi'' = 0 \qquad (3.1.12)$$

根据边界条件进行求解，在ζ平面内作用于半径为ρ的圆上的总水头可表示为式（3.1.13）的傅里叶形式。

$$H_S = C_1 + \sum_{n=1}^{\infty} C_2 \rho^n \sin n\beta \qquad (3.1.13)$$

式中，C_1、C_2为未知常数，由边界条件求解决定。

$$H_S(\rho = 1) = H \qquad (3.1.14)$$

得

$$P = (H - y)\gamma_w \qquad (3.1.15)$$

因此，对于水平水位线的渗流场，当其围岩为均质连续介质，水位线保持稳定时，地下水流动速度较慢或者由于地质环境地下水几乎不流动，其渗流过程中的孔隙水压力等于静水压力，此时初始渗流场中的孔隙水压力为静水头，水压力不会发生折减。当地下水处于较快速度的流动状态时，水位线不稳定，此时地下渗流场为动水压力作用，最终动水压力一般小于静水压力。

当地下水位线不是水平时（如斜坡地区），隧道衬砌水压力不仅与地下水头有关，且与地下水位线的倾斜角有关。这种情况下，可以将渗流场分解成两个渗流场，如图3.1.3所示。地下水位线倾角为α，第一个渗流场与地下水位线垂直，重力为$G\cos\alpha$的第一个渗流场与地下水位线垂直，在重力为$G\cos\alpha$的重力作用下流动，这个渗流场与地下水位线为水平时的渗流场是相似的；第二个渗流场与地下水位线平行，重力为$G\sin\alpha$，但所受孔隙水压力和地下水渗流量为0。

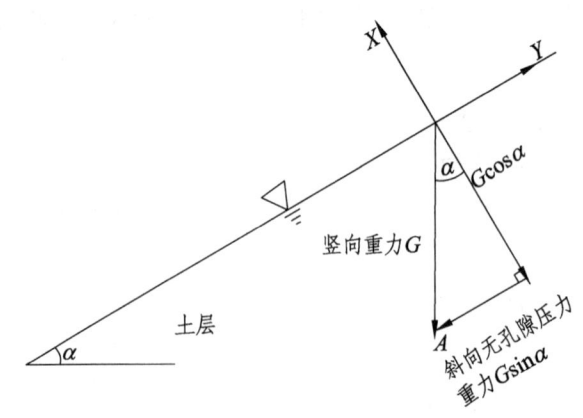

图3.1.3 倾斜地下水位线渗流场分解

通过拉普拉斯变换，可得到地下水位线不是水平时的隧道衬砌水压力计算公式：

$$P = \gamma_w(H-y)\cos^2\alpha \tag{3.1.16}$$

将其绘于图 3.1.4，可以看出，静水压力折减系数随地下水位线倾角的增加而减小。

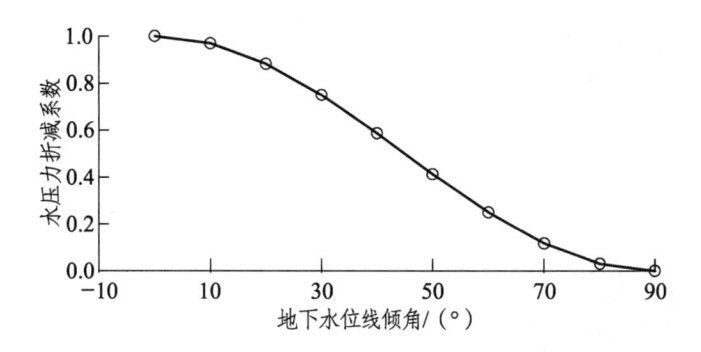

图 3.1.4 静水压力折减系数与地下水位线倾角的关系

3.2 隧道衬砌水压力模型试验研究

上述理论分析是基于诸多理想条件下得出的结果，实际工程条件要复杂得多。工程实践发现，即使在静水压力条件下，隧道衬砌水压力仍存在一定的折减。为此，进行了模型试验，旨在获得：① 不同围岩材料对隧道衬砌水压力折减系数的影响规律；② 静水状态下水头高度对隧道衬砌水压力折减系数的影响规律；③ 动水压力对隧道衬砌水压力折减系数的影响规律；④ 不透水层对隧道衬砌水压力折减系数的影响规律；⑤ 水底隧道衬砌水压力的折减系数特性等。

3.2.1 试验装置设计及安装

本次模拟试验主要模拟的内容包括不同围岩材料、不同隧道水头高度、是否有不透水层、是否是水底隧道，以及动静水压对衬砌水压力的影响。试验通过模拟隧道上方围岩，并将水加入围岩中，以模拟真实的边界条件和初始条件，并通过记录每种工况下的衬砌背后水压力大小，计算得出相应的水压力折减系数。

1. 试验装置设计

模型高度为 7 m，由半径为 20 cm、长度为 1 m 的 7 根透明的（便于观察）亚克力管拼接而成。水头高度最高为 7 m，模拟 210 m 的水头高度，如图 3.2.1 所示。采用细砂、中砂和粗砂 3 种材质模拟 3 种不同的围岩，并加入适量的玻璃纤维，以防止水通过围岩向下渗流时形成贯通裂缝。

4 号水龙头由于靠近衬砌，打开水龙头可模拟地下水向隧道内渗流。1~3 号水龙头处于装置的不同高度，用于模拟边坡情况下地下水从上游沿不同高度的渗流通道流向边坡下游的情况。

2. 试验装置安装

按照试验装置设计，购买相应材料和设备，并将试验装置安装在西南交通大学教育部交通隧道工程重点实验室。图 3.2.2 所示为探头位置，图 3.2.3 所示为探头，图 3.2.4 所示为静态应变测试分析系统，图 3.2.5 所示为试验亚克力管的拼装过程。

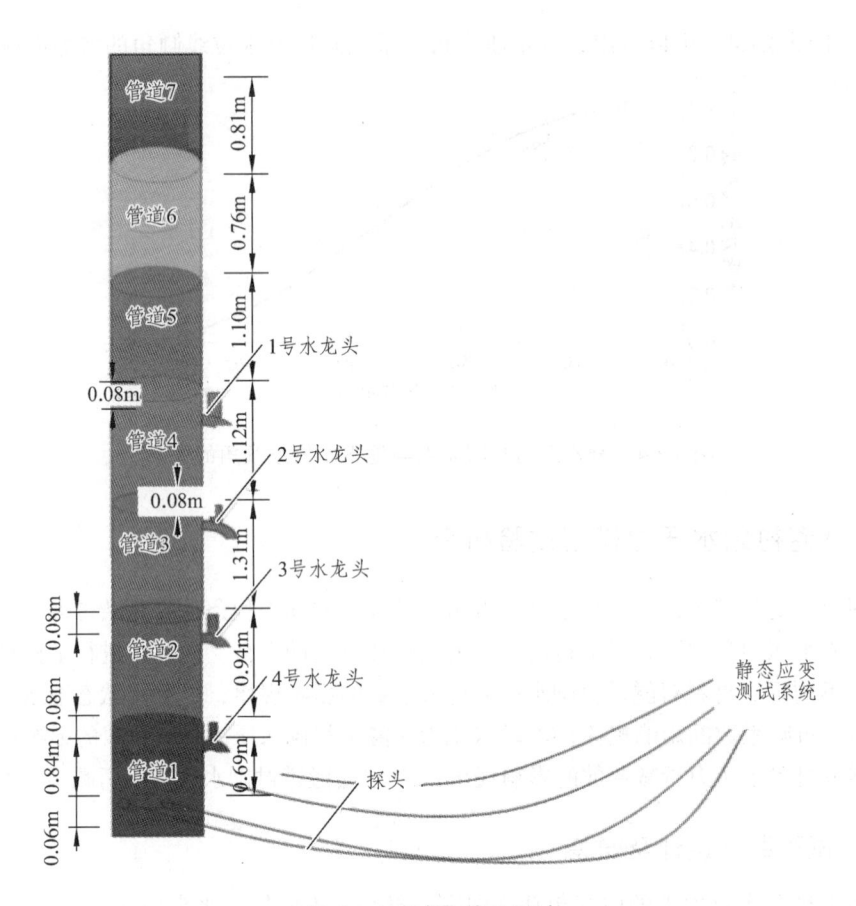

图 3.2.1　试验装置设计

图 3.2.2　探头位置

图 3.2.3　探头

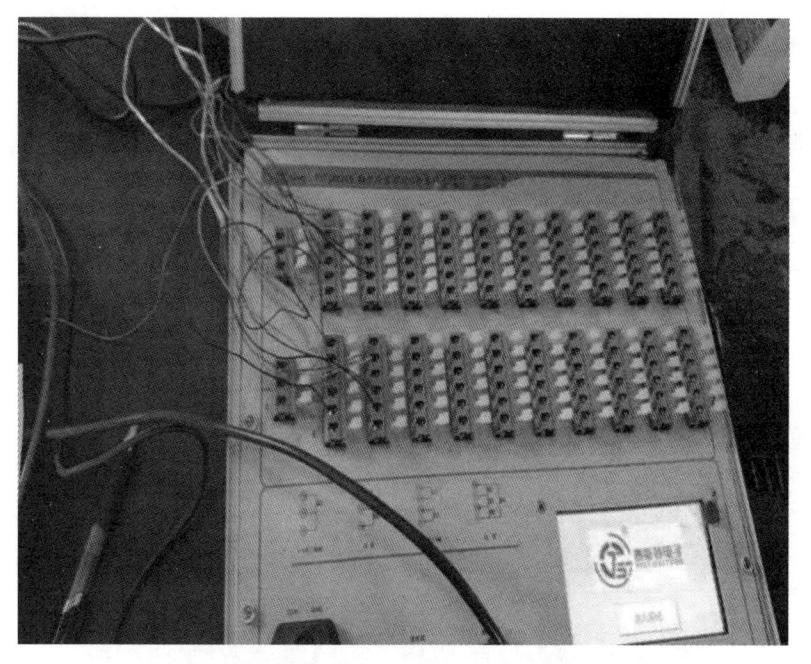

图 3.2.4　静态应变测试分析系统

(a) 第 1 节管道　　(b) 第 2 节管道　　(c) 第 3 节管道　　(d) 第 4 节管道

(e) 第 5 节管道　　(f) 第 6 节管道　　(g) 第 7 节管道　　(h) 总体概略图

图 3.2.5　试验亚克力管拼装过程

3.2.2 本试验装置的模拟功能

采用本试验装置，可以模拟下面 5 种工况。

（1）不同材料的模拟：本试验采用细砂、中砂和粗砂 3 种材质模拟 3 种不同的围岩。

（2）不透水层的模拟：如 3.2.6 所示，经过试验测量，试验所用的粉质黏土的渗透系数约为 1.23×10^{-7} cm/s，满足不透水层渗透系数的要求。因此，将第 5 节亚克力管放入粉质黏土用以模拟不透水层，第 5 节亚克力管的水压必须经过黏土层向衬砌传递。

图 3.2.6　亚克力管竖向连接

（3）动水压的模拟：从底部向上至第 5 节亚克力管，每节亚克力管分别安装一个水龙头（共 4 个），水龙头打开时亚克力管道里面的水流处于流动状态，用来测定当隧道周围的水压力处于动水压力状态下时，隧道衬砌水压力的大小以及衬砌水压力折减系数。其中，最下面的水龙头（4 号水龙头）主要是模拟地下水流经排水管流入隧道内，1～3 号水龙头模拟地下水通过不同高度的渗流通道流向下游。

（4）不同高度水头的模拟：整个试验系统通过 7 节亚克力管竖向连接而成，每一节亚克力管的高度和相应的位置如图 3.2.1 所示，其中亚克力管装满后和模拟水底隧道的状态如图 3.2.7 和图 3.2.8 所示。

（5）水底隧道的模拟：如图 3.2.1 所示，在前 5 节亚克力管中填入模型土并压实，在第 6 节和第 7 节亚克力管中装入水，以此测定水底隧道的衬砌水压力规律。

图 3.2.7　亚克力管装满后的状态　　图 3.2.8　模拟水底隧道

3.2.3　围岩渗透系数的测定

1. 常水头渗透试验原理

常水头试验法就是在整个试验过程中使水头保持为一常数,如图3.2.9所示。试验时,在透明塑料桶中装填截面积为 A,长度为 L 的饱和试样,打开水阀,使水自上而下流经试样,并自出水口处排出,待水头差 Δh 和渗出流量 Q 稳定后,量测经过一定时间 t 内流经试样的水量 V,则

$$V=Qt=vAt \tag{3.2.1}$$

根据达西定律,$V=Ki$,则

$$V=K(\Delta h/L)At \tag{3.2.2}$$

从而得出

$$K=qL/A\Delta h=QL/(A\Delta h) \tag{3.2.3}$$

采用图3.2.10所示的常水头渗透仪测量围岩材料的渗透系数,图3.2.11所示为试验现场。

2. 试验步骤

(1) 安装好仪器并检查各管路接头处是否漏水,测量两测压孔之间的距离 L,将调节管与供水管连通,由仪器底部充水至水位略高于金属孔板处,关止水夹。

(2) 取具有代表性的风干试样9 000 g(细砂:中砂=1:2),称量准确至1.0 g。

(3) 将试样分层装入圆筒,每层厚2~3 cm,用木槌轻轻击实,以控制其孔隙比。

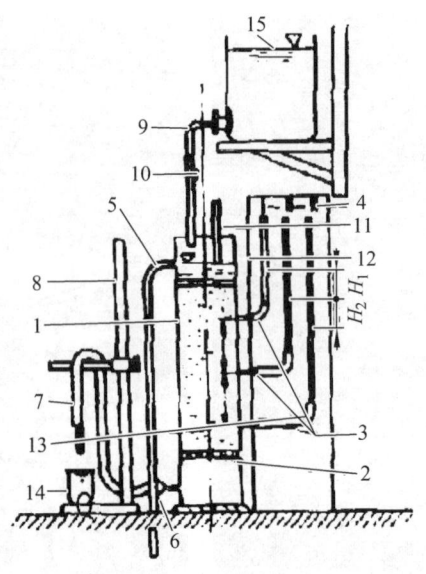

1—金属圆筒；2—金属孔板；3—测压孔；4—测压管；5—溢水孔；6—渗水孔；7—调节管；8—滑动架；9—供水管；10—止水夹；11—温度计；12—砾石层；13—试样；14—量杯；15—供水瓶。

图 3.2.9 常水头试验装置

图 3.2.10 常水头渗透仪

图 3.2.11 常水头试验现场

（4）每层试样装好后连接供水管和调节管，并由调节管进水，微开止水夹使试样逐渐饱和。当水面与试样顶面齐平时，关止水夹。饱和时水流不应过急，以免冲动试样。

（5）依上述步骤逐层装试样，至试样高出上测压孔 3~4 cm 为止。在试样上端放置金属孔板作缓冲层，待最后一层试样饱和后，继续使水位缓缓上升至溢水孔，当有水溢出时，关止水夹。

（6）称剩余试样质量准确至 1 g，计算装入试样总质量。

（7）静置数分钟后，检查各测压管水位是否与溢水孔齐平，如不齐平，说明试样中或测压管接头处有集气阻隔，用吸水球进行吸水排气处理。

（8）提高调节管，使其高于溢水孔；然后将调节管与供水管分开，并将供水管置于金属圆筒内；开止水夹，使水由上部注入金属圆筒内。

（9）降低调节管口，使其位于试样上部 1/3 处，造成水位差，水会渗过试样，经调节管流出。在渗透过程中应调节供水管夹，使供水管流量略多于溢出水量。

（10）溢水孔应始终有余水溢出以保持常水位。

（11）测压管水位稳定后，记录测压管水位；计算各测压管间的水位差。

（12）开动秒表，同时用量筒接取经一定时间的渗透水量，并重复 1 次。接取渗透水量时，调节管口不可没入水中。

（13）降低调节管的管口至试样中部及下部处，以改变水力坡降。按（9）和（10）的规定重复进行测定。

按照式（3.2.4）计算渗透系数 K：

$$K = \frac{QL}{AHT} \tag{3.2.4}$$

式中，L 为两测压孔中心间距离，cm；H 为平均水位差，$H = (H_1 + H_2)/2$，cm；T 为时间，s；Q 为渗透水量，L；A 为一试样断面积，cm^2。

根据常水头渗透试验最终测得的试验土的渗透系数，细砂、中砂和粗砂的渗透系数分别为 2.05×10^{-7} m/s、2.8×10^{-7} m/s 和 4.36×10^{-7} m/s。

3.2.4 衬砌水压力试验步骤

利用新开发的试验装置的特色功能，可开展一系列试验，包括静水压力试验、动水压力试验、不透水层模拟试验、水底隧道工况模拟试验等，以测定衬砌处的水压力。

1. 静水压力的模拟

从底部向上至第 5 节亚克力管的每节亚克力管相应处分别安装一个水龙头（共 4 个），当水龙头关闭时，试验系统中的水流整体处于静止状态，保持水位不变，用于模拟不同围岩材料下隧道衬砌水压力大小，进而计算相应的折减系数。具体试验步骤如下：

（1）组装好试验仪器，将提前配好的围岩材料放入 7 节亚克力管并压实（亚克力管中模型土顶面距离管顶为 0.05 m），将水压力探头与静态应变测试分析系统以及计算机连接起来。

（2）打开仪器，记录数据。

（3）通过水管往亚克力管中以一定的速率加水，并将水位保持在相应位置处不变。

（4）当静态应变测试分析系统测得的数据稳定后保存数据。

2. 动水压力的模拟

从底部向上至第5节亚克力管的每节亚克力管相应处分别安装一个水龙头（共4个），当水龙头打开时管内水处于流动状态，用于模拟动水压力状态。其中，最靠近衬砌的4号水龙头用于模拟水流入隧道内的情况，而上方的1号、2号、3号3个水龙头分别用来模拟边坡上地下水沿着不同高度的水通道从边坡上游流向下游的情况。水流动的过程中，保持水位不变。具体试验步骤如下：

（1）组装好试验仪器，将提前配好的围岩材料放入7节亚克力管并压实（亚克力管中模型土顶面距离管顶为0.05 m），将水压力探头与静态应变测试分析系统以及计算机连接起来。

（2）打开仪器，记录数据。

（3）通过水管往亚克力管中以一定的速率持续加水，将水位保持在相应位置处不变。

（4）打开最高处的1号水龙头，关闭其余水龙头，保持水位不变，模拟边坡上地下水沿着1号水龙头处高度的水通道从边坡上游流向下游的情况。静态应变测试分析系统测得的数据稳定后保存数据。

（5）打开2号水龙头，关闭其余水龙头，保持水位不变，模拟边坡上地下水沿着2号水龙头处高度的水通道从边坡上游流向下游的情况。当静态应变测试分析系统测得的数据稳定后保存数据。

（6）打开3号水龙头，关闭其余水龙头，保持水位不变，模拟边坡上地下水沿着3号水龙头处高度的水通道从边坡上游流向下游的情况。当静态应变测试分析系统测得的数据稳定后保存数据。

（7）打开4号水龙头，关闭其余水龙头，保持水位不变，模拟边坡上地下水沿着4号水龙头处高度的水通道从边坡上游流向下游的情况。当静态应变测试分析系统测得的数据稳定后保存数据。

3. 不透水层的模拟

一般将渗透系数小于 1.157×10^{-6} cm/s 的岩层视为不透水层，如黏土、致密花岗岩、泥岩等。隔水是相对的，在相当大的水力坡度下，不透水层也能透过和释放一定的水量。根据地层实际情况，不透水层一般存在于地层的基岩位置处，根据工程背景将不透水层设置在100～150 m处，根据本试验的相似比（1∶30）将不透水层设置在第5节亚克力管道中。经过常水头渗透试验测量得到试验所用的粉质黏土的渗透系数约为 1.23×10^{-7} cm/s，满足不透水层渗透系数的要求，因此在不同的围岩材料工况下将第5节亚克力管放入粉质黏土用于模拟不透水层。整个试验过程中4个水龙头均处于关闭状态。具体试验步骤如下：

（1）组装好试验仪器，将提前配好的模型土放入前4节亚克力管并压实（亚克力管中模型土顶面距离管顶为0.05 m），将水压力探头与静态应变测试分析系统以及计算机连接起来。

（2）打开仪器，记录数据。

（3）通过水管往前4节亚克力管中以一定速率加水，并将水位保持在相应位置处不变。

（4）静态应变测试分析系统测得的数据稳定后保存数据，安装第5节亚克力管，并将粉质黏土填入亚克力管中并压实（亚克力管中黏土距离管顶均为0.05 m）。

（5）通过水管往第5节亚克力管中以一定速率加水。

（6）当静态应变测试分析系统测得的数据稳定后保存数据。

4. 水底隧道的模拟

通过在前 5 节亚克力管中填入围岩材料并压实,并在第 6 节和第 7 节亚克力管中装入一定水(模拟水深 60 m),用于模拟水底隧道衬砌水压力情况。整个试验过程中 4 个水龙头均处于关闭状态。具体试验步骤如下:

(1)组装好试验仪器,将提前配好的模型土放入前 5 节亚克力管并压实(亚克力管中模型土顶面距离管顶为 0.05 m),将水压力探头与静态应变测试分析系统以及电脑连接起来。

(2)打开仪器,记录数据。

(3)通过水管往第 6 节和第 7 节亚克力管中以一定速率加水,并将水位保持在相应位置处不变。

(4)当静态应变测试分析系统测得的数据稳定后保存数据。

5. 隧道水头高度的模拟

根据地质勘探资料得知,深圳地铁 6 号线二期工程民乐停车场出入线隧道以及 8 号线一期梧桐山南站—沙头角站区间隧道最大水头高度约为 210 m,为了研究高水压衬砌水压力折减系数,故取最大水头高度为 210 m,并以 1∶30 的试验模型比进行衬砌水压力试验。其中,最大试验水头高度为 7 m,整个试验中水头高度分别为 1 m、2 m、3 m、4 m、5 m、6 m、7 m。整个试验过程中 4 个水龙头均处于关闭状态。具体试验步骤如下:

(1)组装好试验仪器,将提前配好的模型土放入第 1 节亚克力管并压实(亚克力管中模型土顶面距离管顶为 0.05 m),将水压力探头与静态应变测试分析系统以及计算机连接起来。

(2)打开仪器,记录数据。

(3)通过水管往第 1 节亚克力管中以一定的速率加水,并将水位保持在相应位置处不变。

(4)当静态应变测试分析系统测得的数据稳定后保存数据。

(5)重新组装好试验仪器,将提前配好的模型土放入第 1 节和第 2 节亚克力管并压实(亚克力管中模型土距离管顶 0.05 m),将水压力探头与静态应变测试分析系统以及计算机连接起来。

(6)打开仪器,记录数据。

(7)通过水管往第 1 节和第 2 节亚克力管中以一定的速率加水,并将水位保持在相应位置处不变。

(8)当静态应变测试分析系统测得的数据稳定后保存数据。

(9)重复以上过程直到试验进行至第 7 节亚克力管(模拟 7 m 的水头高度)。

3.2.5 试验结果的获取和整理

通过试验,可得出如图 3.2.12、图 3.2.13 所示的隧道衬砌水压力随时间变化图,曲线变平后表明渗流充分,试验终止。

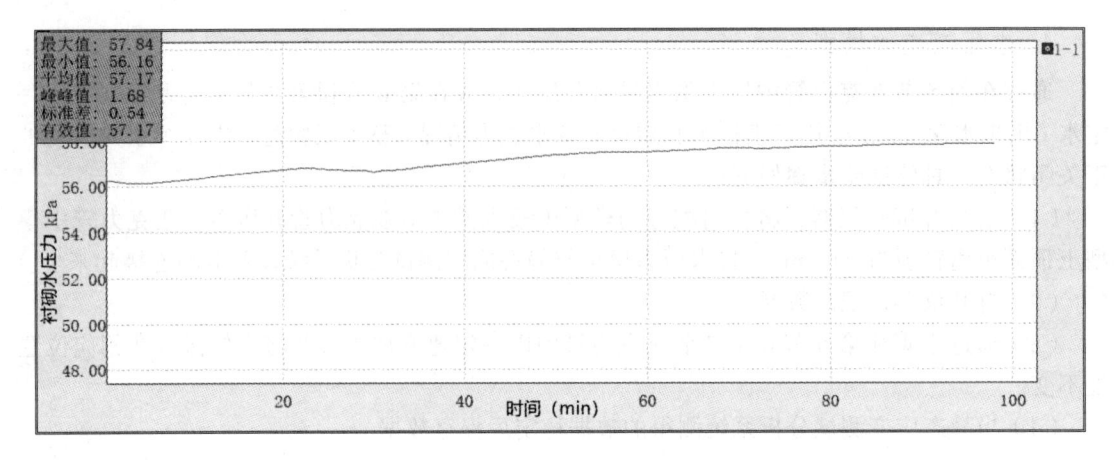

图 3.2.12　中砂 2 号水龙头放水时衬砌水压力变化情况

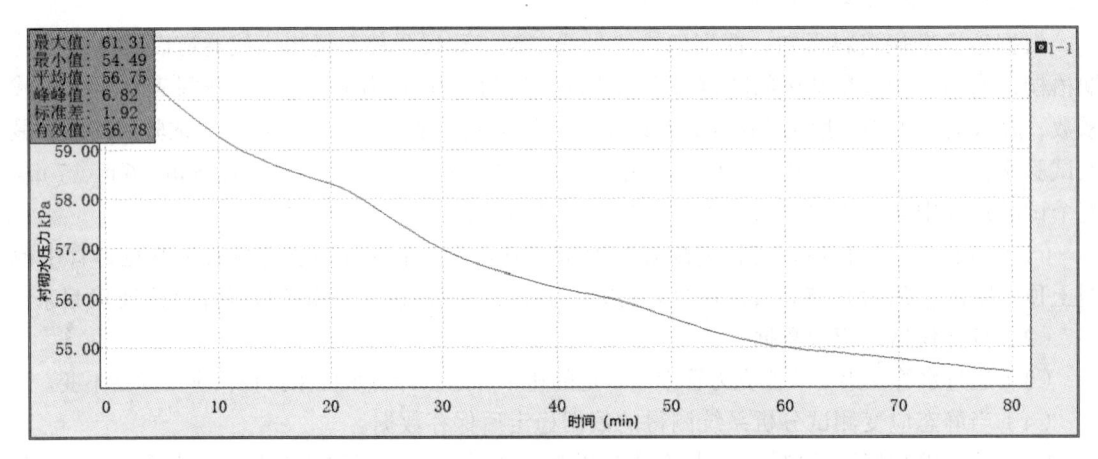

图 3.2.13　中砂 3 号水龙头放水时衬砌水压力变化情况

通过整理得出图 3.2.14、图 3.2.15 的试验结果。

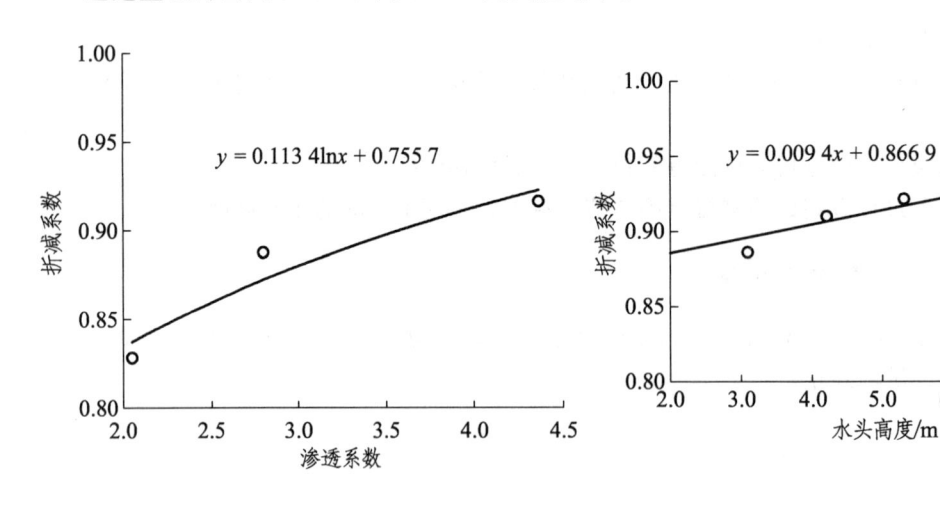

图 3.2.14　水头高度为 1.78 m 时不同渗透系数下静水压力试验结果

$y = 0.113\,4\ln x + 0.755\,7$

图 3.2.15　中砂不同水头高度下衬砌水压力试验结果

$y = 0.009\,4x + 0.866\,9$

本次试验共设计了39个试验工况，试验了3种不同围岩材料，每种围岩材料有13种试验工况，试验结果见表3.2.1。

表3.2.1 试验结果

工况	材料类型	水头高度/m	动静水压	是否有不透水层	是否为水底隧道	水压力理论值/kPa	水压力试验值/kPa	折减系数/%	备注
1	中砂	0.84	静	否	否	8.4	7.35	87.52	中砂渗透系数为 2.8×10^{-7} m/s
2	中砂	1.78	静	否	否	17.8	15.8	88.76	
3	中砂	3.09	静	否	否	30.9	27.38	88.61	
4	中砂	4.21	静	否	否	42.1	38.31	91.00	
5	中砂	5.31	静	否	否	53.1	48.93	92.15	
6	中砂	6.07	静	是	否	60.7	44.43	73.2	第5节亚克力管装载粉质黏土
7	中砂	6.07	静	否	否	60.7	56.18	92.56	
8	中砂	6.88	静	否	否	68.8	63.89	92.86	
9	中砂	6.88	静	否	是	68.8	58.51	85.04	第6和第7节亚克力管只放水，不装载土
10	中砂	6.88	动（开1号水龙头）	否	否	68.8	61.31	89.11	左侧水龙头排序均为从上往下，如从上往下第一个水龙头为1号水龙头
11	中砂	6.88	动（开2号水龙头）	否	否	68.8	58.42	84.91	
12	中砂	6.88	动（开3号水龙头）	否	否	68.8	57.84	84.07	
13	中砂	6.88	动（4号开水龙头）	否	否	68.8	55.26	80.32	
14	粗砂	0.84	静	否	否	8.4	8.06	95.95	粗砂渗透系数为 4.36×10^{-7} m/s
15	粗砂	1.78	静	否	否	17.8	16.31	91.63	
16	粗砂	3.09	静	否	否	30.9	28.39	91.89	
17	粗砂	4.21	静	否	否	42.1	39.04	92.73	
18	粗砂	5.31	静	否	否	53.1	49.05	93.51	
19	粗砂	6.07	静	是	否	60.7	45.28	74.6	第5节亚克力管装载粉质黏土
20	粗砂	6.07	静	否	否	60.7	56.71	93.42	
21	粗砂	6.88	静	否	否	68.8	64.41	93.62	

续表

工况	材料类型	水头高度/m	动静水压	是否有不透水层	是否为水底隧道	水压力理论值/kPa	水压力试验值/kPa	折减系数/%	备注
22	粗砂	6.88	静	否	是	68.8	59.5	86.48	第6和第7节亚克力管只放水，不装载土
23	粗砂	6.88	动（开1号水龙头）	否	否	68.8	58.92	85.64	左侧水龙头排序均为从上往下，如从上往下第一个水龙头为1号水龙头
24	粗砂	6.88	动（开2号水龙头）	否	否	68.8	58.31	84.75	
25	粗砂	6.88	动（开3号水龙头）	否	否	68.8	38.03	55.28	
26	粗砂	6.88	动（开4号水龙头）	否	否	68.8	54.21	87.35	
27	细砂	0.84	静	否	否	8.4	7.05	83.93	细砂渗透系数为 2.05×10^{-7} m/s
28	细砂	1.78	静	否	否	17.8	14.74	85.82	
29	细砂	3.09	静	否	否	30.9	26.66	86.27	
30	细砂	4.21	静	否	否	42.1	36.99	87.86	
31	细砂	5.31	静	否	否	53.1	47.61	89.67	
32	细砂	6.07	静	是	否	60.7	43.15	71.09	第5节亚克力管装载粉质黏土
33	细砂	6.07	静	否	否	60.7	55.16	90.87	
34	细砂	6.88	静	否	否	68.8	63.3	92.01	
35	细砂	6.88	静	否	是	68.8	57.23	83.18	第6和第7节亚克力管只放水，不装载土
36	细砂	6.88	动（1号开水龙头）	否	否	68.8	62.84	91.34	左侧水龙头排序均为从上往下，如从上往下第一个水龙头为1号水龙头
37	细砂	6.88	动（开2号水龙头）	否	否	68.8	59.62	86.66	
38	细砂	6.88	动（开3号水龙头）	否	否	68.8	59.16	85.99	
39	细砂	6.88	动（开4号水龙头）	否	否	68.8	60.1		

3.2.6 模型试验结果分析

在以下分析中，渗透系数单位为 10×10^{-7} m/s，水头高度单位为 m，水压力单位为 kPa。

1. 不同水头高度工况的结果分析

（1）中砂工况下隧道衬砌水压力折减系数随水头高度的变化。

中砂的隧道衬砌水压力折减系数随水头高度变化的试验结果见表 3.2.1（工况 1~13）。将试验结果绘于图 3.2.16 中，可以看出，隧道衬砌水压力折减系数随水头高度的增加而增加。曲线拟合得到围岩为中砂时隧道衬砌水压力折减系数 y 与隧道水头高度 x 的关系为

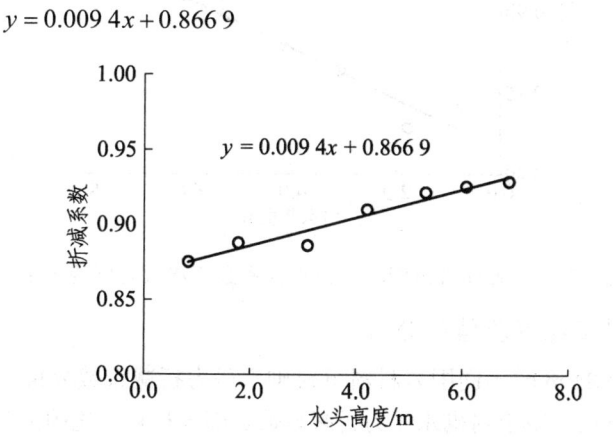

$$y = 0.009\ 4x + 0.866\ 9 \tag{3.2.5}$$

图 3.2.16 中砂水压力折减系数与隧道水头高度的关系

（2）粗砂工况下隧道衬砌水压力折减系数随隧道水头高度的变化。

粗砂的隧道衬砌水压力折减系数随水头高度变化的试验结果见表 3.2.1（工况 14~21）。将试验结果绘于图 3.2.17 中，可以看出，隧道衬砌水压力折减系数随水头高度的增加而增加。曲线拟合得到围岩为粗砂时隧道衬砌水压力折减系数 y 与隧道水头高度 x 的关系为

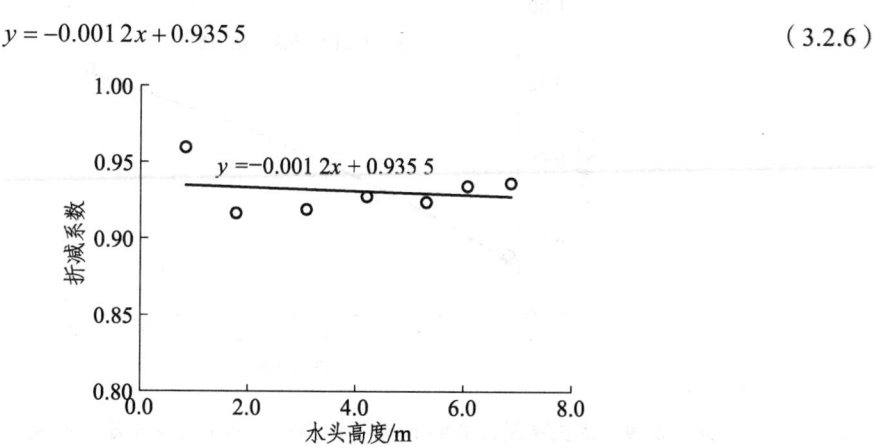

$$y = -0.001\ 2x + 0.935\ 5 \tag{3.2.6}$$

图 3.2.17 粗砂水压力折减系数与水头高度的关系

（3）细砂工况下隧道衬砌水压力折减系数随水头高度的变化。

细砂的隧道衬砌水压力折减系数随水头高度变化的试验结果见表 3.2.1（工况 27~34）。将试

验结果绘于图 3.2.18 中，可以看出，隧道衬砌水压力折减系数随水头高度的增加而增加。曲线拟合得到围岩为细砂时隧道衬砌水压力折减系数 y 与隧道水头高度 x 的关系为

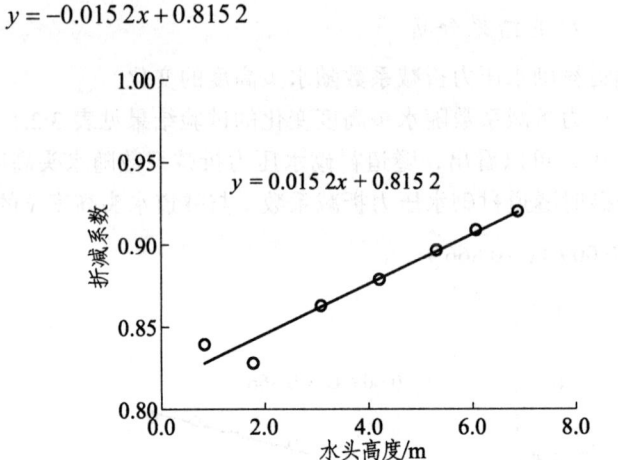

$$y = -0.015\,2x + 0.815\,2 \tag{3.2.7}$$

图 3.2.18　细砂时衬砌水压力折减系数与水头高度的关系

2. 不同围岩材料工况试验结果分析

（1）水头高度为 0.84 m 时不同围岩材料下衬砌水压力折减系数分析。

水头高度为 0.84 m 时，隧道衬砌水压力折减系数随围岩材料变化的试验结果见表 3.2.1（工况 1、14、27）。将试验结果绘于图 3.2.19 中，可以看出，隧道衬砌水压力折减系数随渗透系数的增加而增加。曲线拟合得到水头高度为 0.84 m 时的隧道衬砌水压力折减系数 y 与围岩材料渗透系数 k 的关系为

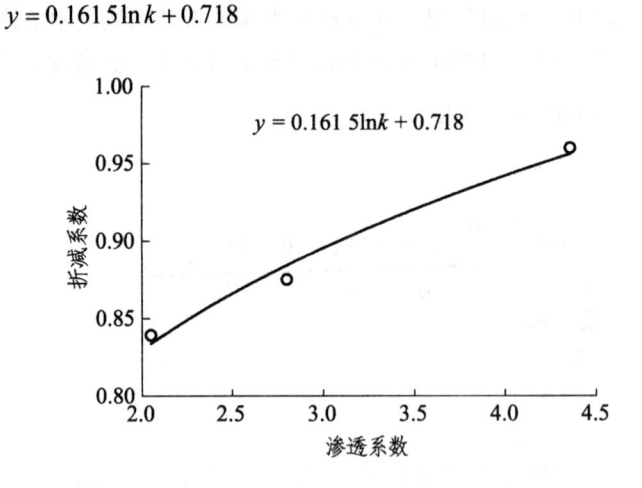

$$y = 0.161\,5\ln k + 0.718 \tag{3.2.8}$$

图 3.2.19　水头高度为 0.84 m 时不同围岩材料下衬砌水压力折减系数变化

（2）水头高度为 1.78 m 时不同围岩材料下衬砌水压力折减系数分析。

水头高度为 1.78 m 时，隧道衬砌水压力折减系数随围岩材料变化的试验结果见表 3.2.1（工况 2、15、28）。将试验结果绘于图 3.2.20 中，可以看出，隧道衬砌水压力折减系数随渗透系

数的增加而增加。曲线拟合得到水头高度为 1.78 m 时隧道衬砌水压力折减系数 y 与围岩材料渗透系数 k 的关系为

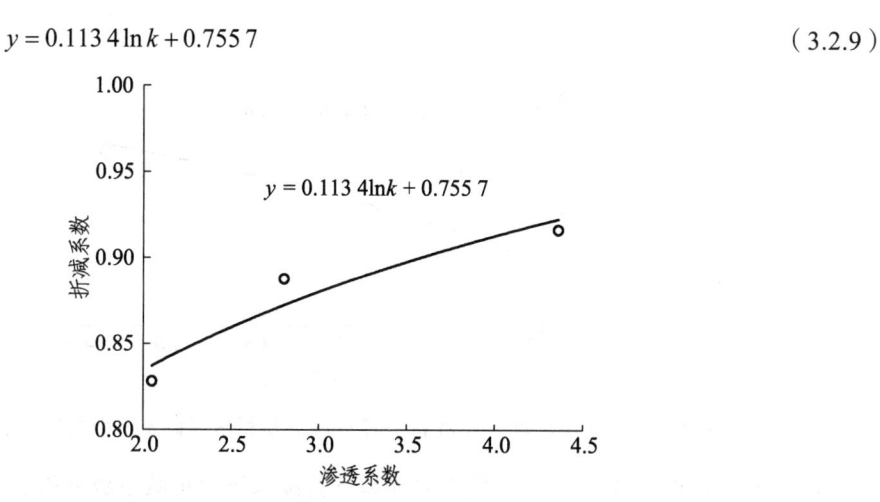

$$y = 0.1134 \ln k + 0.7557 \quad (3.2.9)$$

图 3.2.20　水头高度为 1.78 m 时不同围岩材料下衬砌水压力折减系数变化

（3）水头高度为 3.09 m 时不同围岩材料下衬砌水压力折减系数分析。

当隧道水头高度为 3.09 m 时，隧道衬砌水压力折减系数随围岩材料变化的试验结果见表 3.2.1（工况 3、16、29）。将试验结果绘于图 3.2.21 中，可以看出，隧道衬砌水压力折减系数随渗透系数的增加而增加。曲线拟合得到水头高度为 3.09 m 时隧道衬砌水压力折减系数 y 与围岩材料渗透系数 k 的关系为

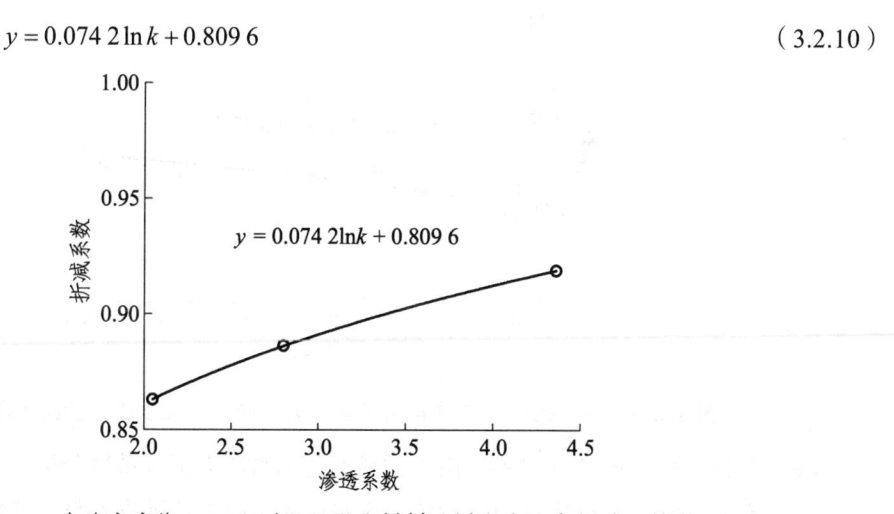

$$y = 0.0742 \ln k + 0.8096 \quad (3.2.10)$$

图 3.2.21　水头高度为 3.09 m 时不同围岩材料下衬砌水压力折减系数变化

（4）水头高度为 4.21 m 时不同围岩材料下衬砌水压力折减系数分析。

水头高度为 4.21 m 时，隧道衬砌水压力折减系数随围岩材料变化的试验结果见表 3.2.1（工况 4、17、30）。将试验结果绘于图 3.2.22 中，可以看出，隧道衬砌水压力折减系数随渗透系数的增加而增加。曲线拟合得到水头高度为 4.21 m 时隧道衬砌水压力折减系数 y 与围岩材料渗透系数 k 的关系为

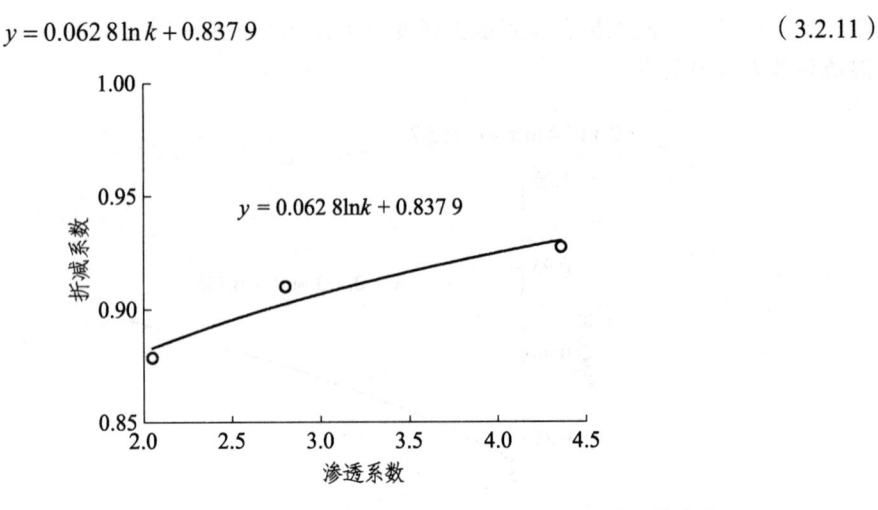

$$y = 0.062\,8\ln k + 0.837\,9 \tag{3.2.11}$$

图 3.2.22　水头高度为 4.21 m 时不同围岩材料下衬砌水压力折减系数变化

（5）水头高度为 5.31 m 时不同围岩材料下衬砌水压力折减系数分析。

当隧道水头高度为 5.31 m 时，隧道衬砌水压力折减系数随围岩材料变化的试验结果见表 3.2.1（工况 5、18、30）。将试验结果绘于图 3.2.23 中，可以看出，隧道衬砌水压力折减系数随渗透系数的增加而增加。曲线拟合得到水头高度为 5.31 m 时隧道衬砌水压力折减系数 y 与围岩材料渗透系数 k 的关系为

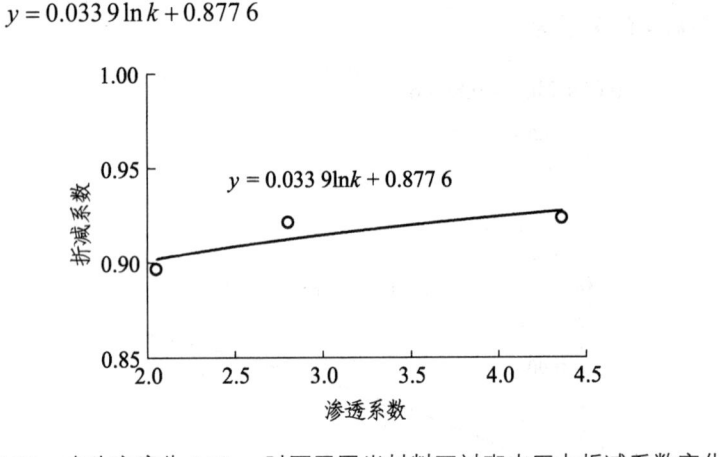

$$y = 0.033\,9\ln k + 0.877\,6 \tag{3.2.12}$$

图 3.2.23　水头高度为 5.31 m 时不同围岩材料下衬砌水压力折减系数变化

（6）水头高度为 6.07 m 时不同围岩材料下衬砌水压力折减系数分析。

当隧道水头高度为 6.07 m 时，隧道衬砌水压力折减系数随围岩材料变化的试验结果见表 3.2.1（工况 7、20、33）。将试验结果绘于图 3.2.24 中，可以看出，隧道衬砌水压力折减系数随渗透系数的增加而增加。曲线拟合得到水头高度为 6.07 m 时隧道衬砌水压力折减系数 y 与围岩材料渗透系数 k 的关系为

$$y = 0.032\,9\ln k + 0.887\,5 \tag{3.2.13}$$

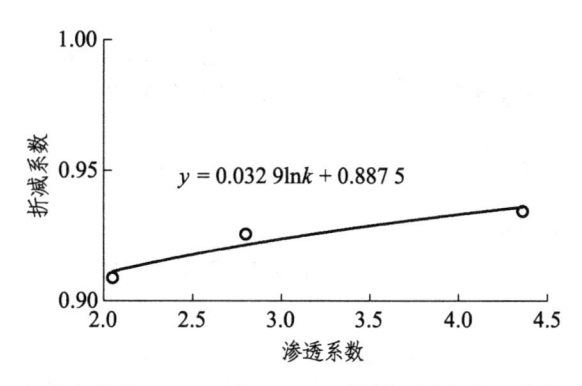

图 3.2.24　水头高度为 6.07 m 时不同围岩材料下衬砌水压力折减系数变化

（7）水头高度为 6.88 m 时不同围岩材料下衬砌水压力折减系数分析。

当隧道水头高度为 6.88 m 时，隧道衬砌水压力折减系数随围岩材料变化的试验结果见表 3.2.1（工况 8、21、34）。将试验结果绘于图 3.2.25 中，可以看出，隧道衬砌水压力折减系数随渗透系数的增加而增加。曲线拟合得到水头高度为 6.88 m 时隧道衬砌水压力折减系数 y 与围岩材料渗透系数 k 的关系为

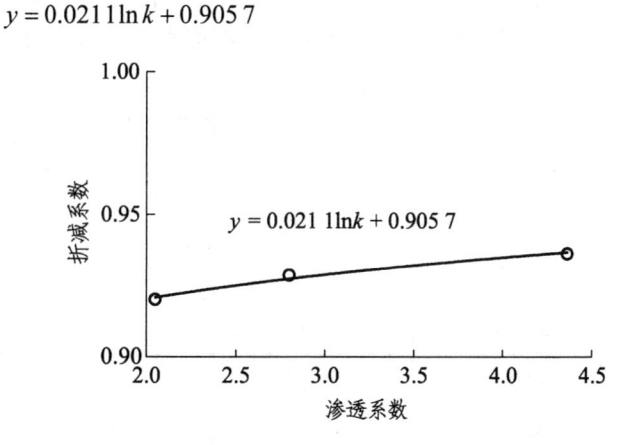

$$y = 0.021\,1\ln k + 0.905\,7 \tag{3.2.14}$$

图 3.2.25　水头高度为 6.88 m 时不同围岩材料下衬砌水压力折减系数变化

本节试验结果表明：隧道衬砌水压力折减系数与水头高度大致呈线性关系；隧道衬砌水压力折减系数与围岩渗透系数大致呈自然对数关系。

3. 不透水层工况试验结果分析

隧道存在不透水层时衬砌水压力折减系数与渗透系数关系的试验结果见表 3.2.1（工况 7、6、19、20、32、33）。将试验结果绘于图 3.2.26 中，可以看出，隧道衬砌水压力折减系数随渗透系数的增加而增加。曲线拟合得到存在不透水层时水压力折减系数 y 与围岩材料渗透系数 k 的关系为

$$y = 0.045\,9\ln k + 0.680\,2 \tag{3.2.15}$$

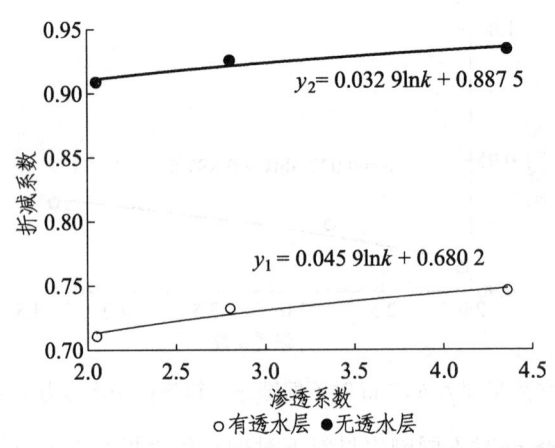

图 3.2.26 不透水层存在时隧道衬砌水压力折减系数与渗透系数的关系

可以看出,水压力折减系数与隧道是否存在不透水层有着密切的关系。对同一种围岩而言,不透水层的存在使得水压力大大减小,折减系数减小。

4. 水底隧道衬砌水压力折减系数的结果分析

表 3.2.2 表示不透水层对于水压力折减系数的影响。从表中可以看出,由于不透水层的存在,水压力折减系数大大减小,且围岩渗透系数越小,不透水层对水压力折减系数影响越大。

表 3.2.2 不透水层存在与否对水压力折减系数的影响

围岩材料	是否有不透水层	第4节管水压力实测值/kPa	第5节管水压力实测值/kPa	第4节和第5节水压力差值/kPa	对折减系数的影响
中砂	否	38.31	56.18	17.87	65.75%
中砂	是	38.31	44.43	6.12	
粗砂	否	37.28	56.71	19.43	55.83%
粗砂	是	37.28	45.28	8.0	
细砂	否	36.98	55.16	18.18	66.06%
细砂	是	36.98	43.15	6.17	

5. 水底隧道衬砌水压力折减系数的结果分析

水底隧道衬砌水压力折减系数的试验结果见表 3.2.3。将试验结果绘于图 3.2.27 中,可以看出,水压力折减系数随渗透系数的增加而增加。

表 3.2.3 水底隧道衬砌水压力折减系数试验结果

工况	材料类型	水头高度/m	动静水压	是否有不透水层	是否为水底隧道	衬砌水压力理论值/kPa	衬砌水压力实际值/kPa	折减系数/%
9	中砂	6.88	静	否	是	68.8	58.51	85.04
22	粗砂	6.88	静	否	是	68.8	59.5	86.48
35	细砂	6.88	静	否	是	68.8	57.23	83.18

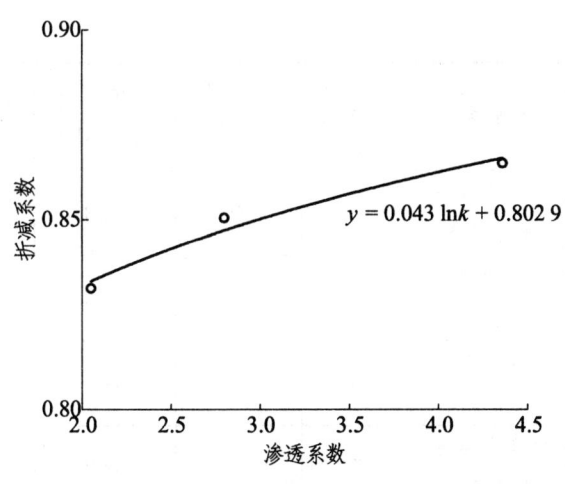

3 大埋深高水头地铁隧道静水压力计算方法

$y = 0.043 \ln k + 0.802\,9$

图 3.2.27 水底隧道对衬砌水压力折减系数的影响

6. 动水压力下隧道衬砌水压力折减系数的结果分析

动水压力作用下隧道衬砌水压力折减系数试验结果见表 3.2.4。

表 3.2.4 动水压下隧道衬砌水压力折减系数试验结果

工况	材料类型	水头高度/m	水压类型	是否有不透水层	是否为水底隧道	水压力理论值/kPa	水压力实测值/kPa	折减系数/%
9	中砂	6.88	静	否	是	68.8	58.51	85.04
10	中砂	6.88	动（开1号水龙头）	否	否	68.8	61.31	89.11
11	中砂	6.88	动（开2号水龙头）	否	否	68.8	58.42	84.91
12	中砂	6.88	动（开3号水龙头）	否	否	68.8	57.84	84.07
13	中砂	6.88	动（开4号水龙头）	否	否	68.8	55.26	80.32
22	粗砂	6.88	静	否	是	68.8	59.5	86.48
23	粗砂	6.88	动（开1号水龙头）	否	否	68.8	58.92	85.64
24	粗砂	6.88	动（开2号水龙头）	否	否	68.8	58.31	84.75
25	粗砂	6.88	动（开3号水龙头）	否	否	68.8	38.03	55.28
26	粗砂	6.88	动（开4号水龙头）	否	否	68.8	60.1	87.35
35	细砂	6.88	静	否	是	68.8	57.23	83.18

续表

工况	材料类型	水头高度/m	水压类型	是否有不透水层	是否为水底隧道	水压力理论值/kPa	水压力实测值/kPa	折减系数/%
36	细砂	6.88	动（开1号水龙头）	否	否	68.8	62.84	91.34
37	细砂	6.88	动（开2号水龙头）	否	否	68.8	54.21	86.66
38	细砂	6.88	动（开3号水龙头）	否	否	68.8	59.16	85.99
39	细砂	6.88	动（开4号水龙头）	否	否	68.8	59.62	78.79

（1）第1个水龙头打开时隧道衬砌水压力折减系数变化情况。

将第1个水龙头打开时衬砌水压力折减系数试验结果绘于图3.2.28中，从图中可以看出，动水压力折减系数随渗透系数的增加而减小。与静水压力比较可发现，动水压力折减系数比静水压力折减系数小，且随着渗透系数的增加，折减系数的减小幅度更大，相应的公式如下：

静水压力：$y_2 = 0.0211\ln k + 0.9057$ （3.2.16）

动水压力：$y_1 = -0.076\ln k + 0.9682$ （3.2.17）

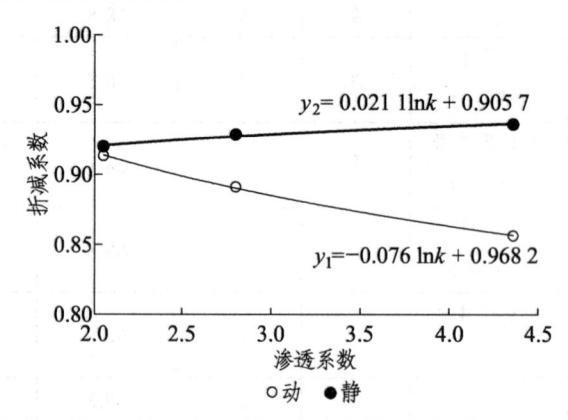

图3.2.28 第1个水龙头打开时衬砌水压力折减系数变化情况

（2）第2个水龙头打开时隧道衬砌水压力折减系数变化情况。

将第2个水龙头打开时隧道衬砌水压力折减系数试验结果绘于图3.2.29中，从图中可以看出，动水压力折减系数随渗透系数的增加而减小。与静水压力比较可发现，动水压力折减系数比静水压力折减系数小，且随着渗透系数的增加，折减系数的减小幅度更大，相应的公式如下：

静水压力：$y_2 = 0.0211\ln k + 0.9057$ （3.2.18）

动水压力：$y_1 = -0.024\ln k + 0.8799$ （3.2.19）

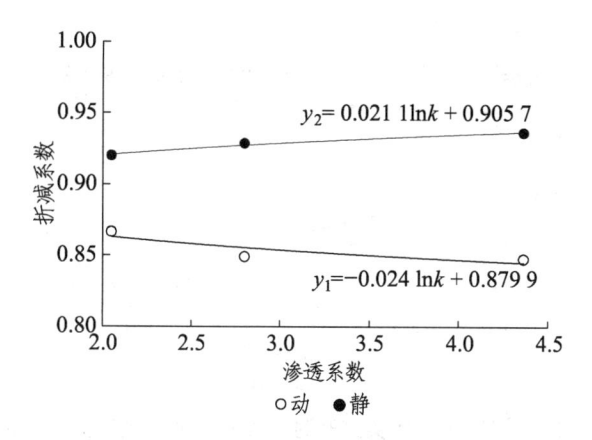

图 3.2.29　第 2 个水龙头打开时衬砌水压力折减系数变化情况

（3）第 3 个水龙头打开时隧道衬砌水压力折减系数变化情况。

将第 3 个水龙头打开时隧道衬砌水压力折减系数试验结果绘于图 3.2.30 中，从图中可以看出，动水压力折减系数随渗透系数的增加而减小。与静水压力比较可发现，动水压力折减系数比静水压力折减系数小，且随着渗透系数的增加，折减系数的减小幅度更大，相应的公式如下：

静水压力：$y_2 = 0.0211\ln k + 0.9057$ （3.2.20）

动水压力：$y_1 = -0.02\ln k + 0.8694$ （3.2.21）

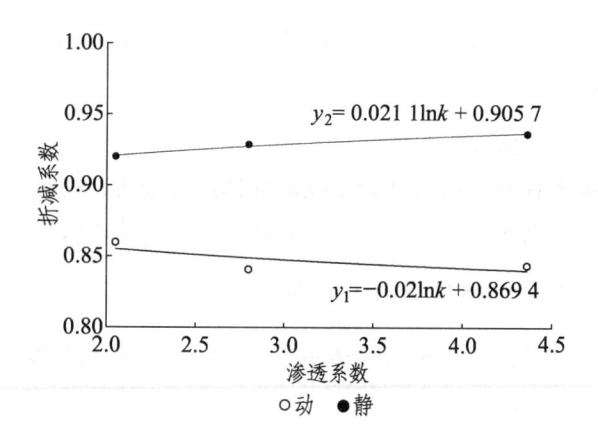

图 3.2.30　第 3 个水龙头打开时衬砌水压力折减系数变化情况

（4）第 4 个水龙头打开时隧道衬砌水压力折减系数变化情况。

将第 4 个水龙头打开时隧道衬砌水压力折减系数试验结果绘于图 3.2.31 中，从图中可以看出，动水压力折减系数随渗透系数的增加而减小。与静水压力比较可发现，动水压力折减系数比静水压力折减系数小，且随着渗透系数的增加，折减系数的减小幅度更大，相应的公式如下：

静水压力：$y_2 = 0.0211\ln k + 0.9057$ （3.2.22）

动水压力：$y_1 = 0.108\ln k + 0.9375$ （3.2.23）

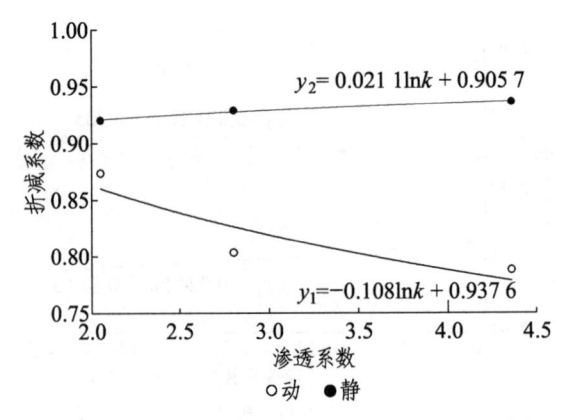

图 3.2.31　第 4 个水龙头打开时衬砌水压力折减系数变化情况

3.2.7　经验公式的拟合

1. 静水压力折减系数与水头高度以及围岩材料的关系

综合静水压力模型试验数据，并考虑相似比，采用数学拟合方法，可得出静水压力折减系数与水头高度/围岩渗透系数的关系，如图 3.2.32 所示。其中，图 3.2.32（a）为将所有静水压力试验工况的数据进行分析，得出的静水压力折减系数与围岩渗透系数的关系，并拟合出经验公式：

$$y = 0.071\,4\ln k + 0.827\,4 \tag{3.2.24}$$

图 3.2.32（b）为将所有静水压力试验工况的数据进行分析，得出的静水压力折减系数与水头高度的关系，并拟合出经验公式：

$$y = 0.000\,26\ln k + 0.872\,6 \tag{3.2.25}$$

图 3.2.32（c）为将所有静水压力试验工况的数据进行分析，得出的静水压力折减系数与围岩渗透系数/水头高度的关系，并拟合出统一的静水压力折减系数的经验公式：

$$y = 0.85 + 0.035\,7\ln k + 0.000\,13h \tag{3.2.26}$$

式中，y 为静水压力折减系数；k 为围岩渗透系数，m/s；h 为水头高度，m。

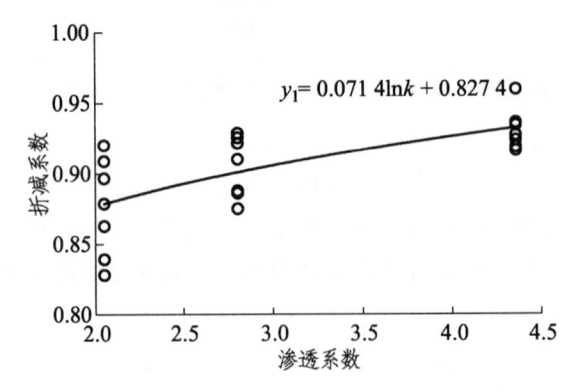

（a）静水压力折减系数与围岩渗透系数的关系

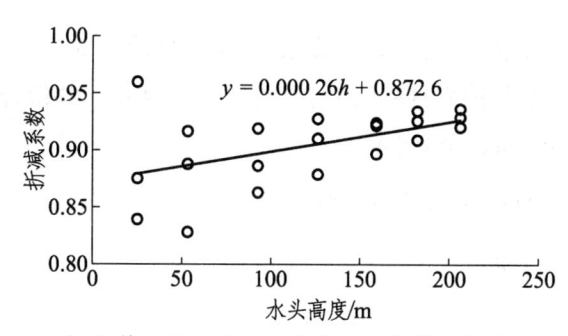

(b)静水压力折减系数与水头高度的关系

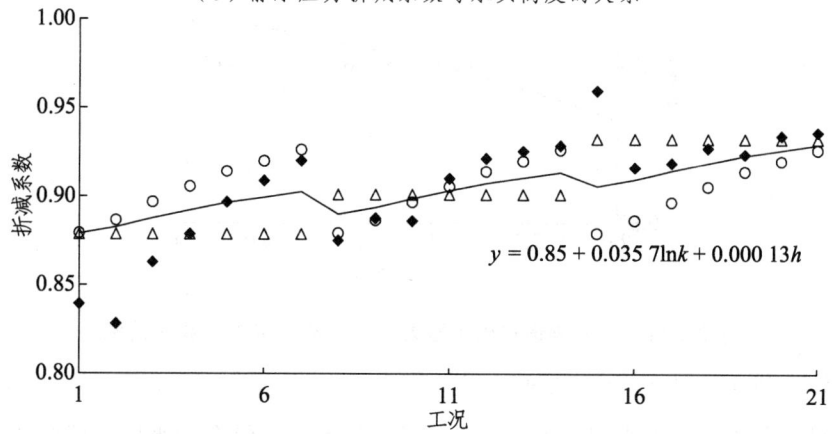

(c)静水压力折减系数与围岩渗透系数/围岩渗透系数的统一关系

图 3.2.32　静水压力折减系数经验关系

2. 不透水层衬砌水压力折减系数与围岩材料的关系

将衬砌水压力折减系数与围岩材料的关系绘于图 3.2.33 中,并拟合出经验公式:

有不透水层　　$y_1 = 0.045\,9\ln k + 0.680\,2$　　　　　　　　　　　　　(3.2.27)

无不透水层　　$y_2 = 0.032\,9\ln k + 0.887\,5$　　　　　　　　　　　　　(3.2.28)

式中,y 为静水压力折减系数;k 为围岩渗透系数。

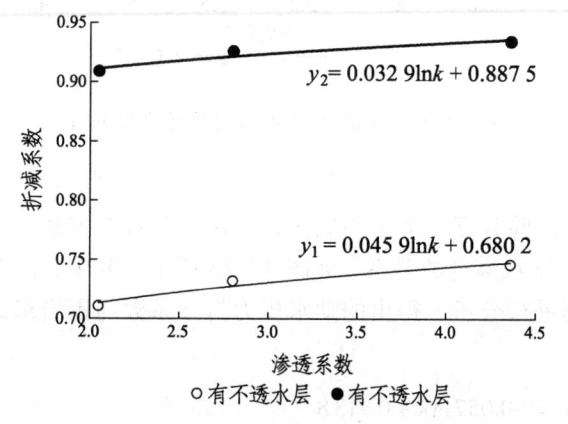

图 3.2.33　不透水层衬砌水压力折减系数与围岩材料的关系

3. 水底隧道衬砌水压力折减系数与围岩渗透系数的关系

将衬砌水压力折减系数与围岩材料的关系绘于图 3.2.34 中，并拟合出经验公式：

$$y = 0.043\ln k + 0.8029 \quad (3.2.29)$$

式中，y 为静水压力折减系数；k 为围岩渗透系数。

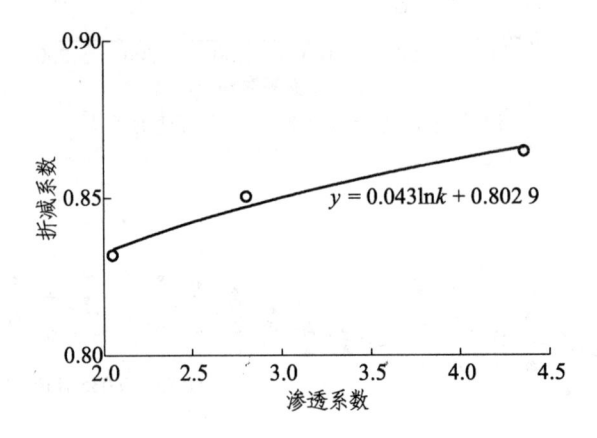

图 3.2.34　水底隧道衬砌水压力折减系数与渗透系数的关系

4. 隧道动/静水压力衬砌水压力比较

由于 4 号水龙头是用于模拟地下水排入隧道内情况的，综合动水压力模型试验数据，并考虑相似比，采用数学拟合方法，可对比衬砌动/静水压力折减系数，如图 3.2.35 所示。由图可以看出，动水压力折减系数比静水压力折减系数小，符合普遍认知。

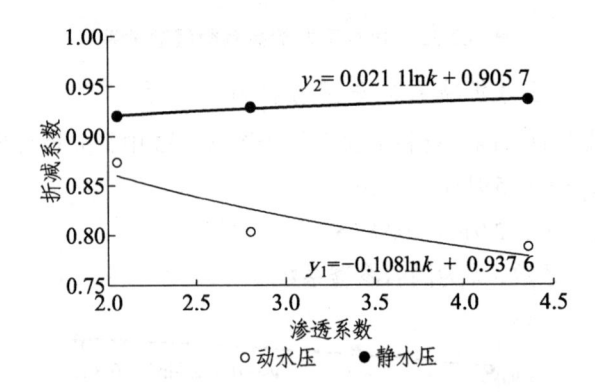

图 3.2.35　隧道动/静水压力折减系数对比

5. 衬砌动水压力折减系数与围岩渗透系数/动水高度的关系

综合动水压力模型试验数据，考虑相似比，采用数学拟合方法，可得出衬砌动水压力折减系数与围岩渗透系数/排水高度的关系。如图 3.2.36 所示。其中，图 3.2.36（a）为将所有动水压力试验工况的数据进行分析，得出的动水压力折减系数与围岩渗透系数的关系，并拟合出经验公式：

$$y_1 = -0.057\ln k + 0.9138 \quad (3.2.30)$$

图 3.2.36（b）为将所有动水压力试验工况的数据进行分析，得出的动水压力折减系数与排水高度的关系，并拟合出经验公式：

$$y_1 = -0.000\,6h + 0.893\,7 \tag{3.2.31}$$

图 3.2.36（c）为将所有动水压力试验工况的数据进行分析，得出的动水压力折减系数与围岩渗透系数/排水高度的关系，并拟合出统一的动水压力折减系数的经验公式：

$$y = 0.903\,75 - 0.028\,5\ln k + 0.000\,3h \tag{3.2.32}$$

式中，y 为动水压力折减系数；k 为围岩渗透系数；h 为排水高度（地下水通道与隧道顶部之间的高差）。

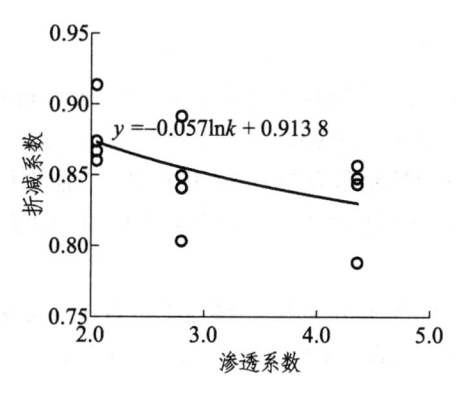

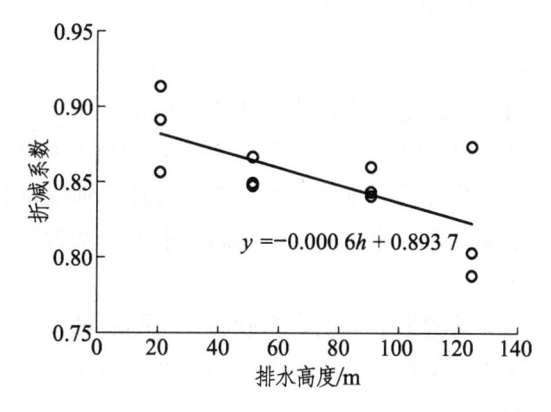

（a）动水压力折减系数与围岩渗透系数的关系

（b）动水压力折减系数与放水高度的关系

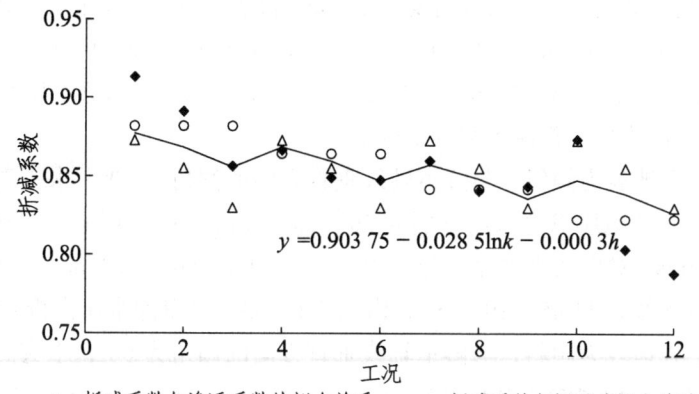

（c）动水压力折减系数与围岩渗透系数/放水高度的统一关系

图 3.2.36 动水压力折减系数经验数据

3.2.8 静水压力折减系数计算方法和计算实例

1. 计算方法

静水压力的计算需要考虑两个方面：① 当隧道上方地表为水平时，静水压力折减系数只与围岩渗透系数和水头高度有关，可由式（3.2.26）计算得出。② 当隧道上方地表为倾斜时，静水压力折减系数还应考虑隧道上方地表在垂直于隧道轴线方向的倾角的影响。综合考虑两个方面，且考虑隧道上方存在多种岩层，则静水压力折减系数可采用式（3.2.33）计算：

$$\beta = (0.85 + 0.0357\ln x + 0.00013h)\cos^2\alpha \tag{3.2.33}$$

式中，α 为边坡倾角；x 为地层等效渗透系数，10^{-7} m/s；h 为水头高度。

当隧道上方存在多层地层时，其地层等效渗透系数可采用式（3.2.34）计算：

$$k = \sum_{i=1}^{n}\frac{k_i h_i}{h} \tag{3.2.34}$$

式中，n 为隧道上方地层数量；k_i 为第 i 地层的渗透系数；h_i 为第 i 地层的水中厚度。

2. 计算实例

（1）某隧道上方地表为水平，隧道上方有 1 层地层，其地层渗透系数为 5.8×10^{-7} m/s，水头高度为 200 m，由式（3.2.33）可得静水压力折减系数为 0.939。

（2）某隧道上方地表为倾斜，与隧道轴线垂直方向的倾角为 30°，隧道上方有 1 层地层，其地层渗透系数为 5.8×10^{-7} m/s，水头高度为 200 m，由式（3.2.33）可得静水压力折减系数为 0.704。

（3）某隧道上方地表为倾斜，与隧道轴线垂直方向的倾角为 60°，隧道上方有 1 层地层，其地层渗透系数为 5.8×10^{-7} m/s，水头高度为 200 m，由式（3.2.33）可得静水压力折减系数为 0.235。

（4）某隧道上方地表为水平，水头高度为 200 m，隧道上方有 5 层地层，其地层渗透系数分别为 20×10^{-7} m/s、15×10^{-7} m/s、10×10^{-7} m/s、8×10^{-7} m/s、6×10^{-7} m/s，对应的水中厚度分别为 20 m、50 m、50 m、40 m、40 m，由式（3.2.34）可得地层等效渗透系数为 11.05×10^{-7} m/s，由式（3.2.33）可得静水压力折减系数为 0.962。

（5）某隧道上方地表为倾斜，与隧道轴线垂直方向的倾角为 30°，水头高度为 200 m，隧道上方有 5 层地层，其地层渗透系数分别为 20×10^{-7} m/s、15×10^{-7} m/s、10×10^{-7} m/s、8×10^{-7} m/s、6×10^{-7} m/s，对应的水中厚度分别为 20 m、50 m、50 m、40 m、40 m，由式（3.2.34）可得地层等效渗透系数为 11.05×10^{-7} m/s，由式（3.2.33）可得静水压力折减系数为 0.721。

（6）某隧道上方地表为倾斜，与隧道轴线垂直方向的倾角为 60°，水头高度为 200 m，隧道上方有 5 层地层，其地层渗透系数分别为 20×10^{-7} m/s、15×10^{-7} m/s、10×10^{-7} m/s、8×10^{-7} m/s、6×10^{-7} m/s，对应的水中厚度分别为 20 m、50 m、50 m、40 m、40 m，由式（3.2.33）可得地层等效渗透系数为 11.05×10^{-7} m/s，由式（3.2.32）可得静水压力折减系数为 0.240。

3.3 小 结

（1）多功能的试验装置开发。以往的试验装置只能进行静水压力试验和向隧道内排水的动水压力试验。本试验装置功能更多，除了可以进行静水压力试验和向隧道内排水的动水压力试验外，还可以进行地下水沿边坡岩体内的渗水通道排水情况下（位于山坡处的隧道）的动水压力试验和存在不透水层时的静动水压力试验以及水底隧道的静动水压力试验，且具有工作量小、操作方便和试验速度快等特点。

（2）水压力折减的验证。对于隧道衬砌上的静水压力的确定，一直以来就有两种截然不同的观点：第一种观点认为，理论上而言，在全包衬砌情况下，时间一长，作用在隧道衬砌上的水压力等于整个上方水柱的重量，即衬砌承受100%的水柱重量，不应该有任何水压力折减；第二种观点则认为，由于围岩的存在，对水压力有一定的抑制作用，作用在隧道衬砌上的水压力小于整个上方水柱的重量，即存在一定的折减。目前，第一种观点尚未得到试验或实测的验证，持第二种观点的占多数。不同渗水情况下的水压力折减系数取值为0~1，其中，渗流剧烈时，水压力折减系数介于0.65~1.0。本节中的试验得出的折减系数介于0.82~0.96，与现有规范取值基本一致，得到相互印证。

（3）水压力折减系数的计算。以往研究大多针对不同固结注浆情况下的水压力折减系数的计算，本节则首次针对非固结注浆情况下的水压力折减系数开展研究，并得出了静水压力折减系数与围岩渗透系数/水头高度的经验公式。

（4）排水情况下作用在隧道衬砌上的动水压力折减系数的计算。以往研究主要针对向隧道内排水的情况，与本节得出的结论相符合。同时，本节还针对地下水高位排水情况下的动水压力折减系数开展研究，并得出了动水压力折减系数与围岩渗透系数/水头高度的经验公式。

（5）不透水层的影响。本节首次探讨了不透水层对隧道衬砌水压力折减系数的影响规律，并得出了相应的经验公式。

（6）水底隧道的水压力折减系数的计算。本节首次探讨了水底隧道衬砌水压力的折减系数特性，并得出了相应的经验公式，可为考虑水压作用的隧道衬砌研究和设计提供参考。

4 小半径曲线隧道 TBM 施工工艺

深圳地铁 6 号线二期工程民乐停车场出入线隧道曲线段存在长 558 m、曲线半径为 260 m 和长 750 m、曲线半径为 300 m 的超小半径曲线段。TBM 小半径曲线段施工按控制时间段来划分可分为完成矿山法施工段空推后的小半径曲线段始发和始发后的小半径曲线段掘进。主要施工难点包括：① 过矿山法空推段后的 TBM 洞内始发；② TBM 小半径轴线控制；③ 测量及纠偏；④ 刀具磨损及刀具设计问题；⑤ 皮带机漏渣等。

4.1 小半径曲线段双护盾 TBM 洞内始发技术

当 TBM 通过始发反力架（见图 4.1.1）空推步进至导洞，直至刀盘抵达掌子面处后，将进入洞内始发施工。此时，TBM 需要提供的反力较空推段显著增加，需借助 TBM 撑靴提供反力，即撑靴顶至导洞壁上为 TBM 掘进提供反力。因此，导洞施工及导洞撑靴壁施工在 TBM 小半径曲线段始发控制技术中起着决定性作用，TBM 始发成败也由导洞施工及撑靴壁施工质量决定。

图 4.1.1 TBM 始发反力架形式

1. 导洞施工

导洞采用矿山法施工，爆破、喷锚等过程并不会严格按照 TBM 始发条件控制好导洞弧线曲面尺寸，存在欠挖、超挖等现象，如图 4.1.2。需用混凝土浇筑导洞撑靴壁（见图 4.1.3），以保证 TBM 撑靴伸出后能正常提供反力。

4 小半径曲线隧道 TBM 施工工艺

图 4.1.2 导洞原貌 　　　　　　　　　图 4.1.3 导洞撑靴壁

TBM 进入始发段后即开始正式拼装管片，并需进行豆砾石填充以及注浆加固。为保证导洞稳定，需施工安装洞门钢环、增加斜撑等对其进行加固，并在洞门钢环上焊接一圈环形钢板形成洞门密封装置，如图 4.1.4 所示。

图 4.1.4 TBM 始发反力架形式及洞门密封装置

实践证明，此种洞门密封装置及洞门钢环加固措施能满足正常施工要求，并可通过素描模拟进行验证。洞门密封装置具有首环管片加固定位、测量换站、顶台固定、豆砾石填充和注浆密封等多项功能。

选择 TBM 撑靴提供 TBM 反力，要求导洞尺寸能够匹配 TBM 刀盘进入和 TBM 撑靴撑出能接触到岩壁，且要求 TBM 撑靴伸出后能够正常发力等，这也是 TBM 始发控制技术重难点。另外导台段预埋 TBM 滑轨的方位也决定着 TBM 盾体完全进入岩层之前的姿态，即盾体在导台滑轨上行走时无法进行姿态调整。施工前应考虑始发线路与导台滑轨之间的位置关系。本节始发即为左转小半径曲线段施工（左线 $R=270$ m、右线 $R=260$ m），即需要提前将导台滑轨方向朝着线路方向偏左侧进行预埋，并将轨道尽可能分多段连接起来进行预埋。

2. 导洞段导台滑轨预埋

TBM 在正式始发后，前 10～15 环管片姿态控制完全取决于导台滑轨预埋方向，此项技术控制也是 TBM 始发段控制技术的关键难点之一，且直接影响着 TBM 正线管片拼装质量。由于深圳市城市轨道交通 6 号线二期民乐停车场出入线段始发即为小半径曲线段施工，而导台预埋滑轨为相对直线段，此时盾体在一段距离（11.8 m）甚至更长距离下受导台滑轨的影响无法正常纠偏，将一直按照导台滑轨预埋方向前进。

施工发现，前 10~15 环管片不适宜小半径转弯管片排环，强行转弯会导致多种问题同时出现，包括：①盾尾间隙过小导致拼装管片困难；②后配套台车、盾构操作室等设备无法进入管片内径范围；③管片错台、破损（见图 4.1.5）；④严重时会导致 TBM 卡盾；⑤皮带机互相干扰、漏渣等。

为避免这些问题的发生，采取如下施工措施：①在吸取首台 TBM 施工经验后，对滑轨预埋进行了调整（见图 4.1.6），提前考虑转弯半径的影响再预埋滑轨。通过测量定位，调整预埋滑轨方向，使其更吻合线形需求。在设计允许范围内，滑轨预埋方向适当朝向转弯方向，如左转弯半径滑轨预埋方向为线路左侧。②预埋轨道每根长 6 m，将其截断 1 m 或 2 m 分别预埋，预埋轨道越短越能近似拟合圆曲线要求。③最理想方式是提前联系厂家进行轨道弯制，将轨道预先弯制成所需圆曲线进行预埋。

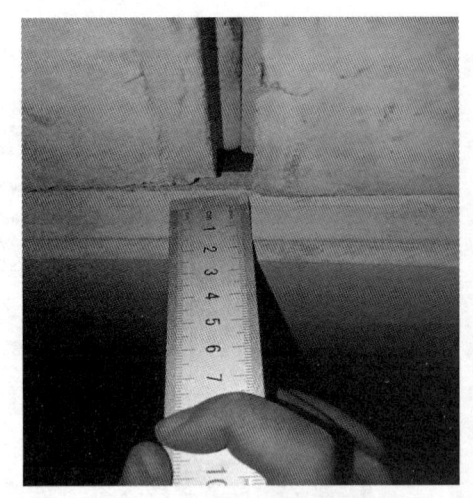

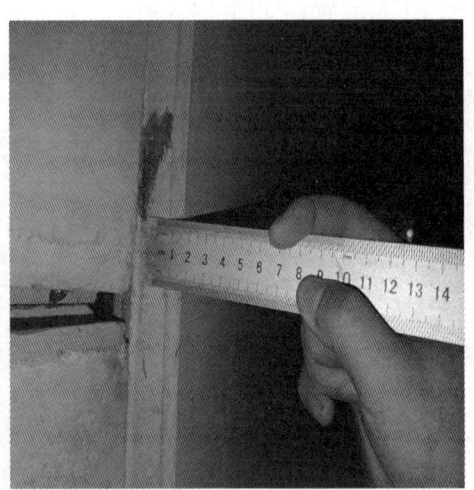

图 4.1.5　前 20 环管片错台

图 4.1.6　预埋滑轨修改

3. TBM 导洞撑靴壁施工

导台撑靴壁浇筑施工的注意事项如下：

（1）撑靴壁尺寸必须严格控制，同时考虑混凝土徐变、变形、温度、模板尺寸和施工误差等的影响。在保证刀盘直径为 6.5 m（安装边滚刀后直径为 6.6 m）的同时，需考虑 TBM 撑靴位置直径尺寸为 6.36 m，撑靴最大伸出量为 50 mm，即撑靴能到达的最大位置为直径为 6.86 m 的圆上。结合工程实际，撑靴壁最佳弧形尺寸宜按直径 6.6~6.7 m 的圆控制。

（2）撑靴壁在支模过程中需考虑转弯半径的影响，以防出现撑靴一侧能够顶至岩壁，另一侧无法触壁的现象。本工程首台 TBM 在掘进至第 8 环位置时就出现了一侧能触碰岩壁，另一侧无法支撑至岩壁的现象，撑靴壁尺寸与撑靴最大伸出尺寸仍然相差 5 cm 左右（施工中可打开伸缩盾空隙查看撑靴与岩壁的位置关系，查找导致撑靴无法正常接触岩壁的真正原因）。在完成撑靴壁浇筑、拆模、养护后，测量人员应进行撑靴壁直径复核测量，并模拟 TBM 中线与撑靴壁中线位置关系。

（3）撑靴壁模板通常选择长方体钢模进行模板支撑，且钢模尺寸越小越能近似拟合圆曲线。模板固定需考虑模板上浮量、模板稳定性等因素。模板安装前需考虑混凝土材料、施工误差、测量误差等因素，适当缩小撑靴壁圆弧尺寸。模板架设及固定后，需反复确认模板安装后的撑靴壁尺寸，减小人为因素导致的误差。

（4）一般情况下，地铁施工中的 TBM 始发多数为双导洞始发，即两个导洞均应该施工撑靴壁。根据工程实际情况，如下施工组织是最合理、最省时、最经济：先始发的 TBM 导洞先进行撑靴壁施工（见图 4.1.7），后始发导洞撑靴壁紧接着进行施工；先始发的撑靴壁模板及支撑加固措施不进行拆除，并适当加固，为后始发的导洞提供侧向反支撑力（见图 4.1.8），后始发导洞则无须再进行单独的撑靴壁加固措施。

图 4.1.7 撑靴壁支模后　　　　图 4.1.8 先始发导洞撑靴壁浇筑后不拆模

掘进过程中需停机进行豆砾石填充后才能再掘进，豆砾石或其他材料的超前回填可通过下列两种方式：①打开伸缩内盾窗口位置进行豆砾石或其他材料填充。此窗口由多块弧形钢板组成，开口大小可以根据实际需求进行人为控制。此窗口为超前注浆等提供便利，同时也能预防填充过程返浆等不利现象。②撑靴处自带注浆孔，可以利用 TBM 自带的多个注浆孔进行豆砾石或其他材料填充。正常情况下推荐使用第二种超前注浆填充方式。

4.2 小半径曲线段双护盾 TBM 掘进技术

TBM 掘进通过始发区域后，正式进入小半径曲线段施工阶段，需要进行盾构姿态纠偏及调整。姿态、曲率半径等需要通过对管片排环、盾尾间隙、设备本身等进行调整以符合盾构中线、管片中线、设计中线的偏差允许要求。掘进过程中控制技术是否运用到位将直接影响整条线路的成败。本节结合两台 TBM 在小半径曲线段施工过程中存在的各种困难及相应的解决方法探讨小半径曲线段双护盾 TBM 掘进技术。

1. 皮带机干扰及漏渣

由于本工程始发即为小半径曲线段施工，右线曲率半径为 260 m、左线曲率半径为 270 m，在 TBM 掘进过程中必定会发生设备与曲线段之间的冲突。TBM 掘进至 10 环时，后配套皮带机与主皮带机呈现一定角度（见图 4.2.1），配套台车皮带机中央对准盾体出渣皮带机的三分之二处（图中线条为所标记的后配套台车皮带中心位置），出渣时存在大量渣土掉入隧道内的现象（见图 4.2.2），给现场施工带来极大不便。

图 4.2.1　皮带机位置　　　　　　图 4.2.2　皮带机漏渣至隧道内

TBM 掘进至 40 环时，皮带机在经过近 10 次反复修改后（见图 4.2.3），将皮带机受影响一侧钢板割除，添加一道引渣活动板进行渣土滑落方向引导，最大程度地解决了主皮带机和后配套皮带机之间相互干扰的影响，很大程度地缓解了皮带机漏泥漏渣现象。在转弯半径较小的曲线段 TBM 施工前，必须考虑盾体与后配套台车之间的位置关系，提前做好相应调整及准备，减少因为临时原因导致 TBM 停机而影响正常生产。

2. TBM 设备与管片内径位置关系

在 TBM 掘进过程中，台车走道边缘、TBM 盾构操作室等设施与管片内径存在一定冲突（见图 4.2.4），无法正常进入隧道。在 TBM 进入拼装管片范围之前对重要设备部位与管片内径之间的位置关系进行模拟，提前做好 TBM 设备位置调整。

图 4.2.3　皮带机口修改后

图 4.2.4　TBM 设备与管片内径冲突

3. 皮带机无法正常启动

皮带机在出渣过程中花岗岩遇水钙化，渣土遇水后粘在皮带机上，渣土进入皮带机后未及时清理导致皮带机无法正常运转及启动。主要原因包括：① 地层原因。常规花岗岩渣土呈片状，并无黏结皮带机的现象，地层中含其他黏土成分等易产生黏结现象的土体。② 推进参数。推进过程中，由于推力过大，刀盘承载力超负荷、破岩效果差，导致花岗岩破岩后呈粉状，粉状渣土遇水产生黏结现象。

在分析皮带机无法正常启动的主要原因的基础上，研究出了如下解决方案：① TBM 司机应时刻关注掘进过程中的参数变化，遇参数变化较大时，进行如下分析：观察参数变化持续时间（若持续时间短则恢复正常掘进）→持续时间长，提取渣样→渣样初步分析→反馈至项目部→技术部门及事业部门共同决策参数调整→技术部门下达技术指令单→盾构司机执行→

每环渣样提取并反馈→技术部门及事业部门及时分析参数调整效果→指导问题解决→及时进行渣样初步分析，根据渣样分析进行掘进参数的调整。②遇易产生黏结渣土地层时，安排专人进行皮带机冲洗工作，每班至少进行一次皮带机冲洗、清洗工作。

4. 始发掘进段管片加固措施

TBM 始发拼装管片后并不能及时进行二次补浆，此时需要使用加固措施对始发段管片进行加固定位。在本工程中，传统加固措施没有起到良好的加固定位作用，且由于管片重力和 TBM 推进油缸推力导致洞门钢环附近些许破损，管片错台、破损情况较为严重。后通过采用刚度较大的型钢及钢板进行管片加固与定位，并适当加密钢板与型钢之间的间距后，此问题得到解决，如图 4.2.5 所示。

图 4.2.5　始发段管片加固

5. 测量问题

测量问题是 TBM 小半径曲线段施工掘进过程中的重中之重，由于 TBM 盾体与普通盾构机存在明显差异，导致测量方面存在的差异也是本项目没有预测到的。测量包括：

（1）VMT 导向系统频繁超限。由于 TBM 在掘进过程中振动大，导致测量导向系统顶台不稳定，随着 TBM 振动而振动，每掘进一环姿态就频繁出现超限。

（2）由于本项目测量顶台无法固定在管片上，测量顶台都是通过注浆孔将钢管打入至岩层，普通花岗岩岩层配合注入豆砾石和水泥浆液能够保证其稳定性，但是遇到断层或围岩等级不高的地层就产生了新的问题，如钢管在岩层中稳定性变差，导致导向系统极其不稳定；当开始掘进时由于振动十分大，导致导向系统无法正常运行。

（3）导向系统受 TBM 振动影响（见图 4.2.6）。其主要原因是靠近刀盘附近管片在 TBM 盾构机掘进过程中振动十分严重，小半径曲线段平均 15~20 环（每环 1.2 m）需要换站一次，导致顶台离盾构机刀盘位置距离短，管片仍在振动影响区域内；管片在脱出盾构后，未及时进行豆砾石填充以及注浆工作，在 TBM 振动下管片存在一定活动空间。采用传统方法无法达到顶台固定的良好效果。研究后将 VMT 减振顶台焊接在管片的一侧，顶台上附加配重 2 个，增强自身稳定性，减少了来自管片振动带来的影响。

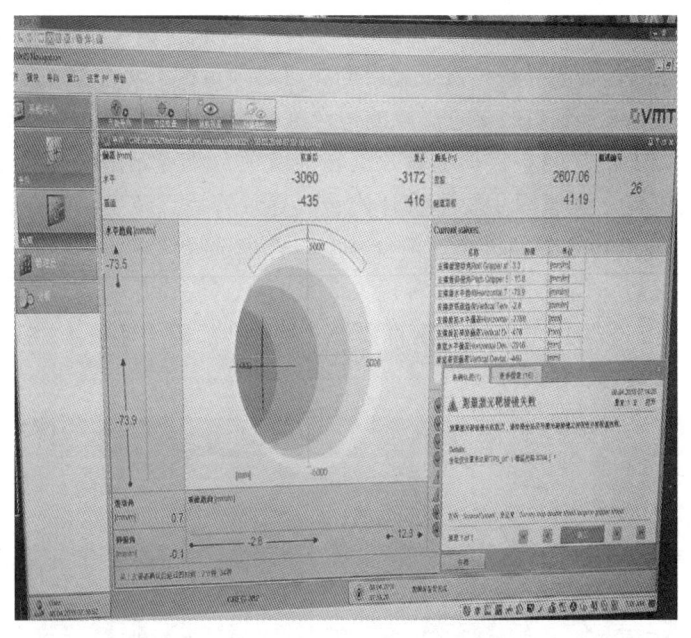

图 4.2.6　VMT 受 TBM 振动影响

（4）顶台部位在掘进过程中被填充的豆砾石卡住钢管，或碰撞顶台及全站仪（见图 4.2.7），或在注浆孔与锚杆之间夹杂豆砾石导致管片振动传递至顶台上。其主要原因是顶台所处位置附近的豆砾石填充过量；豆砾石填充部位不合理，要求顶台布置前后各一环不进行顶部豆砾石填充；管片振动导致豆砾石在管片内移动。经研究，应提前预判下一个顶台布置所处位置，提前进行局部注浆加固及锚入钢管，该处及前后各一环（1.2 m）管片上部位置暂不填充豆砾石，待全站仪稳定后（即主站仪不随管片振动而振动），再补注豆砾石；严格控制豆砾石的注入量，现场设专人负责巡视检查顶台所处位置的工作环境等。

图 4.2.7　全站仪被豆砾石撞击

（5）先始发一侧 TBM 受后始发一侧 TBM 施工掘进影响，左线已布设边台产生振动位移，对测量坐标产生较大影响。其原因主要是 TBM 硬岩掘进振动大；地铁隧道左右线间距小。在边台附近加强二次注浆，勤测导线，发现超限问题时必须重测，多总结现场经验，保证测量效率和测量质量。可使用未受到右线掘进影响的边台进行测量换站，并加强边台复测工作。

（6）台车较大，上部空间小，加上管片旋转导致顶台位置无法准确确定，且全站仪经过皮带转角处易刮到皮带。其原因主要是管片旋转，导致管片点位发生变化，顶台布置点位发生角度变化；TBM 隧道转弯半径过小。顶台高度应合理选择位置（下料高度为 40 cm），地层较好地段可再适当缩短，发现有管片旋转现象后及时控制住管片的旋转现象，锚入钢管无法满足实际施工要求时，可采用增加锚入钢管数量进行顶台加固（见图 4.2.8）。待管片旋转回指定位置或停止旋转后进行定位焊接。

图 4.2.8　现场顶台加固

（7）最后一节台车除尘风管口位置所占空间大，台车上空间小，设备之间互相干扰造成后视顶台无法正常推出台车，顶台标高无法准确复核，经研究分析发现是顶台高度选择不准确，未提前考虑设备之间的互相影响。台车向前推进到达直线段时，尝试用传统老式顶台换站，保证顶台与除尘风管之间有一定的安全距离，从而顶台能顺利出台车，然后用光学水准仪立倒尺复核顶台标高，以保证精度要求。

（8）管片脱出盾尾后下沉较大，容易引起管片垂直方向超限及产生较大的管片错台，且易触碰到正在使用的测站与后视顶台，造成姿态的跳动与全站仪的损坏，经研究分析发现是豆砾石填充、注浆不及时造成的。管片脱出盾尾后及时注入豆砾石，做到按时按量完成豆砾石的注入工序，并依次按从管片底部向顶部的顺序注入，不定时抽查豆砾石的注入情况，发现下沉较大时应及时交底，预留下沉量。

（9）TBM 隧道转弯半径小，可视距离短，洞内导线点布置较为困难。在左右线全部采用洞内双导线控制网（圆曲线上每掘进 80 环布设洞内双边台，直线段逐渐适当加长，双边台全部布设在隧道掘进方向右侧，两边台隔环布设），并做到经常复测，用最新的测量计算成果换站放样,保证了测量的精度,成型管片如图 4.2.9 所示。

图 4.2.9 成型管片

6. 盾构姿态、盾尾间隙

左线第 7 环、右线第 7 环推进完成后,左上方(7~10 点位)盾尾间隙均减小至 10 mm 左右;右线推进完成第 25 环后,左侧及左上方盾尾间隙减小严重,导致管片错台,管片螺栓无法正常穿入,拼装管片进度被严重耽误。分析发现,其原因如下:

(1)TBM 始发即为小半径曲线段施工,左、右线均为小半径左转弯,TBM 在始发导台上进行始发,TBM 按照预埋滑轨进行掘进,而管片为左转弯,拼装一定环数后,管片与 TBM 姿态必定会产生冲突,即发生盾尾间隙逐渐减小现象。

(2)导台施工过程中由于施工误差导致 TBM 导台滑轨与线形之间产生较大误差,同时未提前考虑线形与导台滑轨之间的关系。

对上述问题的解决方案有:

(1)TBM 导台施工可提前模拟线形与导台滑轨之间关系,最大限度减小线形与滑轨之间的不吻合程度。

(2)TBM 在导台上进行始发时,严禁按照线路线形进行管片排布,应按导台延伸方向进行缓和曲线调整。

(3)应按照每环掘进完成后盾尾间隙情况对管片点位选取进行及时调整。

7. 刀盘扭矩

在正常推力 8 000~10 000 kN 的作用下,刀盘扭矩在前 220 环为 800 kN·m 左右,左线 TBM 在推进至 220 环后,刀盘扭矩陡增至 1 500~2 000 kN·m,刀盘变频器频繁跳闸。经分析其原因有:① 地层变化影响。在推进过程中取出渣样为中风化花岗岩,伴随小范围断层带出现,且含泥量明显增加。② 刀盘在推进过程中,由于刀盘前喷水装置与渣土中粉尘相遇产生黏性渣土,刀盘被泥渣糊住,导致刀盘变频器频繁跳闸。③ 推进过程中遇断层带未及时进行推进参数调整,导致 TBM 设备部件非正常消耗,可通过降低刀盘推力,减小掘进速度,保证施工的顺利进行。

8. 小半径曲线段断层施工

在 TBM 掘进施工过程中，小范围断层带频繁出现，且掘进参数变化明显，通过掘进过程中参数的变化及渣样的提取观察即可辨别 TBM 是否在经历断层带。过断层带常见的问题有：① 姿态难以控制。② 刀具磨损异常。③ 刀盘推进数据变化波动大。

9. 管片错台

管片错台是指管片拼装后同一环相邻管片或者相邻环管片之间内弧面不平整的现象。前者称为环向错台，后者称为纵向错台。管片错台不仅影响隧道的外观质量，而且会导致管片破裂、隧道渗漏等一系列问题（见图 4.2.10）。盾构隧道拼装管片的上浮和错台一直是困扰盾构隧道施工的技术问题。引起 TBM 隧道管片上浮的因素很多，如工程地质、水文地质、衬背注浆质量、盾构姿态等，可通过严格控制轴线、控制 TBM 姿态和优化管片拼装点位选择，解决这一问题。

图 4.2.10 管片错台

10. 管片旋转

左线 TBM 在掘进至 200 环后，发现管片按照刀盘旋转方向发生明显旋转，旋转角度近 30°，始发时拼装点位及 200 环以后的拼装点位发生明显变化。造成管片旋转的原因如下：

（1）双护盾 TBM 刀盘在推进油缸顶推管片的推力作用下，刀盘向前推进，依靠盾体与围岩间的摩擦力以及顶推管片产生的反扭矩掘进。当刀盘扭矩过大时，盾体与管片均会产生旋转。

（2）双护盾 TBM 掘进所需推力全部作用于管片上，且作用力不均匀。刀盘切削围岩使盾体旋转，TBM 以推进油缸斜向作用于管片来控制和调整盾体旋转。由于盾体抗滚动的扭矩此时也需要管片来提供，更加剧了管片的旋转。

（3）管片拼装后，先充填豆砾石，只在后部距隧道掘进面较远处才开始进行水泥浆固结灌浆，导致管片与围岩间不能及时固结稳定，在受到盾体作用力后易发生旋转。

（4）受本工程地质尤其是转弯半径条件影响，TBM 掘进时刀盘扭矩大，从而间接加剧管片旋转。

对于管片旋转的解决办法与措施有：

（1）选择合适的掘进参数来控制盾体的旋转，如降低推力、扭矩、贯入度和掘进速度等。

（2）结合设备的实际情况，尽量减小推进油缸调整板的调整长度，避免幅度过大、过猛地通过管片调整盾体的旋转。

（3）掘进过程中，尽量减小各组主推油缸的行程差与推力差，使 TBM 对管片的作用力均匀，从而减小管片旋转。

（4）及时清理糊在刀盘上的泥沙，减小刀盘扭矩。

（5）在底拱管片安装前铺设干硬性碎石混凝土，使底拱管片尽快稳定，并且增大管片与围岩间的接触面积，从而克服盾体作用力产生的扭矩。

（6）由于本工程的 TBM 刀盘顺时针旋转掘进，盾体与管片会不同幅度地逆时针旋转，要求管片在安装过程中，有意识地将管片向逆时针方向纠偏安装，以抵消顺时针旋转的趋势。

TBM 掘进完成后，应进行：① 管片修补。对于破损较大的管片进行修补时，需打膨胀螺丝加挂钢丝网，修补材料选用管片生产厂家提供的修补材料，强度较高，满足规范要求。② 二次补浆。为了掘进时不影响 TBM 掘进施工，应在 TBM 设备换刀、停机时进行补浆（注双液浆，水灰比 0.8）。

4.3　基于温克勒模型的小半径 TBM 曲线隧道水平轴偏移控制方法

弹性地基模型是隧道纵向变形研究中应用最广泛的理论模型。本节基于等效弹性基础梁理论，将小半径区间内 TBM 段的衬砌结构简化为温克勒（Winkler）地基上的连续圆形弯曲梁，如图 4.3.1 所示，图中 q_r 为曲梁上的径向线性荷载，q_t 为曲梁上的切向线性荷载，Φ 是圆形弯曲梁上的任意角度，P 是集中力。

基本假定：① 小半径内部段被视为 Winkler 地基梁上的欧拉-伯努利（Euler-Bernoulli）圆形曲线梁。② 曲梁的材料为线弹性体，符合胡克定律。③ 弯曲梁中性轴的曲率半径在变形后保持不变。④ 管片远离盾尾并通过注浆锚固在围岩中的一端，简化为固定支座；⑤ 改进的纵向等效连续模型用于求解管片衬砌的纵向等效刚度。

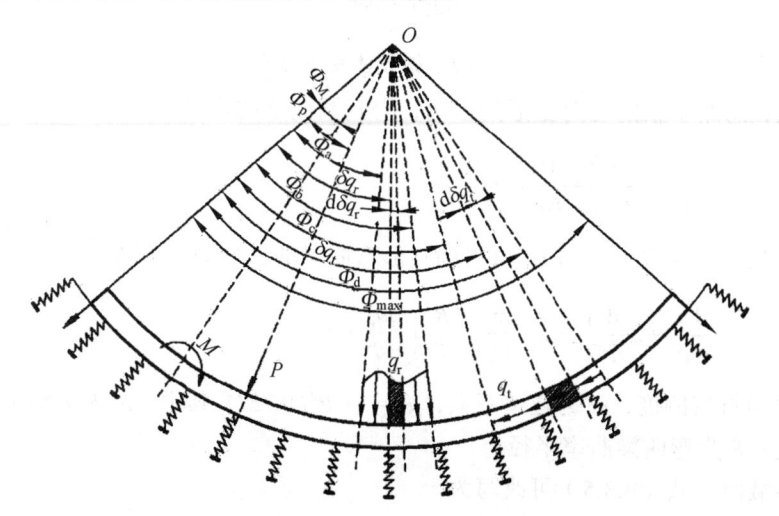

图 4.3.1　Winkler 弹性地基上的圆曲梁

取 Winkler 弹性地基上圆曲梁的微单元体进行受力分析，如图 4.3.2 所示。微元体的等效方程为

$$\frac{dQ}{dx} = p - \frac{N}{R} - q_r \tag{4.3.1}$$

$$\frac{dN}{dx} = \frac{Q}{R} - q_t \tag{4.3.2}$$

$$\begin{cases} \dfrac{dM}{dx} = Q \\ \dfrac{dQ}{dx} = p - \dfrac{N}{R} - q_r \\ \dfrac{dN}{dx} = \dfrac{Q}{R} - q_t \end{cases} \tag{4.3.3}$$

式中，Q 为剪切力；N 为轴向力。

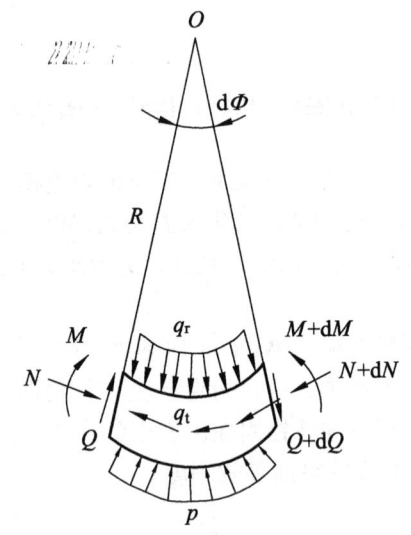

图 4.3.2 微元体受力分析

为了简化，忽略了轴向力对变形的影响，得到圆曲梁的挠度方程：

$$\left(\frac{d^2 y}{dx^2} + \frac{y}{R^2}\right) + \frac{M}{EI} = 0 \tag{4.3.4}$$

结合式（4.3.1）~式（4.3.4），可得到圆形弯曲梁的挠度微分方程：

$$\frac{d^5 y}{d\Phi^5} + 2\frac{d^3 y}{d\Phi^3} + \mu^2 \frac{dy}{d\Phi} = \frac{R^4}{EI}\left(\frac{dq_r}{d\Phi} + q_t\right) \tag{4.3.5}$$

式中，EI 为隧道抗弯刚度；μ^2 为隧道系数，$\mu^2 = 1 + R^4 DK/EI$，其中，K 为基础层理系数，D 为曲梁截面宽度；R 为弯曲梁曲率半径。

梁跨无荷载时，式（4.3.5）可改写为

$$\frac{\mathrm{d}^5 y}{\mathrm{d}\Phi^5} + 2\frac{\mathrm{d}^3 y}{\mathrm{d}\Phi^3} + \mu^2 \frac{\mathrm{d}y}{\mathrm{d}\Phi} = 0 \tag{4.3.6}$$

这是具有常数系数的齐次五阶微分方程，其通解为

$$y(\Phi) = C_1 + [C_2 \mathrm{ch}(\alpha\Phi) + C_3 \mathrm{sh}(\alpha\Phi)]\cos(\beta\Phi) + [C_4 \mathrm{ch}(\alpha\Phi) + C_5 \mathrm{sh}(\alpha\Phi)]\sin(\beta\Phi) \tag{4.3.7}$$

其中

$$\alpha = \sqrt{\frac{\mu-1}{2}}, \beta = \sqrt{\frac{\mu+1}{2}}$$

系数 $C_1 \sim C_5$ 可通过加载和边界条件获得。通过对式（4.3.7）的逐次推导，可得旋转角度 θ、弯矩 M、剪切力 Q、轴向力 N 的解析表达式。该微分方程的一般解可以转化为式（4.3.8）

$$y(\Phi) = y_0 F_{y1}(\Phi) + \theta_0 F_{y2}(\Phi) + M_0 F_{y3}(\Phi) + Q_0 F_{y4}(\Phi) + N_0 F_{y5}(\Phi) \tag{4.3.8}$$

其中

$$\begin{cases} F_{y1}(\Phi) = \dfrac{2\alpha\beta}{1+2\alpha\beta} + \dfrac{1}{1+2\alpha\beta}W_1(\Phi) + \dfrac{R^4 kD}{EI(1+2\alpha\beta)}W_2(\Phi) \\ F_{y2}(\Phi) = \dfrac{\alpha}{\alpha^2+\beta^2}W_2(\Phi) + \dfrac{\beta}{\alpha^2+\beta^2}W_3(\Phi) \\ F_{y3}(\Phi) = \dfrac{R^2}{(1+2\alpha\beta)EI}W_1(\Phi) - \dfrac{R^6 kD}{2\alpha\beta(1+2\alpha\beta)(EI)^2}W_4(\Phi) \\ F_{y4}(\Phi) = \dfrac{R^3}{2EI\alpha(\alpha^2+\beta^2)}W_2(\Phi) - \dfrac{R^3}{2EI\beta(\alpha^2+\beta^2)}W_3(\Phi) \\ F_{y5}(\Phi) = -\dfrac{R^3}{2\alpha\beta EI}W_4(\Phi) \end{cases}$$

$$\begin{cases} W_1(\Phi) = \mathrm{ch}(\alpha\Phi)\cos(\beta\Phi) \\ W_2(\Phi) = \mathrm{sh}(\alpha\Phi)\cos(\beta\Phi) \\ W_3(\Phi) = \mathrm{ch}(\alpha\Phi)\sin(\beta\Phi) \\ W_4(\Phi) = \mathrm{sh}(\alpha\Phi)\sin(\beta\Phi) \end{cases}$$

当曲线跨上任意点具有集中力矩 M_i、集中力 P_i、径向分布荷载 q_{ri}、切向分布荷载 q_{ti} 时，梁跨上的外荷载可视为部分初始参数。因此，由集中力矩 M_i 引起的附加挠度为

$$y(\Phi)_{M_i} = M_i F_{y3}(\Phi - \Phi_{M_i}) \quad (\Phi \geq \Phi_{M_i}) \tag{4.3.9}$$

当 $\Phi \geq \Phi_{P_i}$ 时，集中力 P_i 引起的附加变形为

$$y(\Phi)_{P_i} = -P_i F_{y4}(\Phi - \Phi_{P_i}) \quad (\Phi \geq \Phi_{P_i}) \tag{4.3.10}$$

当 $\Phi \geq \Phi_{ai}$ 时，由径向分布荷载 q_{ri} 引起的附加缺陷为

$$y(\Phi)_{q_{ti}} = -D\int_{\Phi_{ci}}^{\Phi} q_t(\delta) F_{y5}(\Phi - \delta) \mathrm{d}\delta \quad (\Phi \geq \Phi_{ai}) \tag{4.3.11}$$

当 $\Phi \geq \Phi_{bi}$ 时，选择积分上限 $\Phi = \Phi_{bi}$，可得 $\Phi \geq \Phi_{ci}$ 时的切向分布荷载 q_{ti} 引起的附加缺陷为

$$y(\Phi)_{q_t} = -D\int_{\Phi_c}^{\Phi} q_t(\delta) F_{y5}(\Phi-\delta)\mathrm{d}\delta \quad (\Phi \geqslant \Phi_{ci}) \tag{4.3.12}$$

当 $\Phi \geqslant \Phi_{di}$ 时，选择积分上限 $\Phi = \Phi_{di}$，在 $\Phi = 0$ 的初始条件和上述外部荷载的情况下，可实现弯曲梁在任何点的挠度为

$$y(\Phi) = y_0 F_{y1}(\Phi) + \theta_0 F_{y2}(\Phi) + M_0 F_{y3}(\Phi) + Q_0 F_{y4}(\Phi) + N_0 F_{y5}(\Phi) + \sum_{i=1}^{n_M} M_i F_{y3}(\Phi-\Phi_{M_i}) - \sum_{i=1}^{n_P} P_i F_{y4}(\Phi-\Phi_{P_i}) - \sum_{i=1}^{n_{qr}} D\int_{\Phi_{di}}^{\Phi} q_{ri}(\delta) F_{y4}(\Phi-\delta)\mathrm{d}\delta - \sum_{i=1}^{n_{qt}} D\int_{\Phi_{ci}}^{\Phi} q_{ti}(\delta) F_{y5}(\Phi-\delta)\mathrm{d}\delta \tag{4.3.13}$$

采用同样步骤，可得一些荷载作用在梁上时，转角 θ、弯矩 M、剪力 Q 和轴力 N 的解析表达式。

TBM 洞段依次经历离开盾构尾部、回填豆砾石和灌浆。管片附近介质的刚度和管片横截面随荷载的变形存在差异。因此，有限长变截面圆曲梁在非均匀 Winkler 地基上的弯曲问题需要进一步分析。

图 4.3.3 所示为均质 Winkler 基础上承受分布荷载的等截面圆形曲线梁。位移和内力的解析表达式可以用式（4.3.14）表示：

$$A(\Phi)_{5\times1} = B(\Phi)_{5\times5} A(0)_{5\times1} + C(\Phi)_{5\times1} + D(\Phi)_{5\times1} \tag{4.3.14}$$

其中

$$A(\Phi)_{5\times1} = [y(\Phi), \theta(\Phi), M(\Phi), Q(\Phi), N(\Phi)]^\mathrm{T}$$

$$B(\Phi)_{5\times5} = \begin{bmatrix} F_{y1}(\Phi) & F_{y2}(\Phi) & F_{y3}(\Phi) & F_{y4}(\Phi) & F_{y5}(\Phi) \\ F_{\theta1}(\Phi) & F_{\theta2}(\Phi) & F_{\theta3}(\Phi) & F_{\theta4}(\Phi) & F_{\theta5}(\Phi) \\ F_{M1}(\Phi) & F_{M2}(\Phi) & F_{M3}(\Phi) & F_{M4}(\Phi) & F_{M5}(\Phi) \\ F_{Q1}(\Phi) & F_{Q2}(\Phi) & F_{Q3}(\Phi) & F_{Q4}(\Phi) & F_{Q5}(\Phi) \\ F_{N1}(\Phi) & F_{N2}(\Phi) & F_{N3}(\Phi) & F_{N4}(\Phi) & F_{N5}(\Phi) \end{bmatrix}$$

$$A(0)_{5\times1} = [y_0, \theta_0, M_0, Q_0, N_0]^\mathrm{T}$$

$$C(\Phi)_{5\times1} = [C_y(\Phi), C_\theta(\Phi), C_M(\Phi), C_Q(\Phi), C_N(\Phi)]^\mathrm{T}$$

$$D(\Phi)_{5\times1} = [D_y(\Phi), D_\theta(\Phi), D_M(\Phi), D_Q(\Phi), D_N(\Phi)]^\mathrm{T}$$

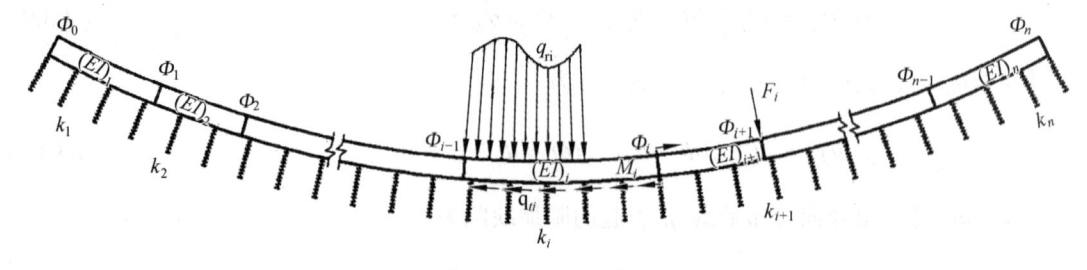

图 4.3.3 圆曲梁截面

在集中力和力矩的作用点以及分布荷载的起始作用点，弯曲梁被分为 n 个截面，分别为弯曲系数和基础垫层系数的突然变化截面。相邻曲梁的连接处 $\Phi = \Phi_i$（$i = 0, 1, 2, \cdots, n$）存在集

中力矩 M_i 和集中力 P_i。每个曲梁截面有径向分布荷载 $q_{ri}(\Phi)$ 和切向分布荷载 $q_{ti}(\Phi)$。

对于弯曲梁 i，在区间内 $\Phi_{i-1}+ \leqslant \Phi < \Phi_i$，可得

$$A_i(\Phi^-)_{5\times 1} = B_i(\Phi - \Phi_{i-1})_{5\times 5} A_i(\Phi_{i-1}^+)_{5\times 1} + C_i(\Phi - \Phi_{i-1})_{5\times 1} + D_i(\Phi - \Phi_{i-1})_{5\times 1} \quad (i=1,2,\cdots,n-1,n) \tag{4.3.15}$$

其中，表达式中的 α、β、K、EI 应与第 i 节中的 α_i、β_i、K_i 和 $(EI_{eq})_i$ 对应。在截面 $i-1$ 和截面 i 之间的截面 Φ_{i-1}，基于变形一致性和力平衡的方程为

$$A_i(\Phi_{i-1}^+)_{5\times 1} = A_{i-1}(\Phi_{i-1}^-)_{5\times 1} + E_{i-1} \quad (i=2,3,\cdots,n-1,n) \tag{4.3.16}$$

其中，$E_{i-1} = [0,0,M_{i-1},P_{i-1},0]^T \quad (i=2,3,\cdots,n-1,n)$。

将曲梁 $i-1$ 末端的计算结果视为曲梁 $i(2 \leqslant i \leqslant n)$ 的初始条件，可得

$$A_i(\Phi^-)_{5\times 1} = \bar{B}(\Phi^-)_{5\times 5} A_1(\Phi_0^+)_{5\times 1} + \bar{C}(\Phi^-) + \bar{D}(\Phi^-) \quad (i=2,3,\cdots,n-1,n) \tag{4.3.17}$$

其中

$$\bar{B}(\Phi) = B_i(\Phi - \Phi_{i-1})B_{i-1}(\Phi_{i-1} - \Phi_{i-2})\cdots B_1(\Phi_1 - \Phi_0)$$

$$\begin{aligned}\bar{C}(\Phi) =\ & C_i(\Phi - \Phi_{i-1}) + B_i(\Phi - \Phi_{i-1})[C_{i-1}(\Phi_{i-1} - \Phi_{i-2}) + E_{i-1}] + \\ & B_i(\Phi - \Phi_{i-1})B_{i-1}(\Phi_{i-1} - \Phi_{i-2})[C_{i-2}(\Phi_{i-2} - \Phi_{i-3}) + E_{i-2}] + \cdots + \\ & B_i(\Phi - \Phi_{i-1})B_{i-1}(\Phi_{i-1} - \Phi_{i-2})\cdots B_3(\Phi_3 - \Phi_2)[C_2(\Phi_2 - \Phi_1) + E_2] + \\ & B_i(\Phi - \Phi_{i-1})B_{i-1}(\Phi_{i-1} - \Phi_{i-2})\cdots B_3(\Phi_3 - \Phi_2)B_2(\Phi_2 - \Phi_1)\end{aligned}$$

$$\begin{aligned}\bar{D}(\Phi) =\ & D_i(\Phi - \Phi_{i-1}) + B_i(\Phi - \Phi_{i-1})[D_{i-1}(\Phi_{i-1} - \Phi_{i-2}) + E_{i-1}] + \\ & B_i(\Phi - \Phi_{i-1})B_{i-1}(\Phi_{i-1} - \Phi_{i-2})[C_{i-2}(\Phi_{i-2} - \Phi_{i-3}) + E_{i-2}] + \cdots + \\ & B_i(\Phi - \Phi_{i-1})B_{i-1}(\Phi_{i-1} - \Phi_{i-2})\cdots B_3(\Phi_3 - \Phi_2)[D_2(\Phi_2 - \Phi_1) + E_2] + \\ & B_i(\Phi - \Phi_{i-1})B_{i-1}(\Phi_{i-1} - \Phi_{i-2})\cdots B_3(\Phi_3 - \Phi_2)B_2(\Phi_2 - \Phi_1)\end{aligned}$$

当 $i=n$，$\Phi_0^+ = 0$，$\Phi_n^- = \Phi_{max}$ 时，根据式（4.3.17）可得

$$A(\Phi_{max})_{5\times 1} = \tilde{B}(\Phi_{max})_{5\times 5} A(0)_{5\times 1} + \tilde{C}(\Phi_{max}) + \tilde{D}(\Phi_{max}) \tag{4.3.18}$$

矩阵 $A(0)_{5\times 1}$ 中的初始参数可根据弯曲梁两端的边界条件用式（4.3.18）求解。将初始截面的所有初始参数代入式（4.3.17），可得到地基层理系数和抗弯刚度条件下圆弧梁任意角度 Φ 处的挠度、转角、弯矩、剪力和轴力。

将上述理论解应用于深圳地铁 6 号线二期工程民乐停车场出入口小半径曲线 TBM 隧道，计算初始参数见表 4.3.1。

表 4.3.1 计算初始参数

总推力 F/kN	横向力偶 M/（kN·m）	偏差角 α/（°）	监测数据 N_0/kN	M_0/（kN·m）	Q_0/kN
5 931.47	1 708.20	0.390	5 931.33	-1 708.20	-40.36

计算得到的环段横向位移和现场监测结果比较如图 4.3.4 所示，可以看出，模拟位移与现

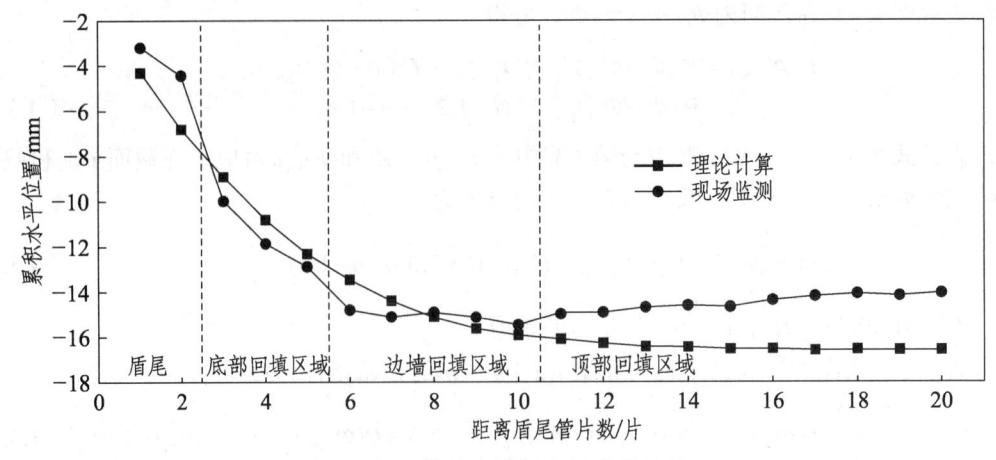

场监测数据吻合较好，现场应用于小半径区间 TBM 管片水平累积位移的预测和控制，效果良好。

图 4.3.4 管片水平累积位移的比较

4.4 小半径曲线隧道段 TBM 施工测量及纠偏技术

深圳地铁 6 号线二期工程民乐停车场出入线隧道由于其转弯半径较小，使得小半径曲线隧道周围的地层相对于直线型隧道而言受到的扰动较大，TBM 掘进轴线更难控制，TBM 掘进轨迹纠偏难度较大，洞内测量难度也较大。本节通过铰接装置、扩挖刀的使用以及 TBM 掘进轴线预偏设置等方法解决该隧道出现的上述问题。

4.4.1 小半径隧道工艺难点

TBM 本身为直线型刚体，其掘进线形为一段一段连续的折线。为了尽可能地使 TBM 隧道轴线与曲线形设计轴线相吻合，掘进过程中需要对 TBM 掘进轨迹进行连续纠偏，曲线转弯半径越小，TBM 越长，纠偏量就越大，纠偏精度越低。如图 4.4.1 所示，由于管片端面与该处轴线产生夹角，隧道掘进的时候辅助油缸的推力垂直于管片，因此在辅助油缸的推力下曲线外侧产生一个侧向分力，使得管片脱出盾尾后，受到侧向分力的影响而向曲线外侧偏移，而且隧道轴线也会因侧向分力影响而发生变化，导致施工中轴线控制难度大。

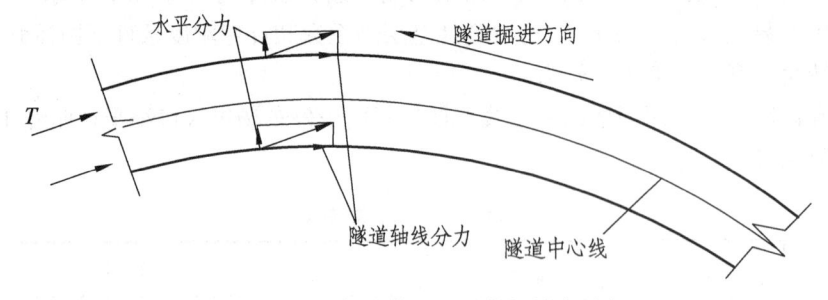

图 4.4.1 转弯处管片受盾构机推力分解

对于双护盾 TBM 小半径曲线隧道，在掘进过程中通常通过调整推进油缸的分区压力达到纠偏目的，但是油缸分区压力的不连续使得施工对地层扰动增加，曲线段管片拼装质量较直线段差，管片接缝多，易漏水。

小半径隧道工艺难点有：① 隧道转弯半径小，隧道内的通视条件相对较差，且测站与激光靶通视距离短，因此必须多次转站、换站，设置新的控制点和后视点，但会导致坐标误差累计增大。② 由于小半径曲线隧道管片的侧向分力较大以及盾尾空隙等，可能造成管片衬砌的移位，导致自动测量系统测站坐标发生变化而出现测量偏差，误导掘进。③ 测站托架位于成型管片上，稳定性差。小半径曲线施工换站空间狭小，每次人工导线点引至全站仪处要多次转站，始发段为 $R=260$ m 的小曲线半径洞内导线布设困难，且双护盾 TBM 在全断面微风化花岗岩中掘进振动大，导致测量导向系统顶台不稳定，顶台随着管片振动而振动，传统的全站仪固定方式不满足测量需要。

4.4.2 纠偏工艺技术研究

1. 铰接装置

表 4.4.1 对比了普通 TBM 与铰接式 TBM。

表 4.4.1 普通 TBM 与铰接式 TBM 对比

方式	特点	极限半径	备注
普通 TBM	曲线施工时，管片与 TBM 盾壳形成夹角	较大	TBM 依靠推进千斤顶分配不同的压力完成转弯，容易造成管片碎裂。盾壳与管片的间隙也不能过小，否则会影响 TBM 转弯
铰接式 TBM	前体按照施工隧道曲线需要折向，后体保持不变，避免盾尾的盾壳与管片形成夹角	较小	曲线段施工依靠铰接千斤顶，不用推进油缸分组调整压力，管片容易安装并且不易碎裂。盾壳与管片的间隙只要能满足管片安装的需要，就不需要考虑 TBM 转弯

2. 扩挖刀垫厚

TBM 在扩挖施工时在边刀刀座与滚刀之间增加垫片，使边刀外伸以达到扩挖目的，以增大洞壁与 TBM 外壳之间的间隙，满足 TBM 转弯要求。采用计算盾构仿形刀的伸出长度公式，计算出盾构超挖量，并提出由施工曲线得到盾构所需铰接角度，由此算出铰接千斤顶变化量，最后得出超挖范围，如图 4.4.2 所示。

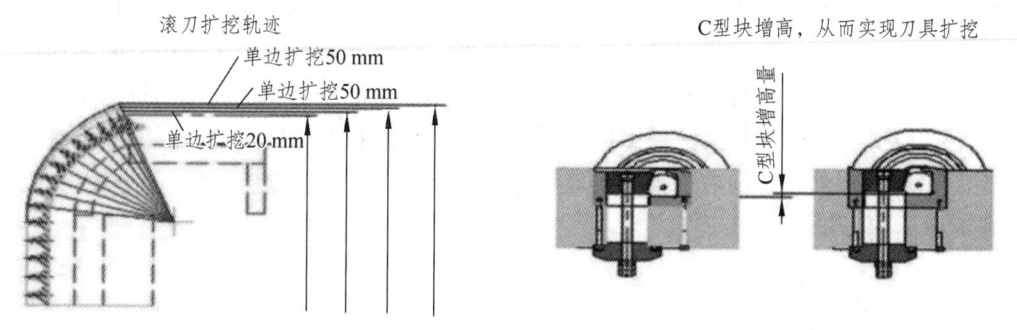

图 4.4.2 边滚刀外移扩挖

超挖有利于 TBM 在曲线段掘进时转向。但是，反面土体的松散致使背后注浆浆液向掘削面迂回，由于推进反作用力的下降，致使隧道变形等问题更加明显。因此，最终的超挖量应该控制在必要的最小限度范围内。

3. 掘进轴线预偏

管片在承受侧向压力后,将向弧线外侧偏移。为确保轴线偏差控制在规范允许的范围内,TBM掘进时给隧道预留一定的偏移量,使得TBM沿曲线的割线方向掘进,且曲线半径越小,设置的预偏量越大。本工程在小半径圆曲段掘进过程中设置向曲线内侧(圆心侧)预偏移20~30 mm。

4. 掘进监测

在TBM通过后对隧道管片姿态随时跟踪监测,统计管片左右偏移量,并对监测数据进行分析,把信息及时反馈给TBM操作人员,以便根据管片变形程度调整掘进参数和纠偏,根据周围土层沉降判断施工的风险。

圆曲线上需每隔18环布设一个顶台,并严格控制顶台高度。洞内边台采用双边台,边台布设尽可能拉长(圆曲线上每80环、缓和曲线上每90环、直线上每100环布设一组边台),采用双导线进洞。

5. 隧道纠偏

TBM掘进姿态控制在最大允许偏差的60%(见表4.4.2)。

表4.4.2 隧道轴线以及管片错台的允许偏差和检验方法

项目	允许偏差/mm			检验方法	检查频率
	地铁隧道	公路隧道	水工隧道		
隧道轴线平面位置	±50	±75	±100	全站仪测中线	1点/环

纠偏措施包括:① 改变分区油缸压力。TBM的推进油缸按上、下、左、右4个扇形分布,当TBM偏离设计轴线时,可在偏离方向相反处,调低该区域推进油缸压力,造成两推进油缸的行程差;也可通过停开部分推进油缸获得行程差,但此时衬砌区域受力不匀,使管片损坏。一次纠偏量过大,TBM内壳刚体将对衬砌产生很大的集中荷载,导致管片内力激增,混凝土开裂破坏,同时,TBM壳体与周围土体产生单边挤压和剪切,引起土体损失和地面沉降。需要注意的是推进油缸4个区域的压力分布呈线性状态,如TBM要向左纠偏,除右区要较左区有一个较大的压力差外,上、下区域的压力也要适当,一般可取左、右区域压力的平均值。② 管片环面上粘贴楔形低压棉胶板也可以达到纠偏目的,用微量石棉橡胶楔形垫贴于间隔较小处衬面上,使得直线段管片以微量楔形轴线形式尽可能地和设计轴线拟合。石棉橡胶板的压缩率为120%,分段粘贴好的石棉橡胶板经推进过程中推进油缸压缩后,成一平整楔形环面。楔形垫最大压缩楔形量为

$$d = \frac{2r}{R-r} \quad (4.4.1)$$

式中,R为曲线段曲率半径;r为衬砌半径。

4.5 小半径曲线隧道段 TBM 施工的刀具设计分析

双护盾 TBM 具有良好的性能、较长的使用寿命、充足的备件和配件，配套的通风系统、供电系统、给排水系统以及运输系统均具有可靠性高、能力强、稳定性好等特性，在穿越断层破碎带、涌水地层、高磨蚀性地层、坚硬地层时都具有良好的掘进速度。刀盘中包含滚刀、出渣槽、喷水口等，刀盘设计时应考虑 TBM 所适应的地质环境。在坚硬地层中掘进时，刀盘设计的合理与否直接影响着双护盾 TBM 的掘进效率。

诸多学者在滚刀布置方法和刀盘磨损等方面做了很多努力，但大多针对刀盘单一问题提出建议，往往忽视刀盘设计的复杂性和各设备间的关联性，对提高刀盘整体布置的研究较少，对提高刀盘的使用效果不明显，对于刀盘布置还没有形成成熟完整的体系。本节主要以深圳地铁 8 号线一期工程为参考，并结合刀盘出渣口、滚刀间距和滚刀布置等因素对刀盘设计进行综合分析，为深圳地区双护盾 TBM 刀盘的设计提供依据。

4.5.1 刀盘结构

出渣槽是排出掌子面渣土的唯一通道，关系着 TBM 的掘进效率和滚刀的磨损，是刀盘设计中需首要解决的问题。出渣槽和刀盘出渣效率具有相互影响的关系。同类工程中出渣槽过小将导致边缘滚刀二次磨损较为严重，滚刀有效破岩利用率极低（<20%）。为了解决出渣效率和滚刀磨损，刀盘出渣槽考虑了滚刀二次磨损因素和排渣效率、出渣槽尺寸和刀盘出渣效率的关系。经过研究发现，出渣槽尺寸影响排渣效率，在宽度一定的条件下，出渣槽长宽比与排渣效率关系如图 4.5.1 所示。在进行出渣槽设计时应保证出渣效率介于 0.85~1，才能确保岩渣顺利排出。

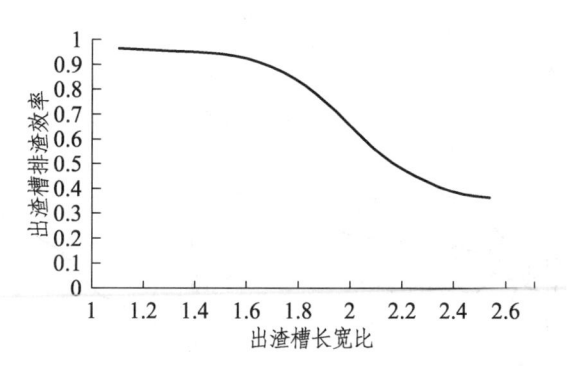

图 4.5.1 出渣槽尺寸和刀盘出渣效率的关系

TBM 出渣槽设计采用对称布置方法，有利于降低刀盘旋转出渣过程中的不平衡力矩和振动影响。为最大限度减小滚刀的二次磨损，出渣槽设计高度延伸到正面滚刀 22 号滚刀处，大于掌子面渣土的堆积高度；为了保证刀盘的出渣效率，优化后的出渣槽长宽比为 1∶1.1~1∶1.2，保证了岩渣在堆积前进入刀盘腔内排出。在设计时还要考虑到刮渣板和出渣槽维护更换的便捷性，全部采用装配式结构。刀盘出渣槽布置和喷水设置如图 4.5.2 所示。

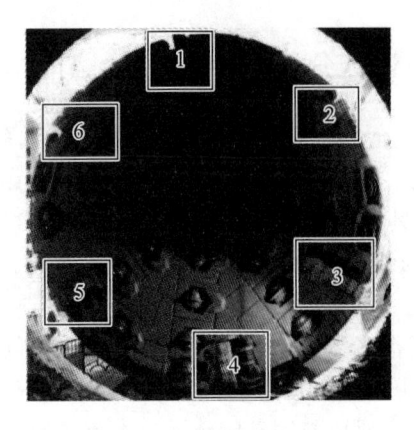

(a) 刀盘出渣槽布置　　　　　(b) 刀盘喷水布置

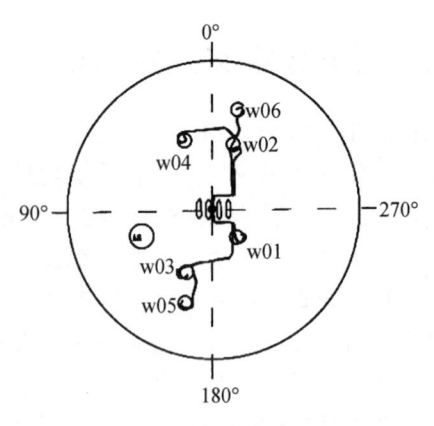

图 4.5.2　刀盘结构

该设计能降低滚刀破岩的温度，减小滚刀磨损的程度，还可以降低 TBM 隧道内的岩渣粉尘含量。刀盘喷水应布满整个隧道掌子面，刀盘喷水量应根据开挖地质状况和掘进速度动态调整，以控制隧道内粉尘颗粒含量，满足安全生产要求。

4.5.2　滚刀间距

滚刀间距是刀盘设计的核心内容，关系到 TBM 掘进效率和破岩能力。一般情况下，滚刀间距越小，破岩能力越强，岩渣越破碎，但影响掘进效率；滚刀间距越大，破岩能力越弱，岩渣尺寸较大呈扁平块状。在进行滚刀间距设计时，根据滚刀破岩的裂缝延伸长度和滚刀破岩比能进行优化。为了研究隧道岩石特性，对岩石进行了单滚刀滚压实验，通过改变滚刀滚入度得出在不同贯入度下岩石的裂缝延伸长度，如图 4.5.3 所示。

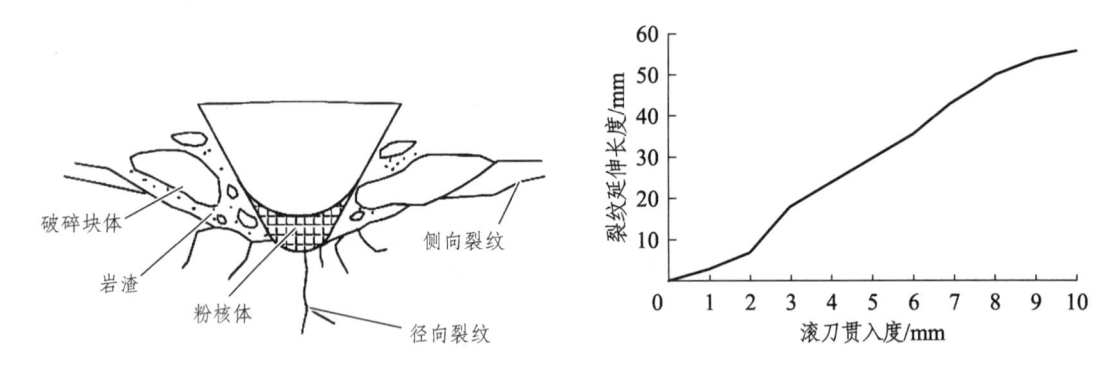

图 4.5.3　滚刀破岩过程（左）和不同贯入度下裂缝延伸长度（右）

根据贯入度和裂缝延伸长度的图形，得出在贯入度为 7~8 mm 时，裂缝长度达到 50 mm。为研究不同滚刀间距的破岩情况，根据 TBM 掘进模态综合实验平台进行破岩实验，即保持刀盘贯入度不变，改变滚刀间距，研究在此条件下破岩比能的最优值。研究发现，在滚刀某一间距变小时，岩渣较为破碎，此时耗能增加；在滚刀间距变大时，岩渣尺寸变大，耗能也在增加。通过统计发现滚刀间距和破岩比能的关系曲线如图 4.5.4 所示。

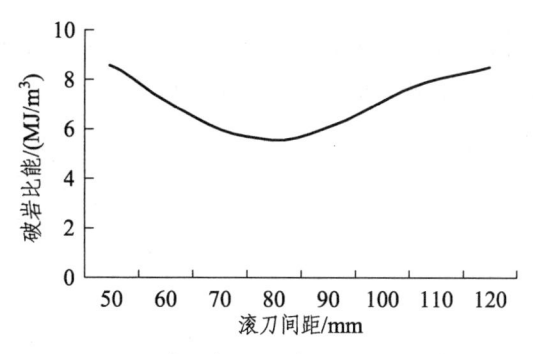

图 4.5.4　滚刀间距和破岩比能关系曲线

滚刀间距设计必须小于 2 倍裂缝长度，才能保证岩石脱落。滚刀间距在最佳的破岩比能情况下，具有较高的破岩效率。综合考虑裂缝延伸情况和破岩比能，结合深圳地区地层岩性特点确定最佳的刀盘贯入度，即可得到最佳的滚刀间距。

4.5.3　滚刀布置

滚刀的布置直接影响着刀盘的破岩效果，影响刀盘受力平衡等使用性能。在滚刀间距确定以后，滚刀的正确布置直接关系着破岩的效率。滚刀是按照一定的几何和力矩平衡条件布置的，以保证刀盘不受径向不平衡荷载的影响，减小滚刀磨损，保证滚刀最大的使用寿命。

1. 滚刀布置原则

滚刀布置应遵守如下原则：① 刀盘上各滚刀尽量保证受力均匀，也必须保证刀盘在滚刀的受力下整体平衡。刀盘上各编号滚刀的刀身高度应保持一致，以保证每把滚刀在破岩时贯入度基本相等。② 滚刀两侧受到的侧向力尽可能相互抵消，使滚刀刀轴的径向载荷为 0，刀盘的倾覆力矩为 0，以减小滚刀的磨损。③ 相邻滚刀应前后布置，留有足够的破岩空间，保证滚刀能够顺次破岩。尽可能保证每把滚刀的破岩量相同，使每把滚刀均达到设计使用寿命。④ 确保滚刀二次磨损量达到最低。在布置滚刀时为了保证滚刀二次磨损量最低，设计边缘滚刀紧挨在出渣槽后方。

2. 滚刀布设方法

滚刀的布设一般有阿基米德螺旋线（单螺旋线和双螺旋线）布置法和同心圆布置法，阿基米德螺旋线布置法通常在盾构刀盘中应用较广，对于 TBM，通常采用同心圆布置法。考虑到深圳地区地层条件复杂，为保证刀盘受力均匀，TBM 滚刀采用同心圆布置（见图 4.5.5）。

TBM 刀盘布置有 4 把双刃中心刀，23 把正面滚刀，11 把边缘滚刀。其中，中心滚刀间距为 102 mm，第一把中心刀偏置 68.5 mm；正面滚刀 9~30 号刀间距为 83 mm，边缘滚刀 31~42 号刀间距从 77 mm 过渡到 10 mm；超挖滚刀为 35~42 号。

3. 中心滚刀布置方法

滚刀极角方向与刀盘旋转方向相同，滚刀布置在刀盘一定极角的极轴上。在梧沙区间 TBM 上，配置 8 把中心滚刀，各中心滚刀的极角一定（见图 4.5.6），即 1 号刀极角为 90°，2 号刀极角为 270°，3 号刀极角为 90°，4 号刀极角为 270°，5 号刀极角为 180°，6 号刀极角为 0°，7

号刀极角为180°，8号刀极角为0°。中心刀为双刃滚刀，受双刃滚刀自身结构限制，刀间距一般比平均刀间距稍大，第一把中心刀设计偏置68.5 mm。

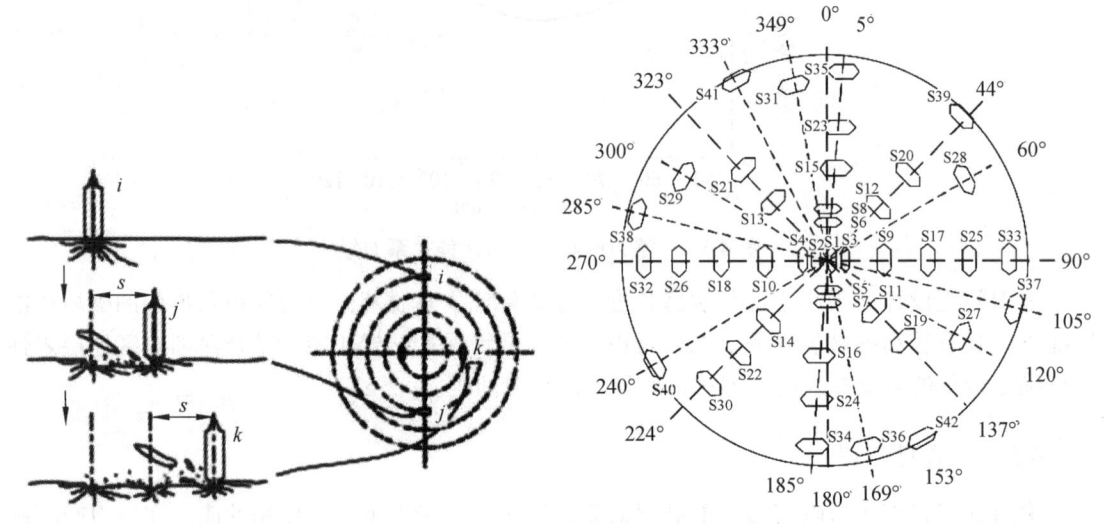

图4.5.5 滚刀顺次破岩（左）和滚刀同心圆布置（右）

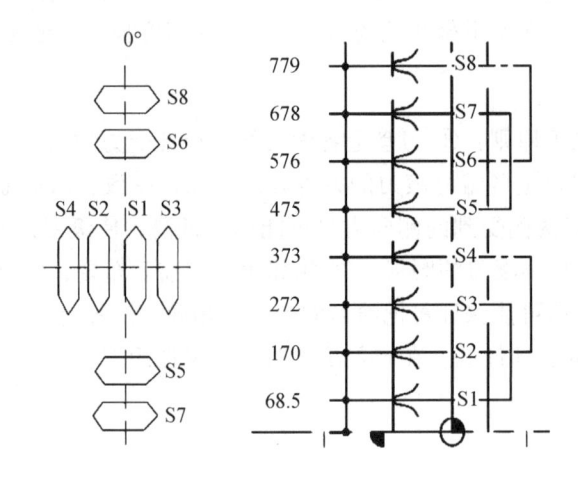

图4.5.6 中心滚刀布置

4. 正面滚刀布置方法

正面滚刀的布置受刀盘空间结构形式的影响。正面滚刀设计采用4条极角布置：5°，44°，90°，137°。滚刀在刀盘圆周区段范围（0°~45°，45°~90°，90°~135°，135°~180°，180°~225°，225°~270°，270°~315°，315°~0°）内均匀分布（见图4.5.7）。

正面滚刀的布置以90°极角布置9号滚刀，然后按刀盘旋转方向搜索下一条极角。为保证刀座的空间安装尺寸，相同极角方向上安装滚刀的刀号差应不小于8。如果遇到两条极角线上均可布刀时，应选择在刀号差较大的极角线上布刀。在布刀过程中，当遇到刀盘结构（人孔、出渣槽）原因难以布置时，允许将滚刀位置适当偏移，但必须保证极径不变，同时在该极角反方向上布置下一把滚刀，以保证刀盘不平衡力最小。

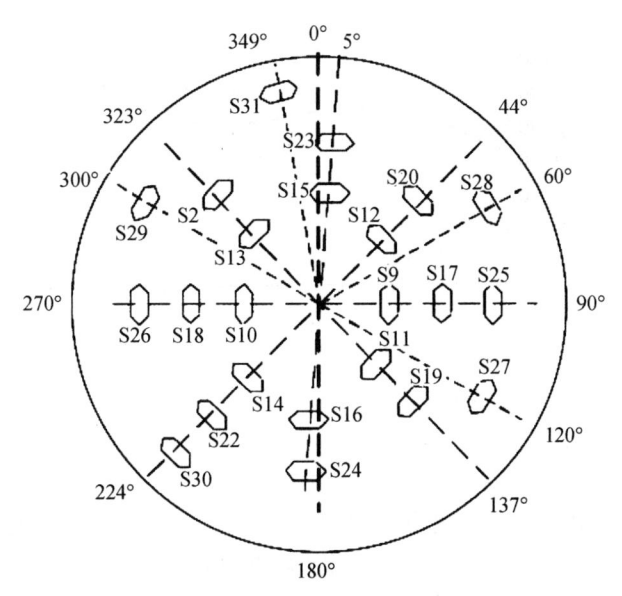

图 4.5.7 正面滚刀布置

5. 边缘滚刀布置方法

边缘滚刀处于刀盘外边缘，在所有滚刀中磨损最为严重，需特殊布置（见图 4.5.8）。为了确保边缘滚刀的承载能力和使用寿命，着重分析滚刀倾角布置的设置依据、滚刀极径选取依据、滚刀减小二次磨损等。

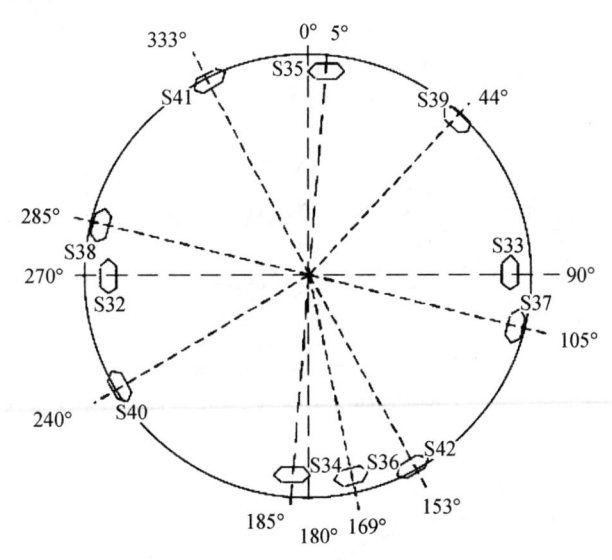

图 4.5.8 边缘滚刀布置

（1）滚刀倾角的选用。

边缘滚刀倾角的设计合理与否直接影响着 TBM 的掘进效率。为了适合地层掘进进行了滚刀倾角的研究，得出滚刀使用和滚刀倾角的关系（见图 4.5.9），为 TBM 刀盘设计提供了很好的建议。本工程采用 19 in 滚刀（1 in=2.54 cm），滚刀最大承载力为 30 kN，滚刀轴承的最大当量动荷载为 100 kN。

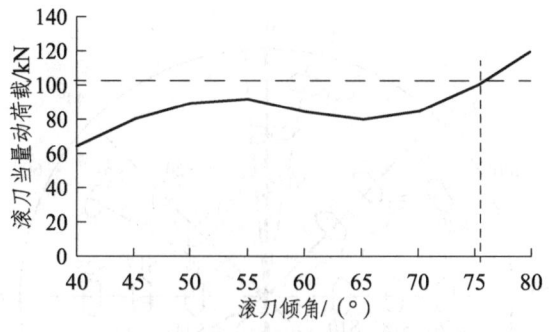

图 4.5.9　滚刀动量荷载与滚刀倾角的关系

研究发现当滚刀倾角大于 75° 时，在正常推力作用下已经达到了滚刀的极限承载力。所以边缘滚刀最大倾角设计为 70°。

（2）边缘滚刀倾角设计。

边缘滚刀由于倾角的存在极大地限制了滚刀的承载力。为了保证倾斜滚刀的破岩裂缝能够贯通，对边缘滚刀的倾角进行了设计。边缘滚刀倾角和破碎岩石状态密切相关，滚刀倾角较小会造成岩石较为破碎，滚刀倾角较大会导致裂缝没有贯通，产生岩脊。在确定滚刀倾角时考虑岩石的破岩比能。首先确定第一把边缘滚刀的倾角，通过同样的方法可以确定所有滚刀的倾角。经过分析计算得出岩石的破岩比能和滚刀倾角的关系。根据上述计算过程确定边缘滚刀的倾角为 8°，通过同样的方法确定每把滚刀的倾角，如图 4.5.10 所示。

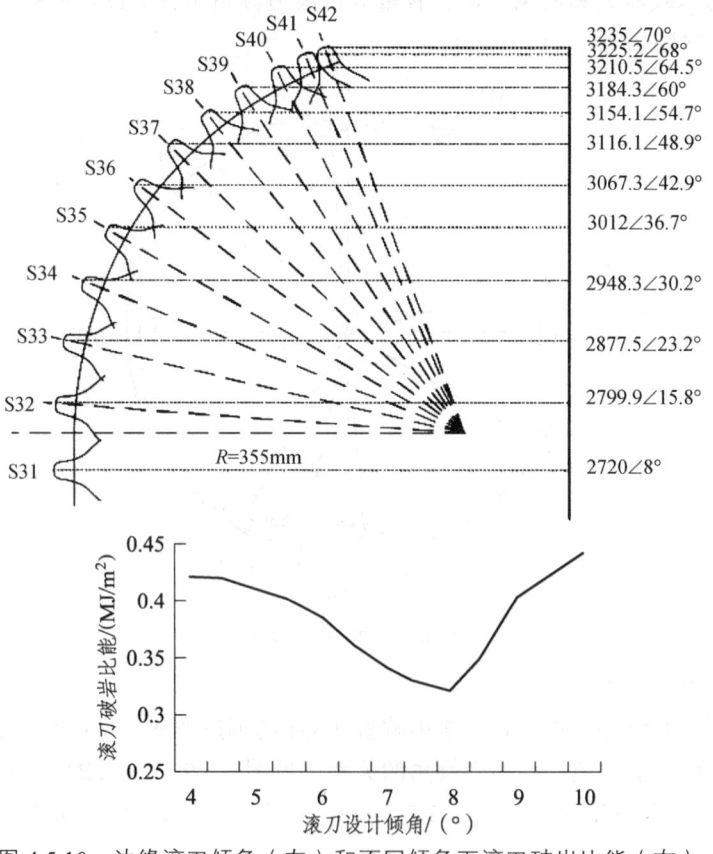

图 4.5.10　边缘滚刀倾角（左）和不同倾角下滚刀破岩比能（右）

（3）通过多个 TBM 滚刀磨损试验，发现边缘滚刀的磨损量和出渣槽的位置具有一定的关系。距离出渣槽位置越近滚刀磨损量越小，距离越远滚刀磨损量越大。在 TBM 边缘滚刀设计时考虑此因素，边缘滚刀在保证刀盘总体布置的前提下尽可能布置在出渣槽后方。

4.5.4 滚刀尺寸选择

TBM 一般采用单刃盘形滚刀和双刃盘形滚刀进行破岩。单刃的破岩性能较好，能适应岩石强度为 30~350 MPa 的情况，在实际掘进中应根据不同的围岩地层选择不同的滚刀尺寸。隧道设计开挖直径为 6.5 m，穿越 4 条地质断裂带，呈现高富水特性，地层水压达到 0.6 MPa，岩石最大饱和抗压强度达到 90 MPa。岩石含有石英，对刀具有较大的磨损。滚刀选用有以下特点：

（1）单刃滚刀的承受力和尺寸成正相关，大尺寸滚刀具有更好的耐磨性和抗冲击性能，可延长刀圈的使用寿命，减少更换刀圈的频次，提高掘进效率。正面滚刀采用 19 in 重型滚刀，中心滚刀采用 17 in 重型滚刀。

（2）大尺寸滚刀可以承受较大的荷载，具有较好的破岩能力。17 in 滚刀的承载力为 250~260 kN，19 in 滚刀的承载力为 300~320 kN。近些年，硬岩的 TBM 设计中偏向于选择大尺寸滚刀，大尺寸滚刀不仅具有较大的承载力，还具有较好的耐磨性能。在 TBM 施工时，使用大尺寸滚刀可以明显地减少滚刀的更换频次。滚刀选型时也考虑了开挖直径的因素，在刀盘回转过程中，盘形滚刀绕刀盘轴心做线性运动。当滚刀回转半径过小，滚刀尺寸过大时，刀刃相对于岩体产生滑移，加快刀具的磨损。随着滚刀制材工艺的提高，大直径滚刀已经成为 TBM 刀盘选型的发展方向。TBM 刀具最终选择 4 把 17 in 双刃中心滚刀，34 把 19 in 重型单刃滚刀。

4.5.5 实施效果

TBM 推进过程中，刀盘实施效果较好，曾实现单月单线掘进 534 m 的超快速掘进，是当时城市硬岩隧道掘进的新纪录。施工中滚刀磨损、岩渣特性和排渣效果等方面具有突出的特点有：

（1）滚刀磨损统计了在 500 m 施工掘进过程中的滚刀磨损值，如图 4.5.11 所示。正面滚刀随着刀盘直径的增大磨损量逐渐变大，31 号正面滚刀最大磨损量为 0.104 mm/m³。随着刀盘直径的增大，32~35 号边缘滚刀的磨损量达到最大值 0.117 mm/m³，随后边缘滚刀的磨损量逐渐减小。但是边缘滚刀的二次磨损随刀盘直径的变大逐渐增大，边缘滚刀的二次磨损量达到了总磨损量的 20%~70%，说明边缘滚刀主要承受岩渣的二次磨损。

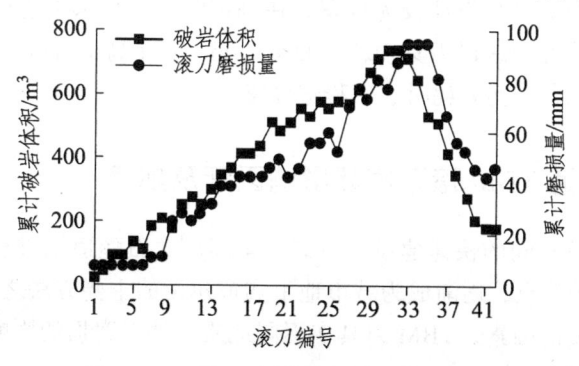

图 4.5.11 滚刀磨损量和破岩体积关系

（2）TBM 掘进渣样能反映出刀盘设计的合理与否。岩渣分布较为均匀，岩渣尺寸大多分布在 6~12 cm，未出现较大的岩石碎块，也较少出现岩石粉渣，能较好地适合滚刀间距为 83 mm 的情况，说明滚刀布设和滚刀间距设计较为合理。

（3）刀盘出渣槽设计合理与否可以从滚刀二次磨损量的统计分析中得到合理的解释。如图 4.5.12 所示，图中反映了滚刀的二次磨损量占总磨损量的比例。从图中可知，正面滚刀由于旋转半径较小，滚刀的磨损量主要以滑移磨损量为主，滚刀破岩的磨损量较小；正面滚刀主要以滚刀破岩的磨损量为主，二次磨损量较小，比例大多<10%；边缘滚刀的二次磨损量随着滚刀编号的增大逐渐增大，从 35 号滚刀开始逐渐占据总磨损量的 20%~70%。这种现象可以说明岩渣堆积高度在 35 号滚刀处，岩渣可以及时地从出渣槽排出掌子面。图 4.5.12 验证了滚刀布置和刀盘出渣槽设计的合理性，能够较好地满足现场施工的需求。

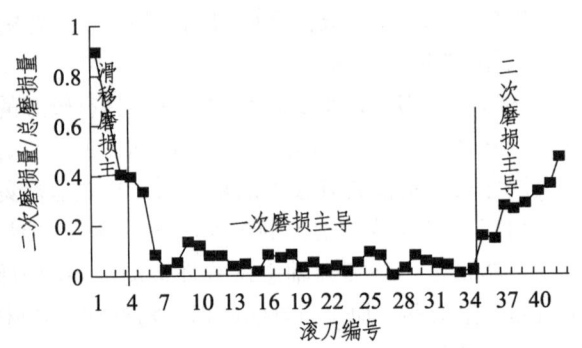

图 4.5.12　岩渣（左）和滚刀磨损（右）

（4）在掘进过程中刀盘喷水良好，隧道内空气环境和工作环境较好，没有出现较多的粉尘颗粒影响 TBM 空间内施工环境的情况。新出岩渣较为湿润，含水率适中，未发现岩渣粉尘，说明刀盘喷水设计能够较好地满足 TBM 正常掘进的要求。

本节研究成果可归纳如下：①针对隧道地层特点设计的刀盘能够较好地满足 TBM 掘进的需要，且在不同的地质条件下滚刀磨损的程度不同，在隧道掘进过程中滚刀的二次磨损发生在边缘滚刀附近，长度较短，说明刀盘出渣槽设计较为合理。②在隧道掘进过程中，岩渣较为破碎，呈现出扁平状和碎块状渣样，表明滚刀间距设计较为合理，能够较好地适应隧道的地质状况。③地质情况较为复杂，岩石较为坚硬，TBM 施工时选用的大尺寸 19 in 滚刀明显降低了滚刀更换的频次。④在掘进过程中，岩石渣样处于湿润状态，隧道内环境较好，没有出现岩渣粉尘，说明刀盘喷水设计较为合理，在掘进时刀盘喷水量应根据地层岩性以及含水状态动态调整。⑤小半径曲线段刀具损耗（0.91 把/m）明显高于直线段（0.41 把/m），即小半径曲线段施工刀具损耗大、换刀耗时、工程进度慢。

4.6　小曲线隧道 TBM 滚刀磨耗影响因素及规律

随着我国城市地下空间的快速建设和发展，全断面岩石隧道掘进机（TBM）具有快速、安全、对周围影响小等优点，逐渐成为城市地下隧道建设的主要方法之一，而 TBM 刀具磨损是影响快速掘进最主要的因素，TBM 刀具在不同地质条件下磨损的影响因素与规律也成为诸多学者关注的重要课题。

深圳地铁 6 号线二期工程 6111 标段工程首次将 TBM 应用于半径为 260 m 的小曲率半径工程中，该工程穿过包括微风化花岗岩、破碎带等多个不良地质层。选取的 TBM 刀盘直径为 6.5 m，选取中心刀、面刀、边刀为检测对象，TBM 刀盘上共安装有 44（刀圈数）把盘形滚刀，各刀位编号以距离刀盘中心距离进行排列，1~8 号刀位安装中心刀，为 4 把 17 in 的双刃盘形滚刀，9~33 号刀位安装面刀，44~53 号刀位安装边刀。面刀和边刀从刀具本身来讲没有区别，都是 19 in 的单刃盘形滚刀，只是在刀盘安装位置上不同。根据刀具安装位置及刀具类型的不同，刀具的允许极限磨损量也是不同的。每把中心刀的刀圈极限磨损量为 25 mm，每把面刀的极限磨损量为 35 mm。TBM 掘进后，每天对刀具进行检查并记录磨损量，在达到极限磨损量之前进行更换。边刀达到极限磨损量后可调配到面刀位置继续使用。掘进 720 m 刀盘各刀位累计换刀次数如图 4.6.1 所示。

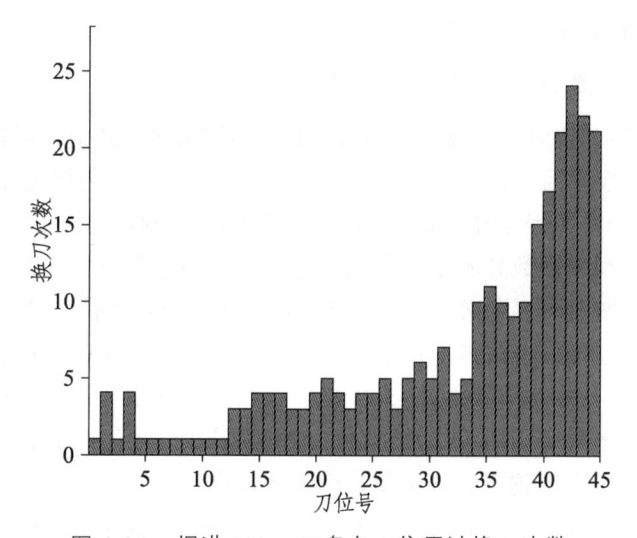

图 4.6.1　掘进 720 m 刀盘各刀位累计换刀次数

样本数据为深圳地铁 6 号线二期工程 6111 标段工程刀具磨损的实际监测数据，且样本数据参数的选取均在 TBM 正常工作的条件下进行。采用 TBM 刀具的单周磨损量指标来描述 TBM 刀具的磨损速率。TBM 刀具的单周磨损量是指在 TBM 正常工作条件下，盘形滚刀在一周时间内磨损量的大小。刀具的磨损速率由众多参数共同决定，本节根据施工时 TBM 掘进机刀具磨损资料，结合线路曲率与地质状况，对 TBM 滚刀磨损情况和影响因素进行了探讨。

4.6.1　刀具磨损速率的监测方法

TBM 掘进过程实际上就是岩石的破碎和推进过程。在推力作用下，随着刀盘的旋转，盘形滚刀紧压岩石表面。当推力大于岩石的抗压强度时，盘形滚刀直接贯入岩石，将滚刀下的岩石直接破碎，进而在掌子面形成多道同心圆沟槽，随着沟槽深度的增加，岩石表面的裂纹不断加大，当超过岩石的剪切和拉伸强度时，相邻沟槽间的岩石成片状脱落，从而达到碎岩掘进的目的。

常见的 TBM 刀具磨损监测方法主要分为液压监测、气体监测和电气监测，这三种方法都可以实现极限式监测，即刀具磨损到一定程度时产生报警信号，显示刀具已经达到磨损极限。其中，液压监测是在刀具上建立液压回路，即在每把监测刀上都设有连通至表面的钻孔，并采用手动泵加压。当刀具磨损到极限时，漏油孔就会打开，使压力断开，显示刀具已经磨损至极限值。气体监测是在刀具内部填充一定量的易于监测反应或有异味的气体。当气体监测装置监测到预置气体或泄漏出异味气体时，表明刀具已磨损至极限值。电气监测是通过在刀具中预埋传感器线圈，当刀具磨损到极限值时，传感线圈形成连通回路，信号会传递到刀具支座上，然后从刀具支座传递到刀盘后部的诊断器上，以此来判断刀具的磨损情况。

在深圳地铁 6 号线二期工程 6111 标段小曲率半径工程的施工过程中，采用人工游标卡尺测量的办法对 TBM 的刀具磨损情况进行监测。受益于 TBM 敞开式的优势，技术人员可在常压条件下对刀具进行精确测量，有效克服了刀具装配形式和监测探头精度对监测结果的不利影响。

4.6.2 刀具磨损统计分析

1. 刀盘各刀位刀具换刀次数累积分析

在 TBM 施工现场，定时对刀盘进行检查，并填写记录表，其中包括各个刀位上刀具的磨损量、更换情况、更换原因等，然后将刀具记录表整理为电子版进行统计分析。

如图 4.6.1 所示为本工程 TBM 掘进 720 m 后刀盘各刀位换刀数的统计分析，从图中可以看出，刀盘各刀位的换刀次数并不是均匀的，它的总体趋势为刀位从刀盘中心依次向外，换刀次数随着刀位号的增大而逐渐增加。掘进 720 m 后中心刀累计换刀 7 把，面刀累计换刀 81 把，边刀累计换刀 170 把。由此得出，中心刀平均每个刀位换刀 0.87 把，面刀平均每个刀位换刀 3.24 把，边刀平均每个刀位换刀 15.45 把。在掘进过程中，边刀磨损最快，允许极限磨损量最小，换刀的频率最高；面刀次之；中心刀磨损较少，换刀次数比较少。可见，距离刀盘中心越远的刀位换刀次数越多。这主要是因为在掘进过程中，刀盘每转一圈，不同刀位上的滚刀所划过的路径不同，越远离刀盘中心的滚刀划过的路线越长，磨损量越大，所以换刀次数也会越多。

2. 刀盘各刀位刀具磨损累积计算分析

根据每天的记录表，对本工程 TBM 掘进 720 m 中刀盘各刀位面刀的磨损量进行统计分析，如图 4.6.2 所示。可见，刀盘各个刀位上滚刀累计磨损量的大致趋势为距离刀盘中心越远的刀位，其上的滚刀磨损量也随之越大。造成这一磨损趋势的主要原因是在掘进过程中，随着刀盘旋转推进，刀盘上不同位置的滚刀在掌子面上留下不同半径的同心圆，距离刀盘中心越远的滚刀，滚过的路线越长，磨损量就会越大。

3. 开挖量对刀具磨损及换刀量分析

选取位于不同位置的刀盘面刀作为分析对象，其对应的岩石开挖量有所差异，选取面刀最内部的刀具开挖量作为单位 1，其他位置刀具的开挖量与最内部刀具的开挖量比值称为该刀的相对开挖量。根据刀具所处位置与径向距离确定刀盘面刀的相对开挖量。刀刃间距布置如图 4.6.3 所示，可以看出，刀盘面刀 8 ~ 17 号刀间距为 86 mm，面刀 17 ~ 33 号刀间距为 82 mm，刀盘面刀沿刀盘直径依次由内向外布置，不同位置的刀号相对开挖量与换刀量和磨损量关系如图 4.6.4 所示。

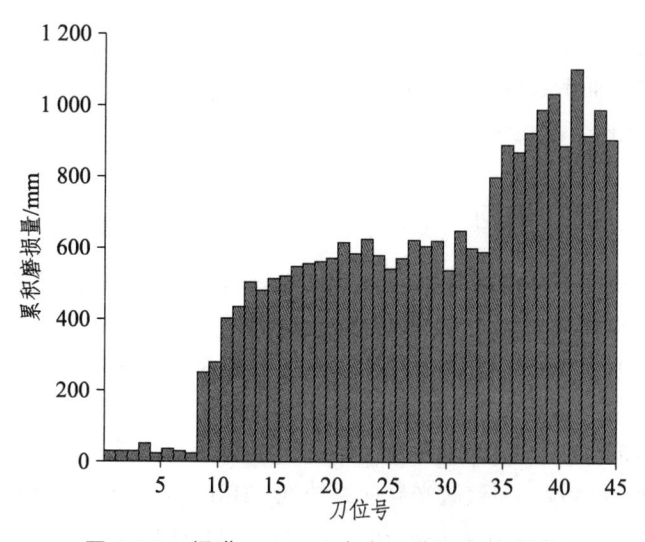

图 4.6.2 掘进 720 m 刀盘各刀位累积磨损量

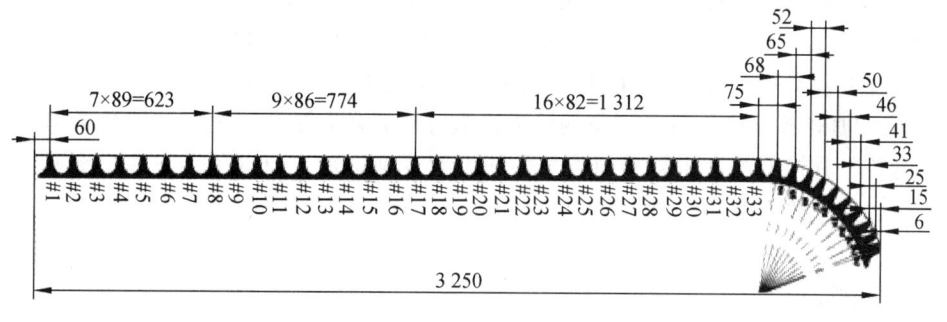

图 4.6.3 刀刃间距布置（单位：mm）

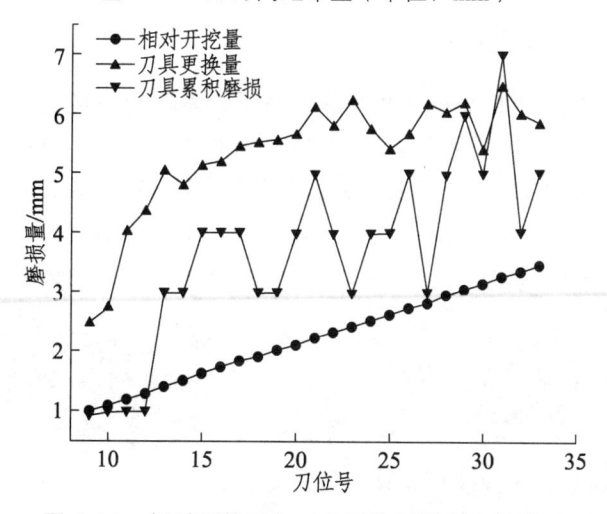

图 4.6.4 相对开挖量与刀具更换及累积磨损关系

可见，随着开挖量的增大，刀盘各个刀位的滚刀累计磨损量和刀具更换量均呈现增长的趋势，随开挖量的增大增长速度减慢。造成这一磨损趋势的主要原因是在掘进过程中，随着刀盘旋转推进，当岩石硬度不变时，刀具随开挖量增大磨损严重。刀盘上不同位置的滚刀在掌子面上留下不同半径的同心圆，距离刀盘中心越远的滚刀，滚刀与岩石接触面形成的摩擦角越小，越有利于滚刀与接触面形成滚动摩擦。距离刀盘中心近的滚刀由于在刀盘上旋转半径小，滚刀受扭与接触面形成滚滑动摩擦，对刀具磨损较大，因此刀具磨损量并不随相对开挖量增大而成比例增加。

4.7 不良地质 TBM 调向

以往在引水等动辄几十千米的隧道施工中，隧道的轴线精度要求不高，即便出现大的偏差，后期很长的区间环境有充分的跨度来调回正线，且引水隧道、公路隧道甚至铁路隧道的轴线精度都没有城市地铁隧道的轴线要求精度高：一方面是地铁运营的条件要求苛刻；另一方面是地铁的线路受城市复杂的管线、构筑物、路线影响大，且地铁的区间相对要短得多，调线风险太大，尤其是在断层/破碎带等地层中的调线更是对掘进要求极高。

TBM 掘进的高振动特性，导致激光导向系统在 TBM 掘进过程中受管片传递的影响巨大，以至于 TBM 在掘进期间基本处于盲掘操作。基于此，TBM 掘进在地铁中的操作对操作人员在 TBM 推进原理、机械结构、液压系统以及受力分析方面的认识均有较高要求，尤其在软弱不均的地质中掘进，对没有较高设备技术基础的操作人员来讲，难度很大。

本节通过工程实测，研究了 TBM 刀具磨损量与刀盘位置、相对开挖量的关系，发现在小半径条件下，TBM 施工中刀盘各刀位的换刀次数并不是均匀的，它的总体趋势为刀位从刀盘中心依次向外，其换刀次数也随着刀位号的增大而逐渐增加。刀盘各个刀位上滚刀累计磨损量的大致趋势为距离刀盘中心越远的刀位，其上的滚刀磨损量也随之增大；随着开挖量的增大，刀盘各个刀位上滚刀累计磨损量和刀具更换量均呈现增长的趋势，其增长趋势随开挖量的增大增长速度减慢。

4.8 皮带机漏渣问题的解决

深圳地铁 6 号线二期工程民乐停车场出入线隧道始发即为小半径曲线段施工，曲率半径为 260 m，在 TBM 掘进过程中发生设备与曲线段之间的冲突矛盾。TBM 掘进过程中后配套皮带机与主皮带机呈现一定角度，使得渣土无法正常落入后配套皮带机上，且出现大量漏渣现象，给现场施工带来极大不便。通过对皮带机部件进行改造，解决了皮带漏渣问题，如图 4.8.1 所示。

图 4.8.1 皮带机漏渣及皮带部件改造

4.9 小半径曲线隧道段 TBM 施工注浆技术

由于小半径曲线隧道的曲率小，隧道掘进时一般会采取超挖的方法来控制 TBM 的转弯，使得曲线隧道的壁后空隙大于直线隧道，且曲线段左右两边的空隙不均匀，空隙的存在使得 TBM 管片成型不稳定。由于油缸的不均匀推力使得管片存在侧向力，即出现应力集中现象，对围岩存在不均匀挤压。曲线隧道 TBM 掘进线路其实为一段段不连续的折线，要持续纠偏，使得曲线隧道较直线隧道而言地层应力损失更大。为了防止围岩的变形，使管片与围岩形成整体以共同抗力，需要对开挖面和管片之间的环形空隙及时进行注浆，充填密实的注浆体将地下水与管片相隔离，避免或减缓地下水对管片的侵蚀，提高管片衬砌的耐久性。

为了防止注入材料向工作面流动，在管片背面设置袋子，再往袋中注入浆液，切断背后注入浆液向工作面流动的通路（见图 4.9.1）。按不同的 TBM 推进时间和注浆目的，可分为同步注浆、二次补强注浆和堵水注浆。

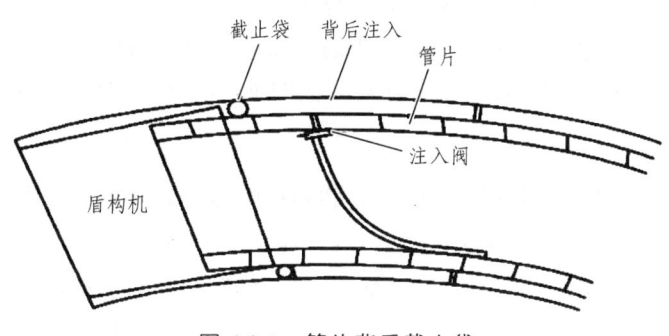

图 4.9.1 管片背后截止袋

1. 同步注浆

同步注浆与 TBM 掘进同时进行，如图 4.9.2 所示，通过同步注浆系统及盾尾的注浆管，在 TBM 向前推进盾尾空隙形成的极短时间内将其填充密实，从而使周围岩土体获得及时的支撑，可有效防止土体坍塌，控制地表沉降。同步注浆采取注浆压力和注浆量双控原则，注浆速度与 TBM 掘进速度保持一致。

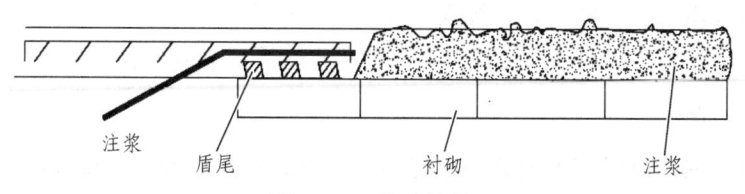

图 4.9.2 同步注浆

2. 二次补强注浆

由于 TBM 设备对脱出盾尾的管片的遮挡，TBM 隧道内部分管片点位填充注浆不具备施工条件，且注浆未能达到设计要求。所以 TBM 隧道需进行隧道二次补浆，二次补浆是在同步注浆结束后，通过管片的吊装孔对 TBM 脱出台车的管片背后进行补强注浆，以提高同步注浆效果，提高管片背后土体密实度，减少地面后期沉降，注浆压力一般控制在 0.25~0.3 MPa 之间。二次注浆如图 4.9.3 所示。

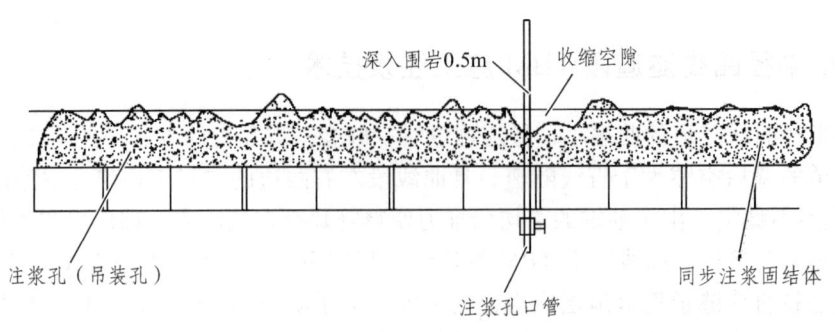

图 4.9.3　二次注浆

3. 堵水注浆

当地下水特别丰富时，为提高注浆层防水性和密实度，考虑前期注浆受地下水及浆液固结率影响，必要时在二次注浆结束后还需进行堵水注浆。在富含水的地层中注浆要求要能迅速阻水、快速充填，故要求浆液凝固时间短、黏性大、保水性强、不离析。若掘进时建立了土压或气压，则应尽量确保盾尾密封完好，以防土舱中的水由盾尾被压入管片背后。若管片背后已被水充填，则需提高注浆压力以便随着浆液的推进将地下水挤入土体中。

4. 注浆步骤

注浆步骤如下：①灌浆工分别将注浆塞安装到相应环两侧或者顶拱处的孔位。②将搅拌均匀的浆液放入储浆罐，并在相应指令下启动注浆泵开始灌注。③当注浆压力达到 0.2 ~ 0.3 MPa 时，灌浆孔停止吸浆，继续灌注 5 min，并将灌浆管接头接到其他相应环的注浆塞上。依次向前灌注到 TBM 后部 10 号拖车相应位置止，当此处相应孔位有较浑浊的水泥浆漏出时停止灌注。

5. 漏水处理

盾尾漏浆时，手动加注盾尾密封油脂，必要时用棉纱进行封堵。掌子面漏浆时，由于围岩不稳定造成盾壳与岩面间空隙过大，注浆时浆液会顺着盾壳外壁漏入掌子面，此时应适当减小注浆压力、注浆速度，防止浆液注入掌子面。

注浆孔封堵采用与管片同等防水级别的混凝土填充，抹灰工取下注浆塞将灌浆孔清理干净，用抹灰工具填充捣实，灌浆孔封堵表面光洁平整，同时做好养护工作。

6. 注浆浆液的优化

双液浆又可根据初凝时间不同分为缓凝型（初凝时间 30 ~ 60 s）和瞬凝型（初凝时间小于 20 s）。初凝时间越长，越容易发生向土舱泄漏和向土体内流失的情况，限定范围的填充越困难，而且在没有初凝前，容易被地下水稀释，产生材料分离。但初凝时间过短，会造成注入还没结束，浆液便失去了流动性，导致填充效果不佳。合理的回填浆液的凝固时间，可以使得脱出盾尾的管片尽早产生约束，限制管片错位的空间，因此回填浆液的选择和配比是至关重要的，不同地层同步注浆的单液浆与双液浆的对比见表 4.9.1。

为了准确对注浆液进行选择以及配比，对于 TBM 隧道管片注浆进行了试验，水泥采用 42.5 级普通硅酸盐水泥，水泥浆的水灰比为 0.55 ~ 1.0。水玻璃与水泥浆之比为体积比，水玻璃：水为1∶1，试验的工况以及相应的初凝时间如表 4.9.2 所示。

表 4.9.1　单液浆与双液浆的对比

浆液类型	浆液构成	每环管片注浆量	初凝时间强度	特点
单液浆	水泥浆	1.2 m 管片：1.18 m³；1.5 m 管片：1.48 m³	较双液浆长，强度低	施工工艺简单、易控制、不易堵管，应用广泛
双液浆	水泥浆+水玻璃	1.2 m 管片：0.5 m³；1.5 m 管片：0.62 m³	较单液浆短，凝固后强度高	适应性强，尤其是在断裂带、极软土层、需要进行特殊处理地段

表 4.9.2　试验工况以及相应配比和初凝时间

试验工况	水灰比	水玻璃∶水泥浆	初凝时间/s
1	1.0	0.55	30.11
2	0.8	0.55	43.12
3	0.8	0.8	36.00
4	1.0	1.0	28.16
5	1.0	1.0	30.91
6	0.8	1.0	33.07

为了确保现场施工能按照正确的水灰比及水玻璃稀释比例执行，采用水灰比 1.0 的水泥浆液与水∶水玻璃为 1∶1 的稀释水玻璃双液浆注浆（这样的比例现场容易把控）。初凝时间为 30.91 s，满足 TBM 隧道壁后浆液流动不能达到盾体的要求。TBM 隧道采用 0.8 的水灰比进行隧道壁后注浆，0.8 的水灰比的水泥浆填充豆砾石试块强度为 10 MPa，满足设计要求。

7. 注浆时间

背后注浆的最佳时期，应在 TBM 推进的同时进行注入或者推进后立即注入。由于浆液富有流动性，所以浆液易从盾尾和工作面上漏失，为避免这种漏失，应采用后方注入方式。另外，从施工方面看，先行掘进使得工作面的施工机械设备密集，影响管片的运送，所以背后注浆多选择在掘进结束后，从没有机械障碍的后方进行注入。在后方注入、即时注入等场合下，为了提高背后填充效果，可从注入孔以外的各孔抽水，但应注意不能形成偏压。

8. 注浆压力

在理论上只需要使得浆液压入口的压力大于该出水压力之和，即可保证开挖导致的空隙填充密实度。但是注浆压力过大，浆液的劈裂性会使得周围土层产生裂隙，TBM 周围的土层将会被浆液扰动而造成较大的后期变形，从而使得地面发生沉降。因此，注浆压力对于隧道土层稳定至关重要。根据相关研究，小转弯半径隧道的背后注浆压力大致选择为等于地层阻力强度（压力）加上 0.1～0.2 MPa。另外，与先期注入压力相比，后期注入压力要比先期注入压力大 0.05～0.1 MPa，并以此作为压力管理的基准。

注浆操作过程中注意压力表压力值的变化，注浆终止压力控制在 0.2～0.3 MPa，防止注浆压力过大造成相邻管片之间错台过大、破损以及管片吊装孔附近出现纵向水平裂缝，而造成大量漏水现象。

9. 注浆量分析

注浆量的确定是以盾尾间隙量为基础并结合地层、线路以及掘进方式等考虑适当的饱满系数。饱满系数主要考虑土质系数和超挖系数。针对软土地区曲线段隧道施工产生的超挖量和注浆量的计算为

$$|OD|^2 = |OO''|^2 + |O''D|^2 \tag{4.9.1}$$

由于

$$OD = R_0 + \frac{D}{2} + \delta, \quad OO'' = R_0 + \frac{D}{2}, \quad O''D = \frac{L}{2} \tag{4.9.2}$$

将式（4.9.2）代入式（4.9.1）可得

$$\left(R_0 + \frac{D}{2} + \delta\right)^2 = \left(R_0 + \frac{D}{2}\right)^2 + \left(\frac{L}{2}\right)^2 \tag{4.9.3}$$

展开得

$$\left(R_0 + \frac{D}{2}\right)^2 + \delta^2 + 2\left(R_0 + \frac{D}{2}\right)\delta = \left(R_0 + \frac{D}{2}\right)^2 + \left(\frac{L}{2}\right)^2 \tag{4.9.4}$$

整理后得

$$2\left(R_0 + \frac{D}{2}\right)\delta + \delta^2 = \left(\frac{L}{2}\right)^2 \tag{4.9.5}$$

由此得出超挖量

$$\delta = \frac{\sqrt{(2R_0 + D)^2 + L^2} - (2R_0 + D)}{2} \tag{4.9.6}$$

式中，R_0 为曲线半径；D 为 TBM 刀盘直径；L 为 TBM 长度；δ 为超挖量。

曲线段一环管片范围内的超挖间隙计算公式：

$$V_{超} = l\frac{\pi}{4}\left[(D+\delta)^2 - D^2\right] \tag{4.9.7}$$

直线段每环管片的空隙：

$$v = (R^2 + r^2)\pi l \tag{4.9.8}$$

曲线地段总空隙体积：

$$V = V_{超} + v = l\frac{\pi}{4}[(D+\delta)^2 - D^2] + (R^2 + r^2)\pi l \tag{4.9.9}$$

式中，R 为 TBM 刀盘半径；l 为管片宽度；r 为 TBM 隧道外半径。

根据施工数据统计，一般每环注浆量为计算体积的 1.5~2.0 倍。施工中，TBM 曲线走行轨迹引起的建筑空隙比正常推进大，应加大注浆量，正确选好压注点和注浆次序，每环推进时根据施工中的变形监测情况，随时调整注浆量，注浆过程中严格控制注浆量，防止漏浆。

4.10 小 结

通过本章研究，可得出如下结论：

（1）提出了基于温克勒模型的小半径 TBM 曲线隧道水平轴偏移控制方法。该方法将 TBM 管片纵向简化为连续圆弧梁，基于纵向等效连续模型和温克勒弹性地基梁理论，通过转换矩阵方法求解，得到其理论解，并用于 TBM 隧道施工中，效果良好。

（2）小半径曲线段刀具损耗（0.91 把/m）明显高于直线段（0.41 把/m），表明小半径曲线段施工刀具损耗大、换刀耗时、工程进度慢。

（3）小半径曲线隧道由于半径小，隧道开挖时超挖量较直线型隧道大，同时在隧道掘进过程中推进油缸不均匀推力的存在使得小半径曲线隧道的地层损失较直线隧道大，而且地下水的存在也会对管片衬砌造成侵蚀，因此为了减小地层损失以及管片衬砌的耐久性，需要对隧道壁后注浆。针对不同土层，隧道壁后注浆的注浆材料以及配比是不一样的，通过对此次工程注浆材料的配比试验研究得出，采用水灰比为 1.0 的水泥浆液与水：水玻璃为 1∶1 的稀释水玻璃双液浆注浆，现场容易把控。

（4）深圳地铁 6 号线二期工程民乐停车场出入线隧道的曲率半径小，使得隧道在掘进过程中的轴线控制成了一个难题。通过采用带铰接装置的 TBM 掘进机、扩挖刀垫厚、掘进轴线预偏设置和监测的及时反馈纠偏等措施，将盾构机姿态及管片姿态调整到设计允许范围，达到了预期效果。

5 长距离 TBM 过矿山法施工段空推技术

至今为止的城市地铁的空推主要出现在盾构施工中,而 TBM 空推过矿山法段的施工实例很少。本章结合工程施工,针对长距离 TBM 过矿山法施工段空推中的相关关键技术进行深入研究。

5.1 TBM 过矿山法施工段管片位移和受力分析

当 TBM 空推通过矿山法施工形成的隧道时,一般会出现以下问题:① 在管片的上部缺少覆土的荷载作用时,管片受到上浮力作用出现上浮。② 当管片周围无土压力约束时,环向不容易压实,管片出现错台现象,管片防水受到严重影响,无法达到拼装要求。

本节采用数值模拟方法分析 TBM 空推通过矿山法施工形成的隧道时管片位移和受力规律,为设计和施工提供依据。

5.1.1 计算模型的建立

计算模型如图 5.1.1 所示,包括:① 模型网格:数值模型中围岩、回填层和管片均采用实体单元进行模拟,围岩的本构模型采用莫尔-库仑模型,管片和回填层采用弹性模型。两近接隧道轴线距离 7.3 m,隧洞开挖直径为 5.4 m,参考已有经验,考虑边界效应模型的计算范围取 3~6 倍洞径,以隧洞中心线向 X 轴和 Z 轴的正负方向分别取 30 m,沿隧洞轴线方向取 30 m,每一环长度为 1.5 m。建立数值分析的几何模型及网格分布见图 5.1.1, Y 方向为隧洞掘进方向,每 1.5 m 划分一次网格, Z 方向为铅垂方向,与隧洞走向正交方向为 X 方向。② 位移边界条件:分别在 X、Y、Z 方向的 6 个端面上施加固定位移约束。③ 初始地应力平衡:在开挖支护之前,首先进行初始地应力平衡,考虑 100 m 的埋深,侧压力系数为 0.5,手动施加 X、Y、Z 三个方向的梯度地应力以加快平衡。

整个模拟过程分为三个步骤:首先考虑初始地应力状态,如图 5.1.2 所示;然后进行隧洞开挖,待到地应力释放重分布完成;最后进行管片支护和回填层施工。模拟过程按实际开挖矿山法施工,施工完毕后进行空推步进,并每推进一环,施加顶推力,为便于模拟,豆砾石回填与管片安装同步进行。该模型考虑到了隧洞开挖造成的应力重分布影响,反映了更真实的情况。

5 长距离TBM过矿山法施工段空推技术

图 5.1.1 计算模型

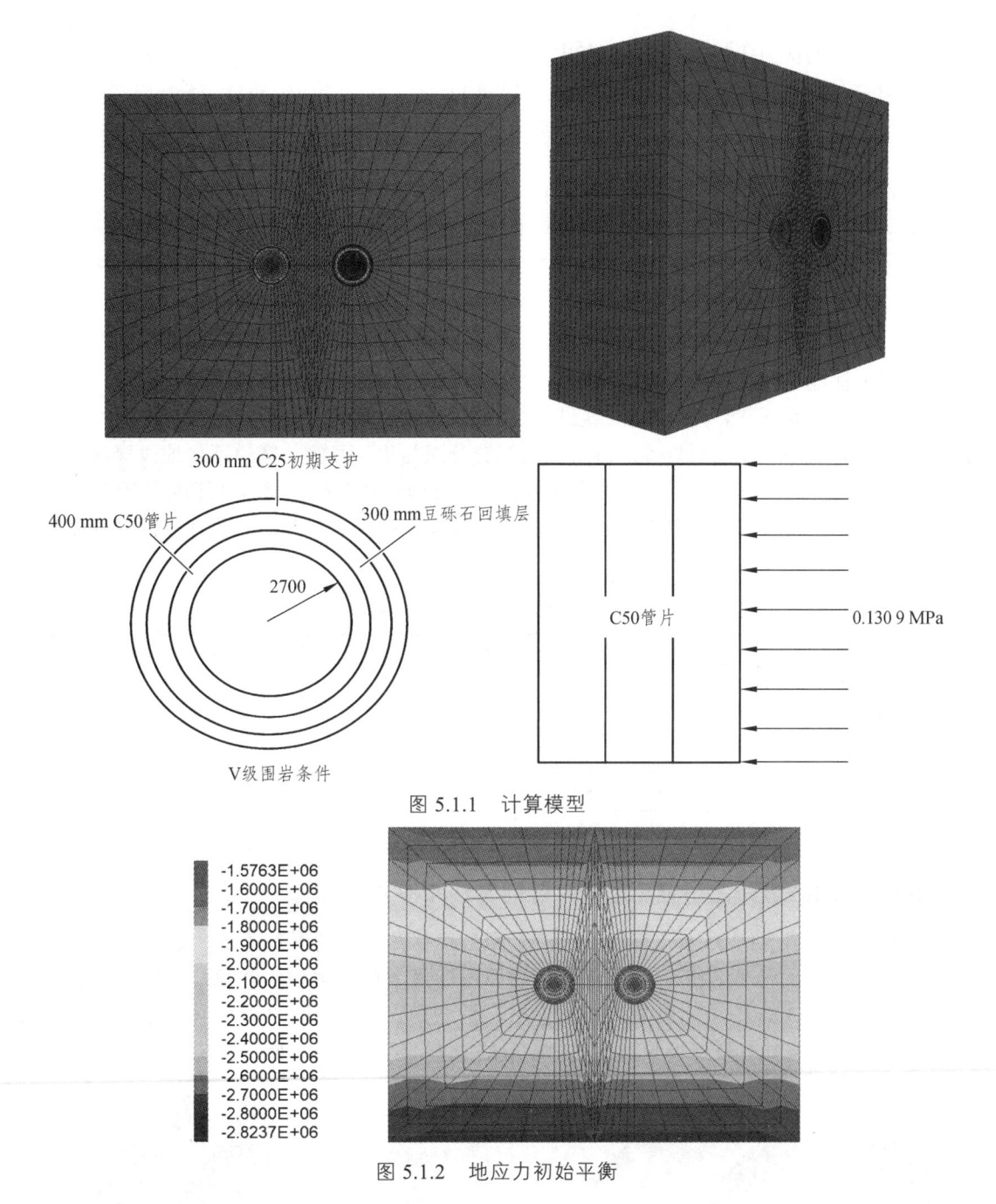

图 5.1.2 地应力初始平衡

假设TBM洞内步进时的推力为F_0，TBM步进时与托架的最大摩擦力为F_1，TBM后配套的牵引力为F_2，TBM与盾尾管片的摩擦力为F_3，则有$F_0=F_1+F_2+F_3$。TBM空推时应在混凝土导台上涂抹黄油，以减小TBM步进时的摩擦力，此时摩擦系数$\mu_1=0.1\sim0.12$，台车与轨道的滚动摩擦系数μ_2为0.05，盾体与管片的摩擦系数μ_3为0.3。盾体重量G_1为5 410 kN，拼装机重量G_2为280 kN，双轨梁重量G_3为150 kN，盾尾管片（1.5环管片）的重量G_4为27×1.5=405 kN，后配套设备的重量G_5=2 100+(150+280)/2=2 315 kN，盾体对混凝土导台的压力为G_{-6}。

111

则 $G_6=G_1+(G_2+G_3)/2+G_4=5\ 410+(150+280)/2+405=6\ 030$ kN

$F_1=\mu_1 \times G_0=(0.1 \sim 0.12) \times 6\ 030=603 \sim 723.6$ kN

$F_2=\mu_2 \times G_5=0.05 \times 2\ 315=115.8$ kN

$F_3=\mu_3 \times G_4=0.3 \times 405=121.5$ kN

$F_0=F_1+F_2+F_3=(603 \sim 723.6)+115.8+121.5=840.3 \sim 960.9$ kN

上述计算得出 TBM 空推时作用在管片上的最大推力为 960.9 kN。盾构空推能提供的反力折算成单位面积作用力作用于管片环上，管片环受到的纵向压力可换算为 0.130 9 MPa。

5.1.2 计算参数

根据工程地质勘查报告、现场钻探、原位测试、孔内测试及室内试验结果可知，场区表层为残积土层，其下基岩为全风化、强风化、中风化粗粒花岗岩，微风化粗粒花岗岩，块状强风化碎裂岩和中风化碎裂岩等。隧道围岩综合分级为Ⅲ～Ⅴ级，隧道不良地段穿越多条断裂带和软硬交界面，故将隧道岩体视为均匀各向同性弹塑性介质，材料破坏规律服从莫尔-库仑准则。因空推段埋深浅，要求严格，故围岩等级取Ⅴ级围岩参数。数值计算的物理力学参数如表 5.1.1 所示。

表 5.1.1 数值计算物理力学参数

材料	密度/ (kg/m³)	弹性模量/ GPa	抗拉强度/MPa	摩擦角 φ/(°)	黏聚力 c/MPa	泊松比 μ
初支 C25	2 200	20	0.52	50	1.5	0.25
Ⅴ级围岩	1 800	1.3	0.04	22	0.12	0.39
管片 C50	2 500	35.5	0.78	55	2.87	0.2
豆砾石	2 200	1.2	0.10	31.1	3.19	0.25

5.1.3 TBM 过矿山法施工段管片竖向位移和应力分析

位移云图如图 5.1.3 所示，可以看出：①最大位移发生在拱顶和底部，底部为 1.23 mm，拱顶为 1.21 mm，与现场相符。②豆砾石回填层的最大位移也发生在顶部和底部，分别为 14.05 mm 和 13.97 mm，中间段为 10 mm 左右。③初期支护中间段的最大竖向位移为 15 mm，说明豆砾石回填层具有较好吸收初期支护变形的能力，从而减少初期支护变形对管片的影响。

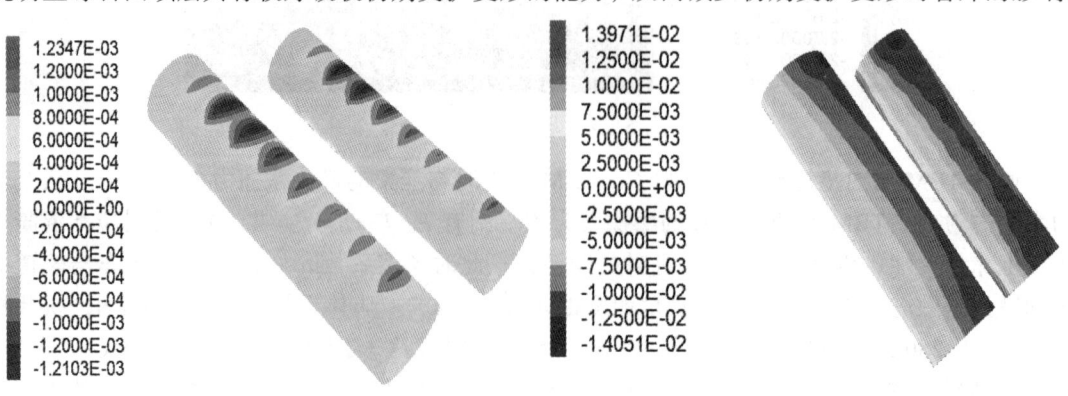

(a) 管片竖向位移　　　　　　　　　　(b) 回填层竖向位移

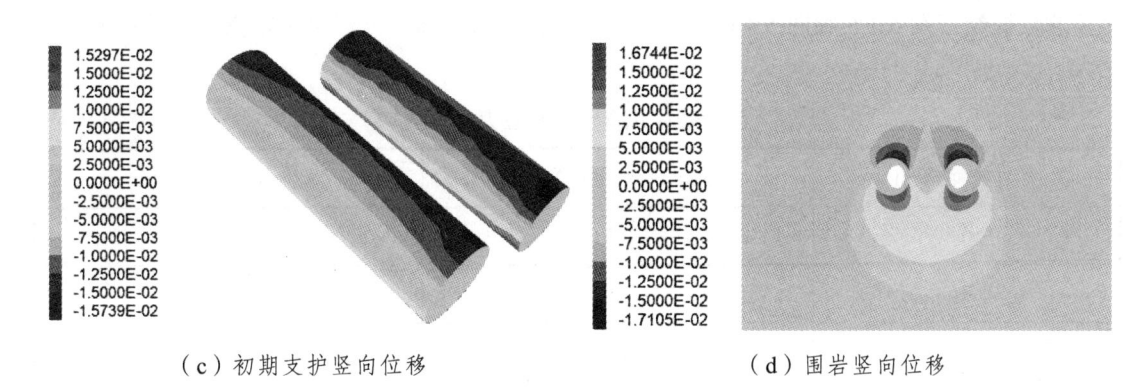

（c）初期支护竖向位移　　　　　　　　（d）围岩竖向位移

图 5.1.3　竖向位移云图

管片应力云图如图 5.1.4 所示，可以看出：①最大竖向应力在管片两侧拱腰位置，拱顶和底部出现竖向拉应力。②豆砾石回填层的最大竖向应力比管片所受最大竖向应力小。③初期支护所受最大竖向应力较管片和豆砾石回填层都小。

（a）管片竖向应力　　　　　　　　　　（b）回填层竖向应力

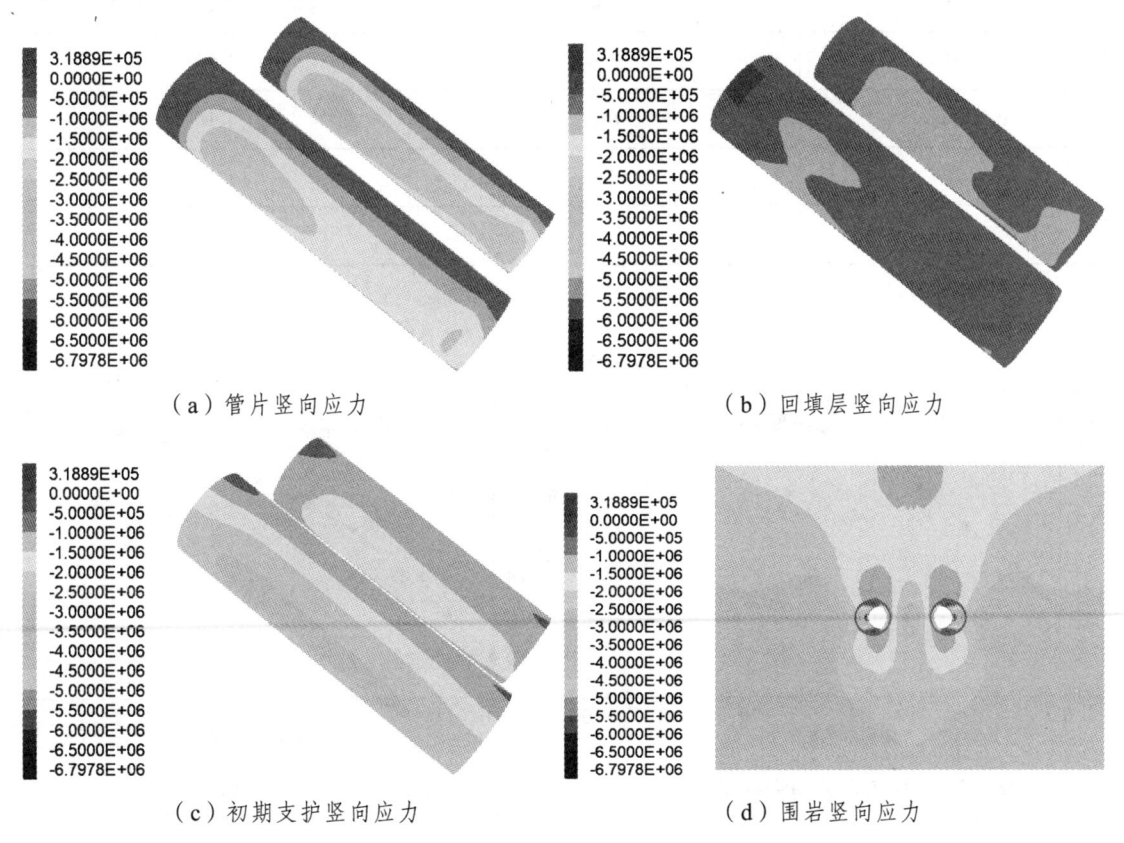

（c）初期支护竖向应力　　　　　　　　（d）围岩竖向应力

图 5.1.4　竖向应力云图

5.1.4　TBM 空推过矿山法施工段管片纵向应力位移分析

当对管片进行纵向受力情况分析时，可以沿着隧道的轴向（Y 方向，从盾尾开始）每 3 m 设置一个监测断面，监测管片的纵向位移和应力变化，得到计算结果见表 5.1.2。为便于分析，将监测数据绘于图 5.1.5 和图 5.1.6 中,可以看出:纵向位移(上浮量)随离盾尾的距离越远越大。

表 5.1.2 纵向位移和应力计算值

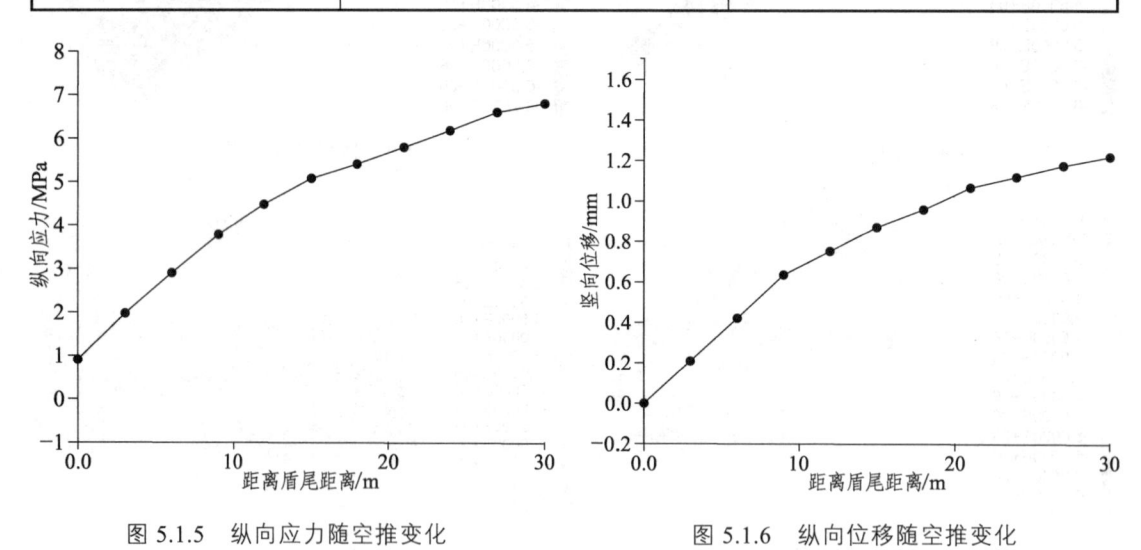

距盾尾距离/m	纵向最大应力/MPa	纵向最大位移/mm
0	0.9	0
3	2.0	0.21
6	2.9	0.42
9	3.8	0.63
12	4.5	0.75
15	5.1	0.87
18	5.4	0.90
21	5.8	1.00
24	6.2	1.10
27	6.6	1.15
30	6.79	1.21

图 5.1.5 纵向应力随空推变化

图 5.1.6 纵向位移随空推变化

5.1.5 TBM 空推过矿山法施工段回填材料性质影响分析

本节通过数值模拟,研究 TBM 空推过矿山法施工段对回填层弹性模量和厚度的影响。

1. 回填层弹性模量的影响分析

保持其他参数不变,考虑回填层弹性模量 E_b=0.1、0.6、1.2、2.4、3.6、4.8、6.0 GPa 共 7

种工况（一般 E_b/E 取值范围为 0.076~4.615，E 为管片弹性模量）。计算结果见表 5.1.3 和图 5.1.7，可知：① 洞顶和隧底处，管片径向应力随回填层弹性模量的增加先增大后减小，存在一个明显的临界点（对应 E_b=1.2 GPa），切向应力随回填层弹性模量升高先增大后趋于稳定，变化点也在 E_b=1.2 GPa 附近。② 两侧墙处的切向应力随回填层弹性模量增加而增加，两侧墙处的径向应力随回填层弹性模量增加先增大后减小，变化点也在 E_b=1.2 GPa 附近，不过产生的管片应力都不大。

表 5.1.3 不同回填层弹性模量下的管片应力计算结果

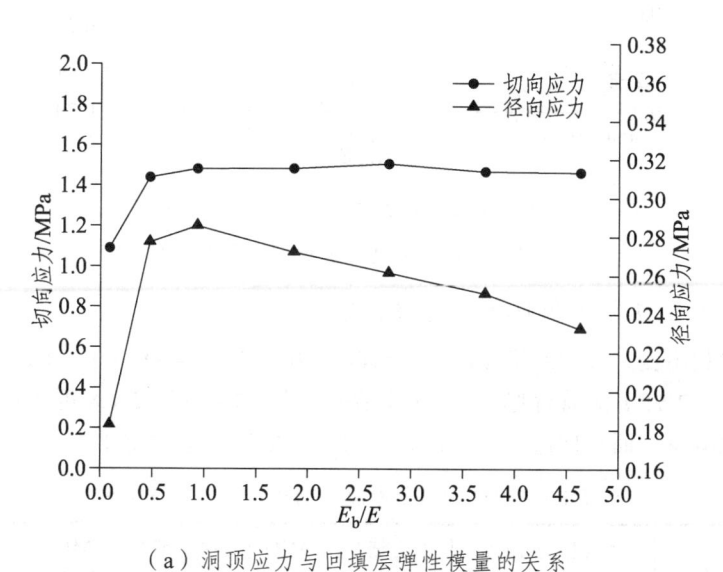

弹性模量/GPa	E_b/E	拱顶应力/MPa 径向	拱顶应力/MPa 切向	左侧墙应力/MPa 径向	左侧墙应力/MPa 切向	右侧墙应力/MPa 径向	右侧墙应力/MPa 切向	隧底应力/MPa 径向	隧底应力/MPa 切向
0.1	0.076	0.184	1.094	0.228	0.841	0.240	0.967	0.205	1.105
0.6	0.461	0.277	1.441	0.325	1.401	0.368	1.628	0.286	1.432
1.2	0.923	0.286	1.479	0.346	1.527	0.389	1.861	0.291	1.468
2.4	1.846	0.273	1.482	0.344	1.692	0.402	1.937	0.281	1.413
3.6	2.769	0.262	1.492	0.332	1.742	0.381	2.031	0.271	1.432
4.8	3.692	0.251	1.462	0.321	1.772	0.362	2.173	0.262	1.412
6.0	4.615	0.233	1.456	0.361	1.895	0.389	2.351	0.246	1.432

（a）洞顶应力与回填层弹性模量的关系

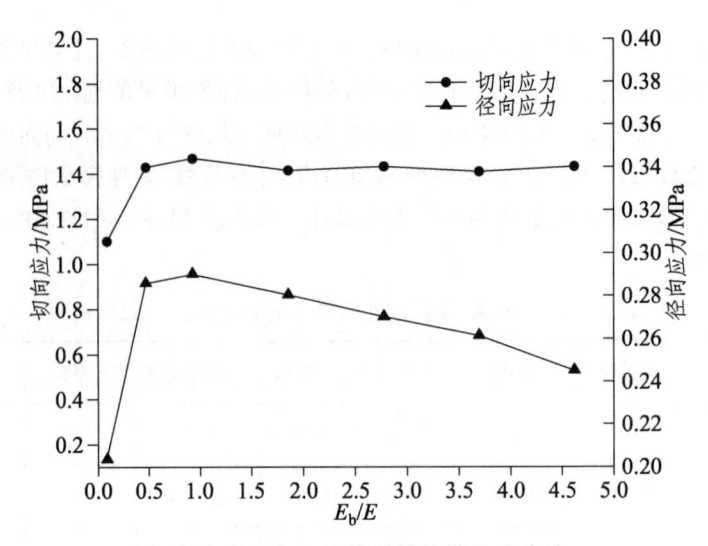

(b）隧底应力与回填层弹性模量的关系

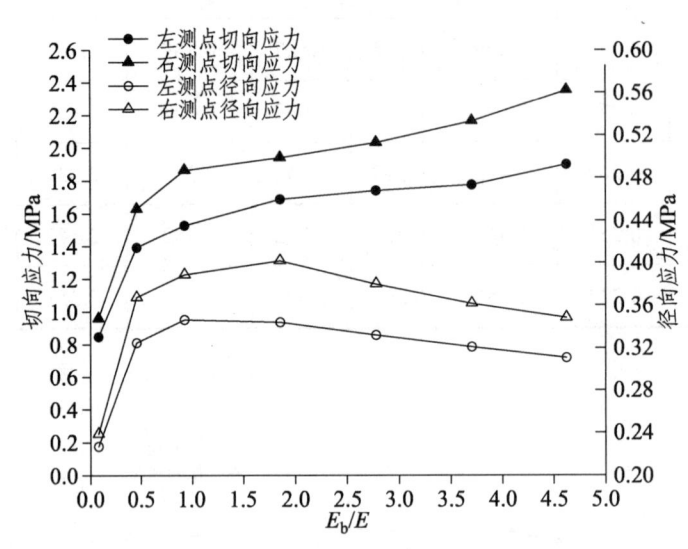

(c）侧墙应力与回填层弹性模量的关系

图 5.1.7　回填层弹性模量对管片受力的影响

2. TBM 过矿山法施工段回填层厚度影响分析

保持其余参数不变，考虑回填层厚度 t_2=100、200、300、400、600、800、1 000 mm（t_2/t_1 取值范围为 0.25 ~ 2.5，t_1 为管片厚度）。计算结果见表 5.1.4 和图 5.1.8 可知：切向应力随回填层厚度的增加而减少，而径向应力则相反，不过产生的管片应力都不大。

表 5.1.4　不同回填层厚度下的管片应力计算结果

厚度/mm	t_2/t_1	拱顶应力/MPa		左侧墙应力/MPa		右侧墙应力/MPa		隧底应力/MPa	
		径向	切向	径向	切向	径向	切向	径向	切向
100	0.25	0.253	1.88	0.329	2.03	0.362	2.36	0.262	1.86
200	0.5	0.268	1.61	0.350	1.71	0.391	1.96	0.274	1.60

续表

厚度/mm	t_2/t_1	拱顶应力/MPa		左侧墙应力/MPa		右侧墙应力/MPa		隧底应力/MPa	
		径向	切向	径向	切向	径向	切向	径向	切向
300	0.75	0.281	1.46	0.333	1.48	0.372	1.71	0.286	1.43
400	1.0	0.292	1.29	0.341	1.29	0.371	1.42	0.294	1.27
600	1.5	0.313	1.10	0.332	1.12	0.382	1.29	0.312	1.11
800	2.0	0.331	0.96	0.341	0.98	0.395	1.12	0.325	0.98
1 000	2.5	0.342	0.88	0.352	0.89	0.402	1.06	0.332	0.91

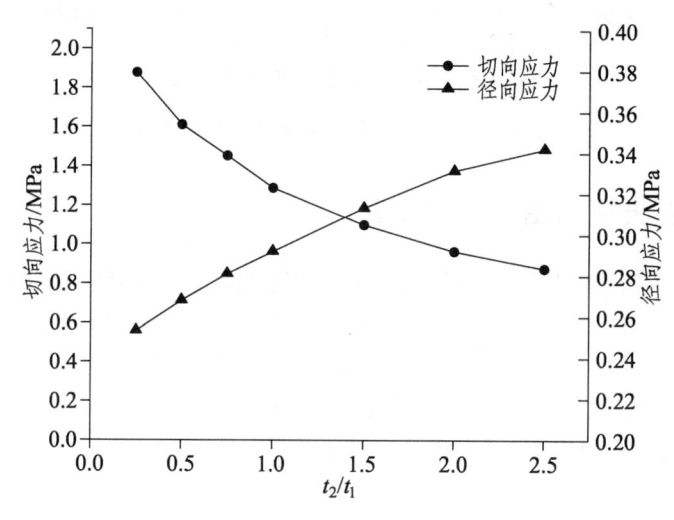

（a）洞顶应力与回填层厚度的关系

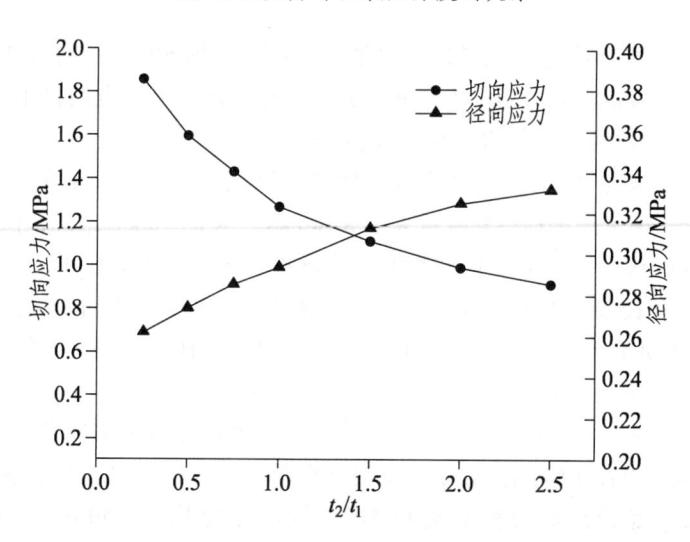

（b）底部应力与回填层厚度的关系

(c) 两侧墙应力与回填层厚度的关系

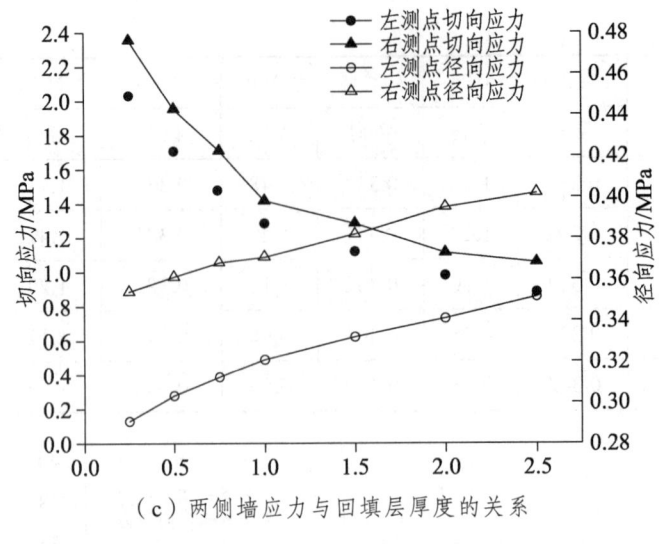

图 5.1.8 回填层厚度对管片受力的影响

5.2 TBM 空推洞内始发技术及工艺

深圳地铁 6 号线二期工程民乐停车场出入线隧道 TBM 从矿山法三线洞口组装导台始发步进。由于矿山法开挖隧道内径 7 m，撑靴无法支撑到位。采用单护盾模式使用 TBM 辅助推进油缸提供推力，反力则由安装于弧形导台上的反力架提供，依次空推通过矿山法隧道，直至主机到达始发导洞为止。刀盘与二次衬砌最小距离仅 10 cm 左右，矿山法段断面形状切换频繁及小半径曲线空推极大地增加了空推步进施工难度。

1. 始发准备工作

始发准备包括 6 个方面的工作：

（1）配套设施。配套设施包括三台龙门吊（其中两台重 50 t、一台重 20 t）、豆砾石堆放场、水泥堆放场、通风机、充电机、空压机、10T 叉车、污水泵、电瓶机车编组、装载机、柴油发电机组、TBM 始发场地、污水三级沉淀池等。

（2）施工材料。满足 TBM 始发的管片、轨枕、钢轨、豆砾石、水泥、反力支座等。

（3）电力系统。施工现场提供总容量大于 8 100 kV·A 的 10 kV 电源，供 2 台 TBM 使用。现场提供大于 1 500 kV·A 的 400 V 电源供辅助设备、场地照明等使用。

（4）轨道、始发托架、混凝土导台施工。在正式掘进前，复核车站底板与侧墙的尺寸，按方案要求安装 TBM 台车、电瓶机车轨道。矿山法隧道 TBM 混凝土导台按设计要求施工完毕，导轨水平和垂直偏差不得超过 20 mm，导轨采用 43 kg/m 钢轨。在 TBM 进入隧道之前在钢轨上涂抹黄油，以减少 TBM 盾体与导轨的摩擦力。每根导轨接头处必须平整，导台的混凝土强度必须达到 30 MPa，以防止 TBM 空推时导台垮塌。矿山法初支内径为 7 000 mm，钢轨间距为 2 000 mm，混凝土导台中心夹角 60°，混凝土厚度为 250 mm，TBM 盾体外径为 6 430 mm，导台制作如图 5.2.1 所示。始发托架应按照要求完成安装、加固，两侧进行必要的加固，利用预埋在车站底板的钢板与始发托架进行焊接，并利用 H 型钢进行两边支撑，保证左右稳定。水平偏差小于 20 mm，为防止 TBM 始发载头，始发托架高程应比混凝土导台高程大

20~30 mm。

（5）电缆夹层板、预埋件浇筑。

（6）TBM 安装和调试。TBM 安装、整改调试完成后，经验收合格方可进行始发。

图 5.2.1 导台结构

2. 施工导台与反力架安装

（1）始发托架安装。

在安装始发托架前，在车站端头井后续施工的车站电缆夹层板位置施工钢筋混凝土板，为始发托架后半段提供基座。TBM 始发之前对始发台两侧进行必要的加固，利用预埋在车站底板的钢板与始发托架进行焊接，并利用 H 型钢进行两边支撑，保证左右稳定。始发台的安装高程根据端头结构条件抬高 2~3 cm。

TBM 后配套台车吊装下井后，拆除始发井内轨道及马镫，清除始发井底板杂物和积水，在底板上铺设一层钢轨，钢轨铺设方向垂直于隧道中心线，间距 300 mm。钢轨上方放置始发托架，放样托架中心线必须与隧道中心线重合，局部不平整处用钢板衬垫，托架尺寸 12 000 mm × 4 050 mm，端部与洞门间无间隙，直接与隧道导台相接。托架两侧采用 H 型钢进行支持加固，始发托架如图 5.2.2 所示。待空推距离达到 150 m、完成 TBM 始发时，拆除负环管片与始发基座，更换道岔。

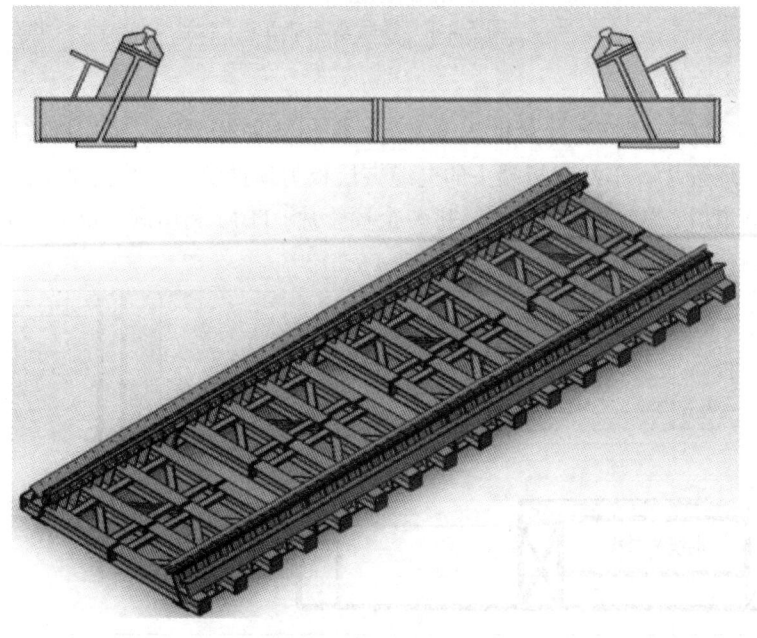

图 5.2.2 始发托架

（2）洞内步进导台安装。

矿山法空推段多为Ⅳ、Ⅴ级围岩，这两类围岩开挖面暂未进行混凝土衬砌，导致 TBM 主机通过时的摩阻力较大。为了减少 TBM 盾壳底部与隧底的摩阻力，根据 TBM 通过空推段成功的施工经验，拟在隧洞底部施作 C30 素混凝土导台，并在混凝土导台上加装两条 43 kg/m 钢轨以满足隧底圆顺要求，如图 5.2.3 和图 5.2.4 所示。导台工作完成后使用断面仪对矿山法段净空进行测量，布置测点间距为 5~10 m。若有围岩侵限，立即处理，确保 TBM 快速顺利通过。

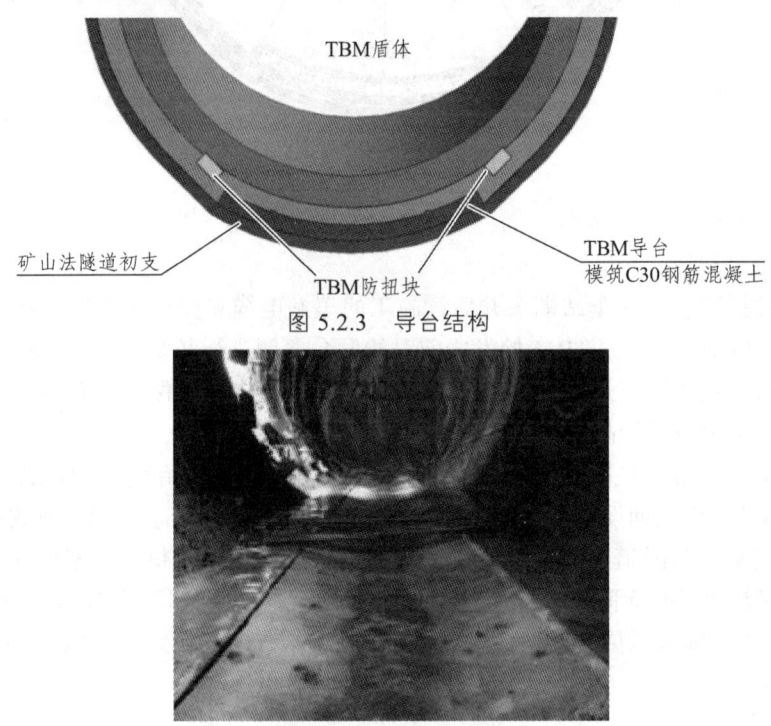

图 5.2.3　导台结构

图 5.2.4　导台现场施工

3. 空推始发控制

TBM 调试完成后，负环管片只拼装底部块。TBM 空推始发时，采用拼装模式，利用底部辅推油缸顶推负环管片，车站底板端头的电缆夹层板为顶推负环管片提供反力。TBM 盾体全部推进至矿山隧道后，焊接洞门反力座，拼装全环管片，TBM 利用洞门反力座向前空推。TBM 空推始发车站结构如图 5.2.5 所示。

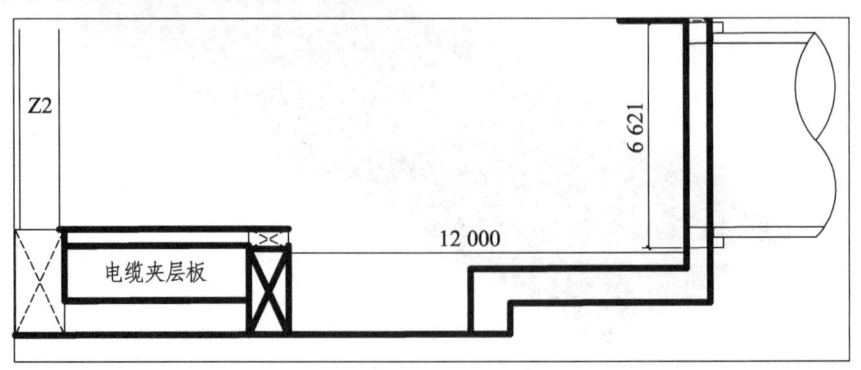

图 5.2.5　TBM 空推始发车站结构

TBM从始发架顶推进至导台钢轨面，存在剐蹭和不同轴的风险，故在空推始发过程中，为保证施工导台精确施工，采用合适的施工技术是必要的。为避免剐蹭和不同轴的风险，导台工作完成后用断面仪对矿山法段净空进行测量，在TBM步进前，对步进导台重点部位再次进行验收检查，若有围岩侵限，立即处理，确保TBM快速顺利通过。合理的施工技术包括：空推时可利用主推油缸抬高前盾，通过剐蹭区域；还可利用前盾底部起升油缸抬起前盾，在前盾临时加垫块，收回起升油缸，然后向前推进通过剐蹭区域。

4. 负环管片参数及安装

负环管片的参数及安装将直接影响空推的轴线偏差和TBM步进偏差，故负环管片安装极为重要。TBM长度L_{TBM}=8.3 m，安装井长度L_{AS}=12 m，洞口围护结构第一次凿除后的里程为D_F，第一环管片起始里程为D_{1S}，环宽W_S=1.5 m，反力架与负环钢管片长W_R=1.1 m，反力架端部里程为D_R，负环管片环数为N。故反力架端部里程$D_R=D_{1S}-N\times W_S$。在安装井内的始发时最少负环管片环数$N=(D_{1S}-D_F+8.3)/W_S$环。为保证负环管片的施工质量，在盾壳内安设方木或型钢，第一环负环管片拼装成圆后，用4~5组油缸完成管片的后移，保证每组推进油缸的行程差小于10 mm。在负环管片与负环钢管片之间的空隙用早强砂浆或钢板填满，且通常采取通缝拼装的方法安装井内的负环管片。在管片被推出盾尾时，要及时支撑加固，防止管片下沉、失圆或推进时产生偏心力。负环管片安装如图5.2.6所示。

图5.2.6 负环管片安装

5. 首环管片安装

首环管片在负环管片拼装完成之后拼装，其拼装质量对于整条隧道的拼装具有基准面的作用，因此严格控制第一环管片的拼装高程、方向、坡度等是保证轴线偏差不超限的必要条件。首环管片拼装前，需在盾尾焊接6道直径为50 mm的圆钢，以保证盾尾间隙；第一环拼装9点位，拼装第一环的B2块时，需用水平尺进行定位调整，并用扇形钢板对B2块进行固定，防止其转动；拼装B1、B3、L1、L2块时，需分别用两个L形钢板将其固定在盾尾，防止其掉落。管片支撑如图5.2.7所示。

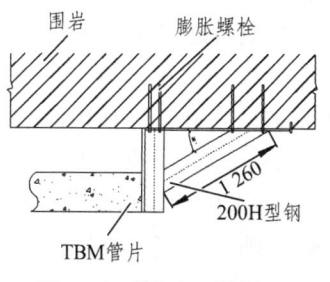

图5.2.7 管片支撑剖面

6. 小半径曲线空推步进控制

小半径曲线空推采用切线始发技术，推进时，应使TBM当前所在位置点与远方点的连线同设计曲线相切，纠偏幅度每环不超过6 mm，防止幅度过大导致错台。空推进入曲线段前，尽量减小TBM中心轴线与隧道中心轴线的夹角和偏移量，精确计算每一推进循环的偏离量与偏转角的大小，合理调整推进油缸的推力、分区与组合方法。为防止管片移动错位，要求分组油缸的推力差尽量减小，并尽量缩短同步注浆浆液的凝胶时间，减少管片的损坏与位移。步进时，步进速度应控制不能过快，控制在20~30 mm/min，且要检查TBM前方导台是否有下沉等异常情况，使TBM沿设计轴线前移。在步进过程中，若初支断面出现超挖或侵限情况，会使TBM管片拼装施工过程中的衬砌断面尺寸难以保证，甚至导致错台和轴线超限问题，因此，需提前处理。小半径曲线空推步进施工如图5.2.8所示。

图 5.2.8 小半径曲线空推步进施工

7. 空推推力计算

TBM空推步进时，若没有及时清除刀盘前方的障碍物，盾构强行空推将使刀盘受到局部偏载，造成主轴承因超过其工作荷载而被破坏。故要在保证TBM主轴承安全的情况下正常推进。

（1）空推始发推力计算。

设F_1为TBM始发时盾体与始发托架的最大摩擦力，F_2为TBM后配套的牵引力，即后配套系统与轨道之间的摩擦力，设F_3为TBM与负环管片的摩擦力；TBM与涂抹黄油的托架之间的摩擦系数μ_1=0.1~0.12，后配套台车与轨道之间的滚动摩擦系数μ_2为0.05，盾体与管片的摩擦系数μ_3为0.3；盾体对始发托架的压力为G_0，盾体重量G_1为5 410 kN，拼装机重量G_2为280 kN，双轨梁重量G_3为150 kN，负环管片重量G_4为78 kN，盾体对混凝土导台存在压力G_6为6 030 kN，后配套设备的重量G_5为2 315 kN，盾尾管片（1.5环管片）的重量G_7为405 kN。则

$$G_0=G_1+(G_2+G_3)/2+G_4=57\ 030\ \text{kN}$$
$$G_6=G_1+(G_2+G_3)/2+G_4=6\ 030\ \text{kN}$$

$F_1=u_0 \times G_0=573 \sim 684.4$ kN

$F_2=u_2 \times G_5=115.8$ kN

$F_3=u_3 \times G_4=23.4$ kN

设 F_0 为空推始发时的推力，F 为空推步进时的推力，则

$F_0=F_1+F_2+F_3=710 \sim 824$ kN

$F=F_1+F_2+F_3=834.1 \sim 953.3$ kN

从上述计算得出 TBM 空推始发时最大推力为 824 kN，步进时最大推力为 953.3 kN。

（2）负环管片受力计算。

TBM 辅推油缸型号为 200/180×2600，每个独立油缸正常负荷下的推力为 F，共有 4 个辅助油缸顶推于底块管片，TBM 油缸能提供的最大始发总推力为 $F_总$，则

$F=PA=315 \times 100 \times 3.14 \times 0.18^2/4=801$ kN

$F_总=4 \times 80.1=3\,204$ kN

TBM 空推始发阶段不需要转动刀盘，推力较小，管片经过应力验算，只在下部一块安装负环管片就完全能满足 TBM 始发要求。

8. TBM 全环拼装

TBM 进入矿山法施工隧道段后，继续拼装第 9 环底部管片。负环管片第 9 环拼装后，TBM 继续向前推进，待辅推油缸行程达到 1 800mm 后开始全环管片拼装。根据 TBM 设计要求，管片与盾尾间隙分别为顶部 45 mm、底部 15 mm、左侧 30 mm、右侧 30 mm，在管片拼装之前在盾尾内焊接钢板条以防止首环管片拼装时下沉。3、5、6、7、9 点位置焊接钢板条厚度分别为 30 mm、20 mm、20 mm、20 mm、30 mm，如图 5.2.9 所示。待第 2 环管片拼装完成，TBM 向前推进钢板条完全脱出管片后割除。

根据设计要求，TBM 管片拼装顺序为 A2 块→A3 块→A1 块→C 块→B 块→K 块，K 块应安装在 11 点位置。为保证管片拼装质量，在首环管片拼装之前可以制作模具，在管片拼装过程中对管片圆度、错台进行拼装校正。每拼装完成一块管片后，应用 20 mm 的"7"字块钢板对拼装完成的管片进行固定，管片拼装成环后再割除"7"字块。

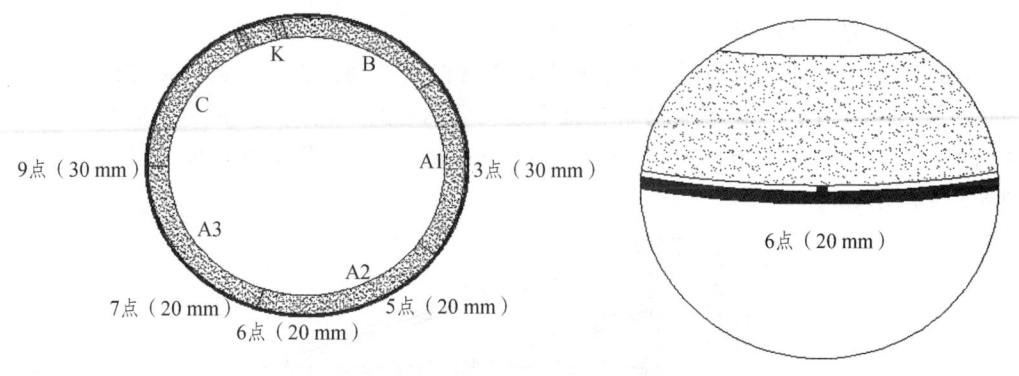

图 5.2.9 首环管片下部焊接钢板

9. 洞门密封钢板、反力座的焊接

（1）洞门密封钢板焊接。

首环管片拼装完成后，TBM 采用单护盾模式将管片整体向后推动，待管片后部露出盾尾

后焊接均匀分割的 10 块钢弧板（洞门密封钢板）。弧板采用 10 mm 厚的钢板，外径 6 800 mm（与矿山法隧道内径相同），内径 5 600 mm，底部管片 72°位置不焊接，洞门密封钢板焊接如图 5.2.10 所示。

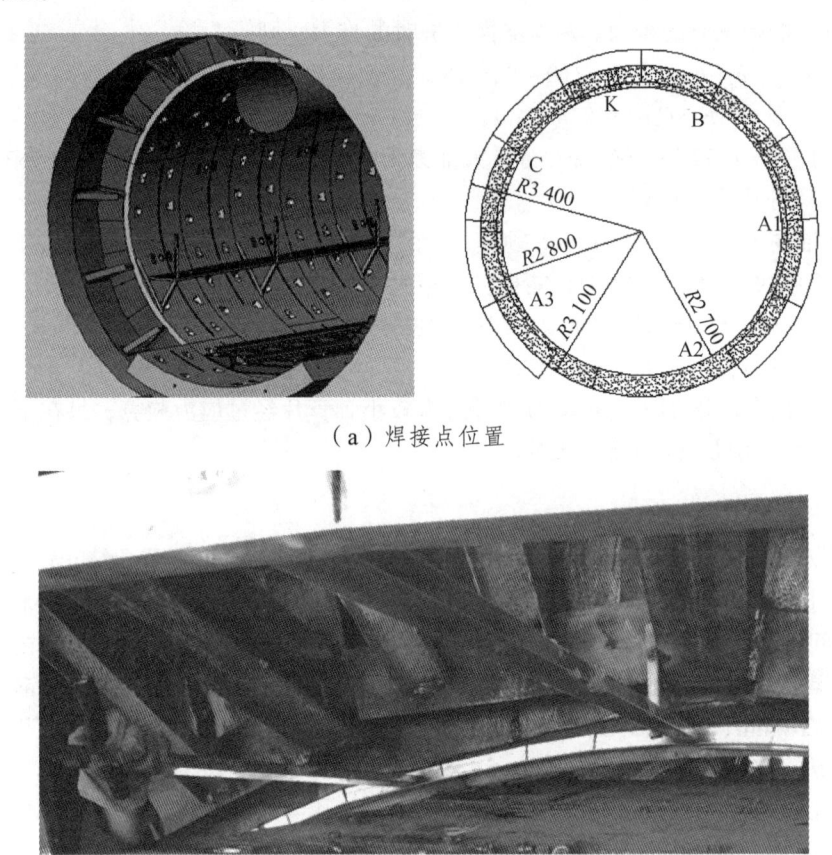

（a）焊接点位置

（b）现场施工

图 5.2.10　洞门密封钢板焊接

（2）三角反力支座焊接。

在洞门密封钢板焊接完成后，继续将首环管片向后推动，直至接近车站结构的地连墙钢筋为止。反力座采用 10 个三角支撑焊接地下连续墙钢筋的形式，每个反力支座至少焊接 3 根地连墙钢筋。三角支撑采用长 800 mm，宽 400 mm 的 150H 型钢焊接而成。三角支撑反力座如图 5.2.11 所示。

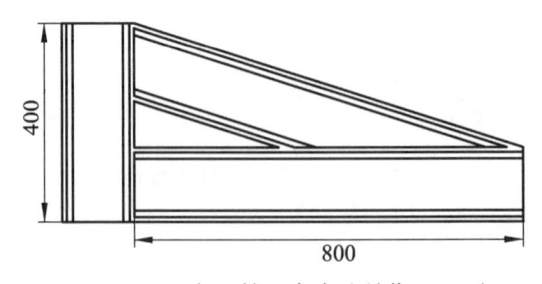

图 5.2.11　三角支撑反力座（单位：mm）

车站结构地下连续墙钢筋采用 28 mm 的螺纹钢,设 TBM 空推的总推力为 $F_{总}$、TBM 盾体与混凝土导台的滑动摩擦力为 $F_{盾体}$、TBM 与底部管片的摩擦力为 $F_{管片}$、TBM 后配套拖车的滚动摩擦力为 $F_{拖车}$。TBM 盾体的总重量为 5 780 kN、连接桥的重量为 150 kN、拖车的重量为 3 070 kN、盾尾内管片(1.5 环管片)的重量为 400 kN、TBM 盾体与混凝土导台钢轨之间黄油润滑后的滑动摩擦系数为 0.12、盾体与管片的滑动摩擦系数为 0.3、拖车与钢轨的滚动摩擦系数为 0.15。据此对总推力进行验算,有

$$F_{总}=F_{盾体}+F_{管片}+F_{拖车}$$
$$=0.12\times(5\ 780+400+150/2)+0.3\times400+0.15\times(3\ 070+150/2)=1\ 340\ \text{kN}。$$

考虑 TBM 空推过程中,导台的施工误差、盾体与钢轨接头的干涉等不确定因素,取保险系数为 1.5,因此实际推力 F_{max}=1 340×1.5=2 010 kN。11 个反力支座受力为 $F_{支座}$=2 010×(3 600−720)/3 600=1 610 kN,每个反力支座受力为 1 610/11=146 kN,每根地连墙钢筋受力为 146/(0.5+1+0.5)=73 kN。以此估算反力支座最大变形量为 0.56 mm,地连墙钢筋最大变形量为 0.11 mm。反力支座、地连墙钢筋受力分析如图 5.2.12、图 5.2.13 所示。

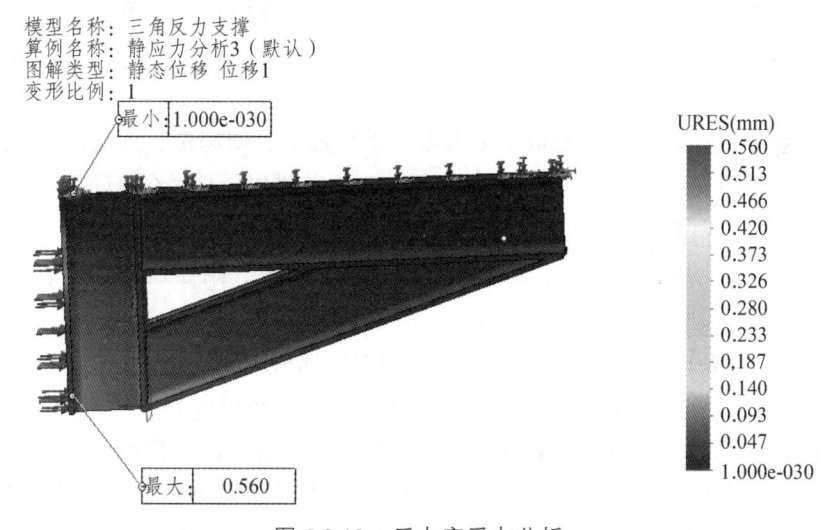

图 5.2.12 反力座受力分析

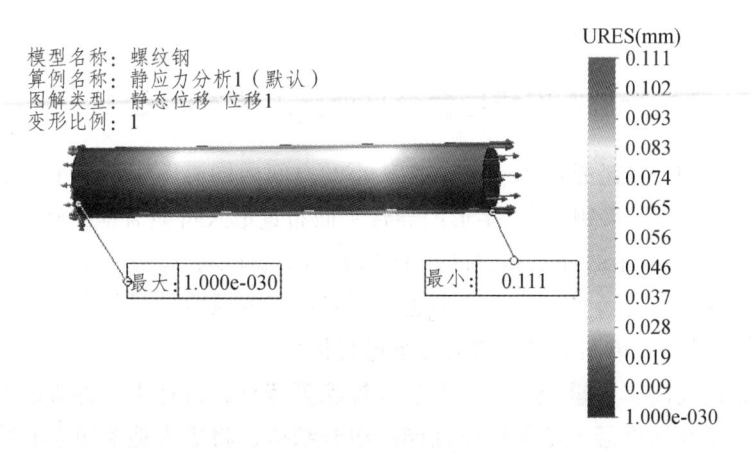

图 5.2.13 地下连续墙钢筋受力分析

10. 空推始发量测控制

在小半径曲线段空推步进时，由于初期支护和导台侵限、残留土渣以及操作等因素的影响，TBM 推进不可能完全按照设计的隧道轴线前进，而会产生一定的偏差。当这种偏差超过一定界限时就会使隧道衬砌侵限、盾尾间隙变小使管片局部受力恶化，甚至造成管片开裂。因此，TBM 施工中必须采取有效的量测技术措施控制掘进方向，及时有效纠正掘进偏差。TBM 曲线段始发的控制测量，最大特点是步进过程中所有的控制导线点和控制水准点均处于运动状态，所以 TBM 控制测量显得尤为重要。TBM 组装前的控制测量包括 TBM 模拟定位测量、TBM 空推段导台的测量、TBM 模拟姿态初始测量等。测量时，对矿山法成形隧道 5 m 一个断面，采用全站仪进行断面测量，根据测量结果进行 TBM 与二次衬砌结构相对位置关系模拟，得出实际模拟值。

（1）导台测量包括空推段导台及隧道的测量，确保导台的延伸曲线平缓及隧道内 TBM 畅通，确保 TBM 放置在导台内嵌的滑轨上时的中轴线与隧道设计的中轴线偏差不超过 2 cm。

（2）导轨定位测量主要控制导轨的中线与设计隧道中线偏差不能超限，导轨的前后高与设计高程不能超限，导轨下面是否坚实平整，TBM 放置在始发架上时始发架的轨道比隧道内导台的轨道高 2~3 cm 等。

（3）TBM 姿态初始测量包括测量水平偏差、垂直偏差、俯仰角、滚动角、里程、趋向，用来判断 TBM 在以后掘进过程中是否在隧道设计中线上前进以及是否在容许范围内发生扭转。

（4）步进控制导线由洞外测量所确定的导线点 DZ1、DZ2 直接延伸而来，采用双支导线，即主、副导线的方法。以主导线进、副导线出的形式，将主、副导线连接起来，再与起算边 DZ1~DZ2 联测，构成单边控制的闭合导线。

根据 TBM 空推过小半径曲线矿山法施工段的始发现场实际施工，发现：① TBM 空推以单护盾模式为主，TBM 空推速度不宜超过 30 mm/min。② 步进时，应当明确 TBM 推进的反力来源以及结构强度，确保 TBM 的有效推进。③ 在推进过程中注意控制施工不当造成的管片位置偏移，保证始发托架导轨与管片间的牢固接触，管片拼装时采取固定措施。④ TBM 步进前断面检测非常重要，如果隧道初期支护或者导台侵限则会导致 TBM 刀盘无法通过，需进行处理，防止影响步进速度。

5.3 TBM 空推步进左右线导台分叉处施工技术优化

对于一般的单洞双线地铁隧道而言，在狭小的空间内同时施工两条平行的混凝土导台往往缺乏可行性和经济性。采用"Y"字形的导台平面布置形式可显著提高经济性，但是在左右线分岔处，一侧导台混凝土的浇筑养护以及 TBM 通过后拆除等工序会影响另一侧导台的施工，继而影响整体工期。由此可见，为了达到进一步降低工期风险的目的，需从材料选择和结构设计的角度对 TBM 通过单洞双线隧道的方案进行优化。

钢结构具有强度高、质量轻、便于安装及拆除等特点，设计出一种既能发挥钢结构施工便捷的优点，又能利用混凝土结构抗压性能的组合结构，将极大地缩短左右线分岔处空推步进施工的工期。鉴于此，提出采用钢-混凝土组合结构导台对左右线分岔处空推步进施工方案

5 长距离TBM过矿山法施工段空推技术

进行优化处理,并通过数值模拟对设计方案的合理性进行验证,确保优化后的方案可以运用到实际的工程建设中。

深圳地铁6号线二期工程民乐停车场出入线隧道TBM空推步进范围包括牵出线段(长度为175 m)及洞口段(长度为53.8 m),采用矿山法施工,下穿牛咀大桥段(长度为73.05 m),采用明挖法施工,共计301.85 m。左线TBM与右线TBM空推步进需要共用一段导台后,于B4与B5断面交会处进行左右线分线。

本工程TBM空推步进工序分两个阶段进行。第一阶段为空推步进前导台施工阶段,左右线TBM空推步进共用导台按混凝土导台施工方案施工,导台横断面如图5.3.1所示。第二阶段为正式空推步进阶段,TBM在始发导洞内的步进采用双护盾掘进模式空推步进,TBM在始发导洞内的步进过程分为两个部分,首先为刀盘、前盾、伸缩盾通过主油缸进行空推步进,其他部分通过辅助油缸顶住管片与反力架进行推进。TBM空推步进工序流程如图5.3.2所示。

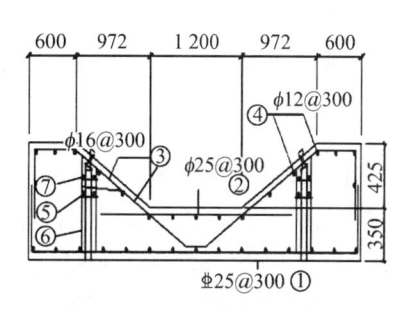

图5.3.1 TBM导台横断面

(a) 钢筋混凝土导台施工 (b) TBM空推步进

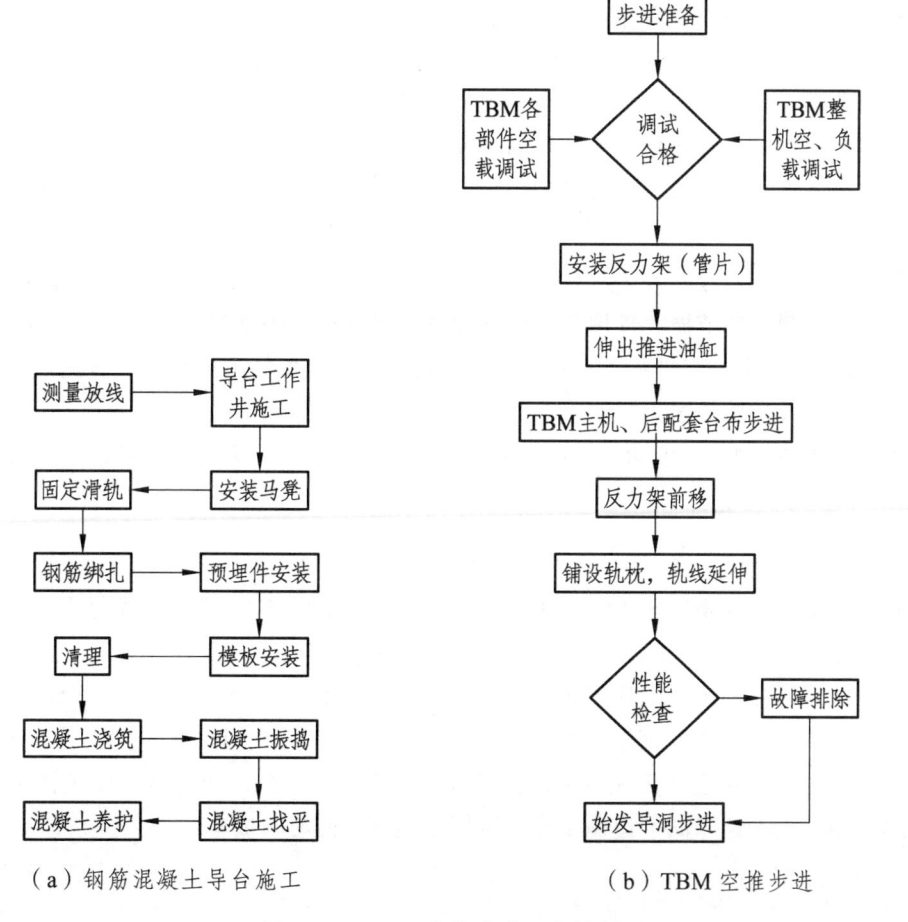

图5.3.2 TBM空推步进工序流程

5.4 TBM 左右线分岔处空推步进施工技术优化设计

1. 优化前左右线分岔处空推步进施工方案

左线 TBM 步进空推过单洞三线隧道及明挖段后，进入单洞双线隧道，在 B4 和 B5 断面交接处进行左右线导台分岔。

本工程采用方案为左右线空推步进导台均使用混凝土导台，施工顺序：左线导台施工→左线 TBM 步进空推→破除左线原有导台→右线导台施工→右线 TBM 空推步进→右线导台破除→电瓶车轨道施工。

2. 优化后左右线分岔处空推步进施工方案

在原混凝土导台施工方案基础上，提出一种更加优化的导台施工方案，即左右线导台同时施工且无须破除混凝土导台的施工方案，施工顺序：左线混凝土与钢导台同时施工（预留右线钢导台支腿预埋孔）→左线 TBM 步进空推→割除左线钢导台→右线钢导台施工→右线 TBM 空推步进→电瓶车轨道施工。

具体施工工艺如下：

（1）左右线共用导台施工：即左右线互相影响区域共用导台施工，共用导台与非影响区的左线导台按混凝土导台原方案施工，相互影响区域导台仅施工靠近外侧混凝土导台，内侧混凝土导台均使用钢导台进行等效替换。

（2）左线 TBM 空推步进：空推步进过程中时刻关注钢导台及钢导台混凝土接触面是否存在异常情况，存在异常应及时停下进行加固处理。

（3）左线钢导台拆除：钢导台拆除采用气割方式直接隔断钢导台与混凝土导台之间的联系。

（4）右线钢导台施工：在左线钢导台施工时，已经预留了右线钢导台支腿预埋孔，直接将右线钢导台支腿一节节插入预埋孔，浇筑混凝土（可适当提高混凝土等级）时加早强剂。

（5）右线 TBM 空推步进：由于右线空推步进也是向右侧转弯进导洞，右侧钢导台受力会较大，需考虑设置斜撑加固。

（6）右线 TBM 钢导台拆除：与左线钢导台拆除方法相同，拆除后直接铺设左右线电瓶车轨道。

3. 左右线分岔处空推步进施工方案优化前后对比

左右线分岔处空推步进施工方案优化前后工序对比如图 5.4.1 所示。优化后的空推步进施工工序虽未减少，但仍可大幅度地缩短工期，其原因在于：①优化后左右线分岔处混凝土导台的非干涉区可同步施工，工序安排更加合理。②左右线分岔处的干涉区采用钢导台代替钢筋混凝土导台，充分发挥了钢结构施工安装周期短的优点。③相比于钢筋混凝土导台，钢导台拆除更加方便，且不会产生大量废渣。拆除后的钢材体积较小可存放于隧道内或加工成反力架继续使用，极大地降低了运输废渣、清理场地带来的时间成本。

（a）优化前　　　　　　　　　　　　　（b）优化后

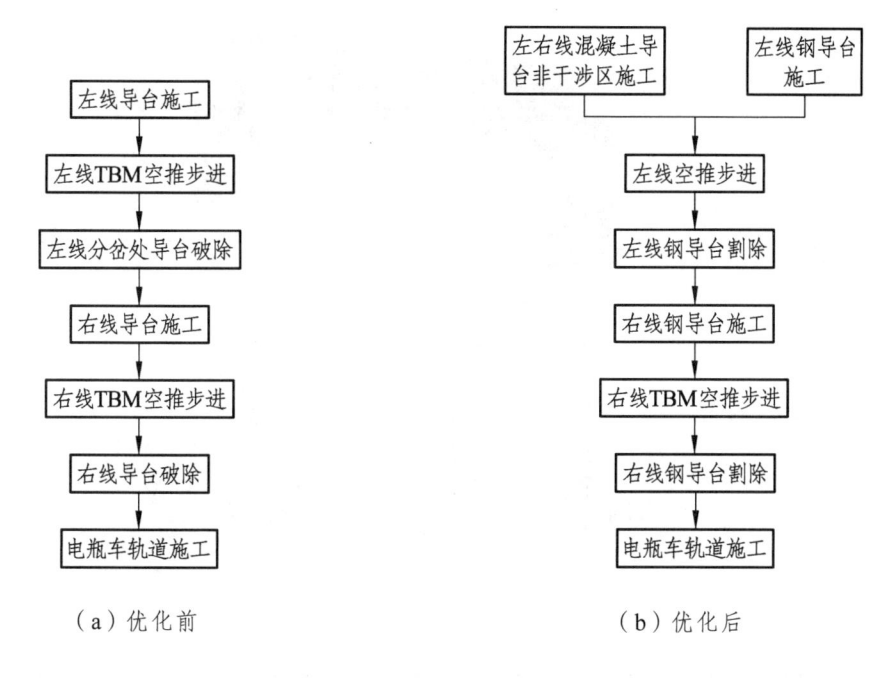

图 5.4.1　左右线分岔处空推步进施工方案优化前后工序对比

5.5　钢-混凝土组合结构导台设计及数值模拟

本节以深圳地铁6号线二期工程民乐停车场出入线隧道TBM步进空推施工段为依托，在原混凝土导台施工方案基础上，提出了一种钢结构与混凝土结构相互结合的施工方案。在原有方案的基础上进行了优化，使新方案在原方案优点基础上进一步提升了其工程实践意义。运用ABAQUS有限元分析软件对优化处理后的设计方案进行验证，并根据数值模拟计算结果对设计方案的步骤进行简化，从而使其达到经济效益及工期效益的最优状态，更加适用于实际工程的施工建设之中。

1. 钢-混凝土组合结构导台设计

钢-混凝土组合结构导台由纵梁、立柱、轨道、嵌固底板4部分组成，其中纵梁及立柱采用型号为200 mm × 200 mm 的Q345宽翼缘H型钢，并沿工字钢纵向每隔10 cm设置一道厚度为20 mm的横向加劲肋。轨道结构简化为70 mm × 35 mm的半圆45Mn钢。相邻立柱中线间的距离为1.5 m，纵梁及轨道倾角为24°。钢构件设计方案如图5.5.1所示。

2. 计算模型

为了探究钢构件与混凝土底板组合结构的受力特性及设计方案的可行性，采用ABAQUS建立了钢-混凝土组合结构导台的三维有限元计算模型。其中，混凝土底板长2.7 m、宽1 m、厚0.25 m，钢构件埋深0.215 m。组合结构导台材料参数如表5.5.1所示。

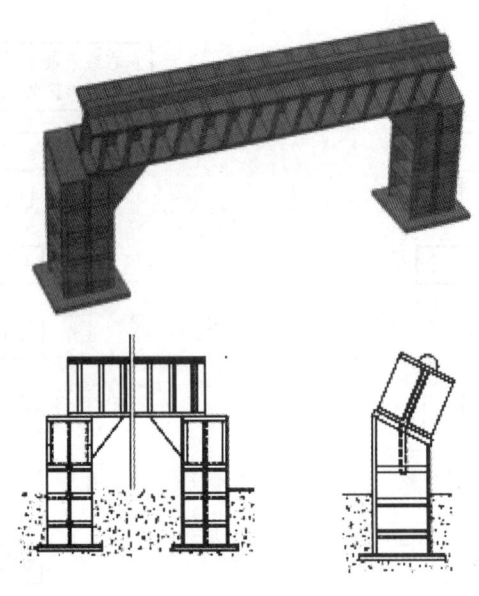

图 5.5.1　钢-混凝土组合结构导台设计方案

表 5.5.1　组合结构导台材料参数表

材料名称	型号	密度/（kg/m³）	弹性模量/GPa	泊松比
混凝土	C30	2 400	30.4	0.2
钢材	45Mn	8 000	210	0.28
	Q345	7 850	206	0.28

模型各部分均采用 C3D8R 实体单元，计算模型考虑恒载与活载的荷载组合，恒、活载分项系数分别为 1.2 和 1.4。恒载为结构自重，活载包括 TBM 机身重力荷载和机身与轨道的摩擦力，其中 TBM 主机重 W=600 t，TBM 机身与轨道的摩擦系数 μ=0.2。对模型中混凝土底板的下底面添加 3 个方向的平动自由度约束，对四周添加法向平动自由度约束，等效钢构件约束了轨道和梁侧面的法向平动自由度。钢构件和混凝土底板之间的接触面采用 Tie 约束处理。划分网格后的计算模型如图 5.5.2 所示。

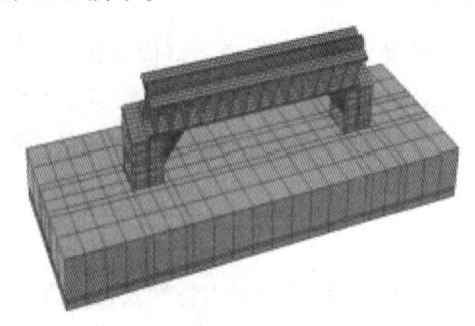

图 5.5.2　数值计算模型网格划分

3. 数值模拟结果分析

如图 5.5.3 所示为钢构件的 Mises 应力分布云图。Von Mises 屈服准则能够综合反映以钢材为代表的塑性材料的应力状态，可以用来对钢材的疲劳、破坏等进行评价。钢构件的屈服极限为 345 MPa，抗压、抗弯强度设计值σ_s=295 MPa，由 Mises 应力分布云图可知，除了纵梁两端腹板底部和三角形加劲肋板下方角点处外，钢构件其余部位的应力均小于材料强度设计值。

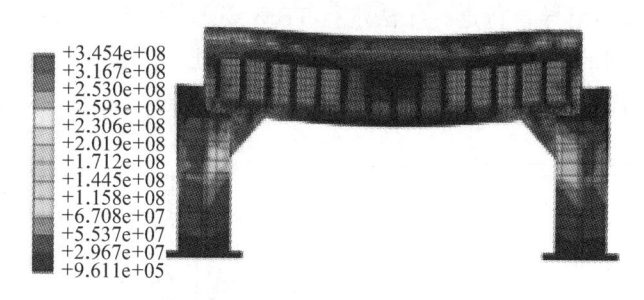

图 5.5.3　组合结构导台钢构件 Mises 应力云图

由钢构件位移云图和纵梁的挠度曲线图（见图 5.5.4）可知，钢构件最大位移出现在梁的下边缘内侧跨中位置，小于相关规范中所规定的允许挠度限值，满足要求。

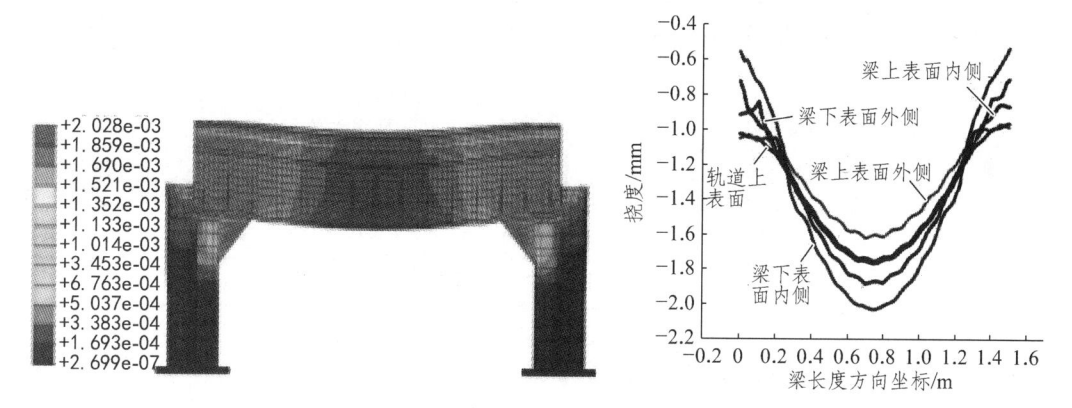

图 5.5.4　组合结构导台钢构件位移图

混凝土为典型的脆性材料，可采用第一强度理论，通过考察绝对值最大的主应力判断材料的强度。由混凝土底板绝对值最大的主应力分布云图（见图 5.5.5）可知，混凝土底板最大压应力为 11.79 MPa，小于 C30 混凝土轴心抗压强度设计值f_c=14.3 MPa。最大拉应力为 0.91 MPa，小于 C30 混凝土轴心抗拉强度设计值f_t=1.43 MPa。因此，混凝土底板的设计满足规范的要求。

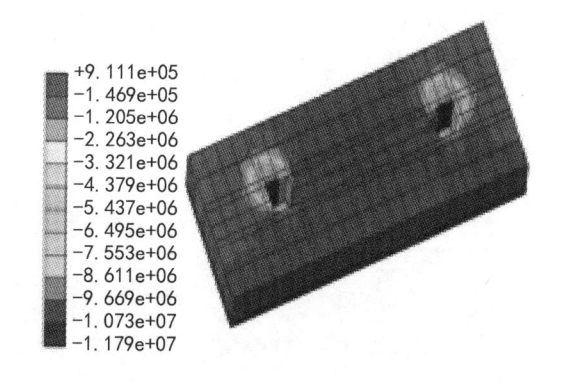

图 5.5.5　底板绝对值最大主应力云图

5.6 TBM/盾构空推段导台振捣整平系统优化

TBM 在空推段只能沿导台行走，无法进行 TBM 姿态的调整。如果导台定位误差大于尾盾内侧与管片外侧之间的间隙，管片将无法按设计线路进行拼装，导台线型有突变的地方直接导致错台。因此，优化了一种 TBM/盾构空推段导台振捣整平系统，如图 5.6.1 所示。

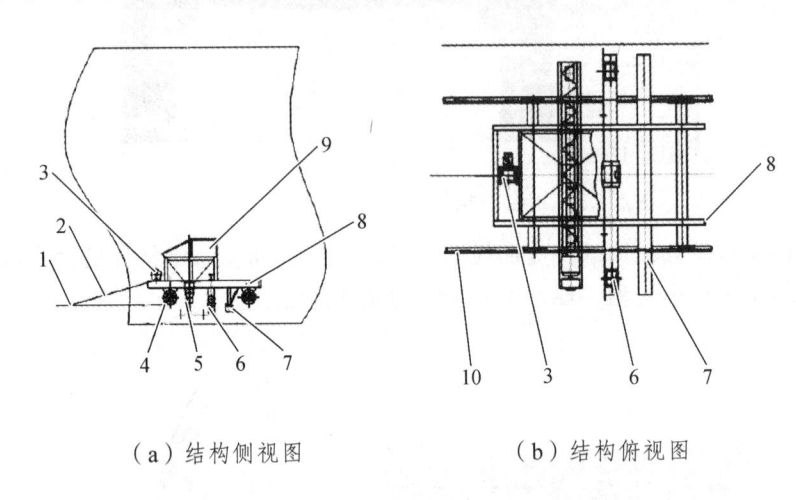

（a）结构侧视图　　　　（b）结构俯视图

1—固定点；2—钢丝绳；3—电动绞；4—车轮；5—螺旋送料机；6—振捣装置；
7—整平板；8—车架；9—集料斗；10—预设钢轨。

图 5.6.1　盾构或 TBM 空推段导台振捣整平系统

5.7　TBM 隧道管片背后豆砾石充填

5.7.1　豆砾石充填

豆砾石充填是 TBM 隧道施工过程中的一个重要环节。如图 5.7.1 所示为一种 TBM 隧道管片背后豆砾石充填自行式液压翻转设备。

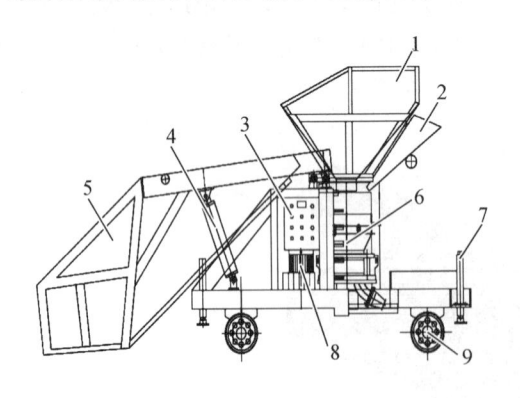

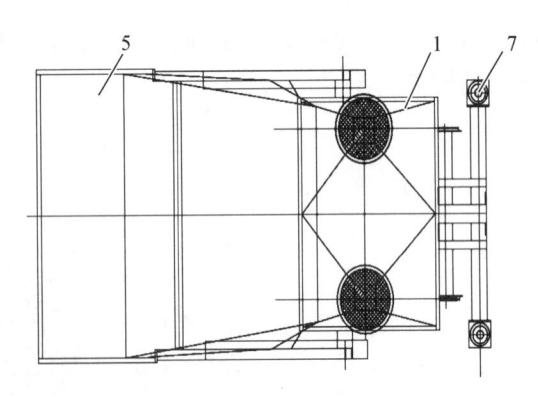

（a）结构主视图　　　　（b）结构俯视图

(c)行驶示意图

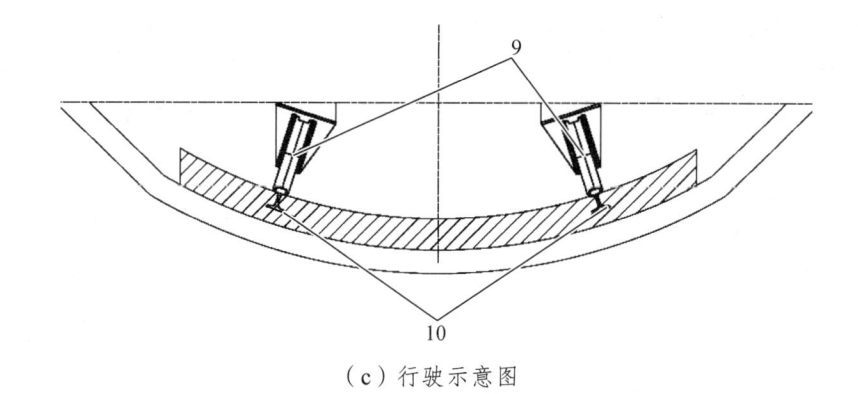

1—储料斗；2—速凝料斗；3—控制箱；4—翻转料斗主油缸；5—翻转料斗；6—混凝土喷浆机；7—液压支腿；8—电机；9—轨轮组；10—轨道。

图 5.7.1　豆砾石充填自行式液压翻转设备

豆砾石回填是在起始环回填（砂浆、豆砾石）的基础上进行的，在预制管片衬砌安装完毕脱离护盾后立即进行，管片外侧与围岩之间的空腔应充填密实。豆砾石的预压坚持"脱离护盾一环就必须回填一环"的原则。将豆砾石运输罐车与豆砾石喷射机上料系统连接，打开放料阀使豆砾石进入皮带机的上料口，启动皮带机将豆砾石输送到豆砾石喷射机上方料斗，通过控制料斗下方的放料阀门，将豆砾石均匀输送到豆砾石喷射机接料口，在放料的同时启动豆砾石喷射机，使豆砾石有序地分配到豆砾石喷射机内各料腔，再通过压缩空气将豆砾石经管道压送到喷头至管片外侧与围岩之间的空腔中。豆砾石回填是在两侧拱上部、顶拱部预制管片中的预留孔（灌注孔）进行回填的。

回填两侧豆砾石时，为防止产生偏压使管片发生错台或损坏，必须做到自下而上、单机工作、交叉对称灌注。具体方法是将连接喷豆砾石管道的喷头先后装入两侧拱的预留孔灌注，当豆砾石工观察到在排孔有豆砾石滑出时停止灌注，取下喷头对孔封堵，完成一次两侧拱的豆砾石回填。依次配合掘进、衬砌向前推进。在灌注豆砾石的过程中要注意观察两侧拱下部孔，如有豆砾石滑出要及时封堵。

顶拱部豆砾石回填具体方法是将连接喷豆砾石管道的喷头先、后装入顶拱部的预留孔灌注，当豆砾石工感觉到管道内没有豆砾石流动时停止灌注，取下喷头对孔封堵。将喷头装入顶拱部孔灌注，在灌注过程中机械手和豆砾石工要密切配合，尤其是豆砾石工要认真观察灌注情况，当感觉到管道内没有豆砾石流动时停止灌注，取下喷头对孔及时封堵，完成了一次顶拱部豆砾石回填。

（1）豆砾石试验。

豆砾石回填料，选用无棱角鹅卵石，按含水量以 0.5% 递增做坍落度试验，在相同体积下，从 0.3 m 高处自由落下，查看坍落高度，通过实验室确定，采用 5~10 mm 的碎石，含泥量<1.5%，泥块含量<0.7%，针片状颗粒含量<25%。另外，依据项目所做的大量对比试验，当豆砾石粒径在 5~10 mm 时，一方面能降低喷射后的粉量，另一方面可以保证豆砾石的流动性。

（2）水泥浆液试验。

现场做水泥浆灌注试验确定浆液的水灰比。采用 150 mm × 100 mm × 100 mm 的容器装满豆砾石后用水泥浆填充，用强度为 42.5 MPa 的普通硅酸盐水泥，按水灰比为 1.0、0.8、0.7、

0.6、0.55 的水泥浆填充试模，试模共计 5 组。经试验结论得出，水泥浆液技术要求水灰比为 0.55～1.0，TBM 隧道采用 0.8 的水灰比进行隧道壁后注浆。0.8 水灰比的水泥浆填充豆砾石试块强度为 10 MPa，满足设计要求的抗压强度 10 MPa。水泥浆配合比要求为（0.7～1）：1，注浆压力为 0.5 MPa。

（3）双浆液试验。

直线段每隔 20 m（曲线段每隔 10 m）采用止浆塞代替豆砾石回填，止浆塞厚度 2 m，材料采用水泥-水玻璃双液浆，由试验确定其配比。试验采用三槽模型灌注，在试验现场地面温度约 25 ℃ 的条件下，对水玻璃与水泥浆之比为 0.5、0.8 和 1.0 在不同的水灰比条件下进行了试验。

由试验结论可得出，采用水灰比 1.0 的水泥浆液与水：水玻璃为 1：1 的稀释水玻璃双液浆注浆，初凝时间为 30.91 s，浆液配比水：水泥（水灰比）=1：1；水玻璃与水按 1：2 进行稀释。注浆压力为 0.5～1.0 MPa。

5.7.2　回填量的计算

按直径为 7 000 mm 来计算 TBM 管片与初支的间隙量，每环豆砾石的填充量：

$$Q_{豆} = (A_1 - A_2 - A_3) \times L \times (80\% \sim 95\%)$$
$$= \left(3.14 \times 7^2 - 3.14 \times \frac{6.2^2}{4} - 0.71\right) \times 1.5 \times (80\% \sim 95\%)$$
$$= 10.8 \sim 12.8 \text{ m}^3$$

理论上每环水泥浆注浆量：

$$Q_{浆} = 43\% \times Q_{豆} + \frac{Q_{豆} \times [1 - (80\% \sim 95\%)]}{(80\% \sim 95\%)}$$
$$= (10.8 \sim 12.8) \times (0.2 \sim 0.05) + \frac{(10.8 \sim 12.8)}{(80\% \sim 95\%)}$$
$$= 6.2 \sim 7.3 \text{ m}^3$$

式中，A_1 为矿山隧道断面面积；A_2 为 TBM 隧道断面面积；A_3 为混凝土导台断面面积。

每环管片长度为 1.5 m，豆砾石填充的密度为 80%～95%。豆砾石的孔隙率为 43%，空推段每环豆砾石填充量为 10.8～12.8 m³，水泥浆注入量为 6.2～7.3 m³。

5.7.3　工艺方法实践

1. 工艺流程

豆砾石吹填采用阶梯吹填与对称吹填相结合的方法。从前向后逐渐上升的阶梯吹填法能够保证顶部豆砾石吹填饱满并避免豆砾石向前流动。左右方向交替对称吹填方法能避免管片偏侧。吹填灌浆流程如图 5.7.2 所示。

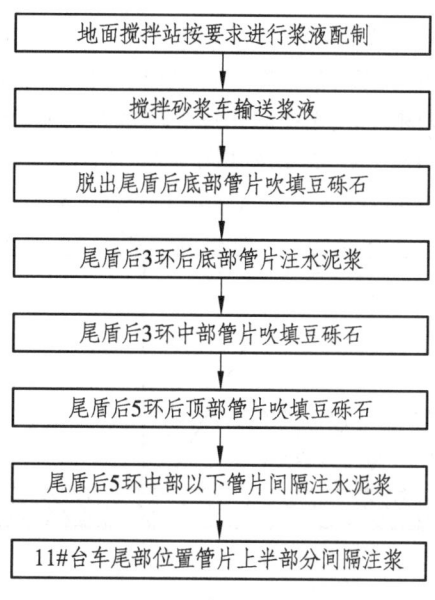

```
┌─────────────────────────────────┐
│ 地面搅拌站按要求进行浆液配制    │
└────────────────┬────────────────┘
                 ↓
┌─────────────────────────────────┐
│      搅拌砂浆车输送浆液         │
└────────────────┬────────────────┘
                 ↓
┌─────────────────────────────────┐
│   脱出尾盾后底部管片吹填豆砾石  │
└────────────────┬────────────────┘
                 ↓
┌─────────────────────────────────┐
│  尾盾后3环后底部管片注水泥浆    │
└────────────────┬────────────────┘
                 ↓
┌─────────────────────────────────┐
│  尾盾后3环中部管片吹填豆砾石    │
└────────────────┬────────────────┘
                 ↓
┌─────────────────────────────────┐
│  尾盾后5环后顶部管片吹填豆砾石  │
└────────────────┬────────────────┘
                 ↓
┌─────────────────────────────────┐
│尾盾后5环中部以下管片间隔注水泥浆│
└────────────────┬────────────────┘
                 ↓
┌─────────────────────────────────┐
│11#台车尾部位置管片上半部分间隔注浆│
└─────────────────────────────────┘
```

图 5.7.2 吹填灌浆流程

2. 豆砾石填充工艺

豆砾石充填按照先下后上的阶梯式和左右交替的对称式原则，一次进行充填：① 起始环回填是豆砾石回填灌浆的基础。当第一环露出盾尾时，立即进行管片底拱豆砾石吹填，以量控为主，压力控制为辅，同时对底拱进行回填。② 底部豆砾石回填是回填的关键环节。露出盾尾的管片如果封顶块在拱顶左侧 18°位置，则从两侧拱孔位进行灌注，当管道内没有豆砾石流动时停止灌注，孔位临时封堵，如图 5.7.3 所示。③ 两侧拱回填滞后尾盾 3 环开始，顶部在滞后两侧拱豆砾石灌注部位 5 环后实施。具体方法和底部回填相同，依次完成一个循环的豆砾石回填，效果如图 5.7.4 所示。

图 5.7.3 豆砾石填充

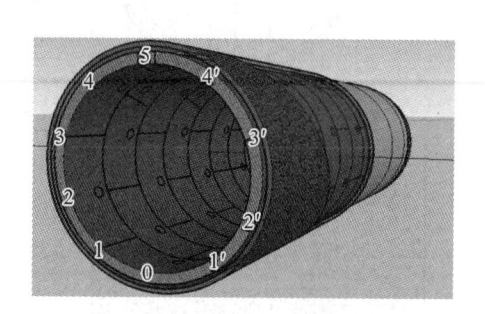

图 5.7.4 豆砾石吹填效果

3. 水泥浆填充工艺

注浆时按照量控为主，压力为辅的双控原则，进行压灌：① 在管片露出盾尾，对 0 孔位进行底拱灌注，并用封孔砂浆及时把灌浆孔封堵。② 两侧上部分别对第 1 环两侧拱下部孔位灌浆，同时安装孔位的注浆塞，观察到第 5、9 环的注浆孔有混浊水泥浆液漏出时停止注浆，压力在 0.2~0.3 MPa 保持 5 min。③ 上部灌浆，分别对第 1 环两侧拱上部的孔位灌浆，同时安装第 7、13 环孔位，观察到第 7、13 环的孔位有混浊水泥浆液漏出时停止注浆，控制压力在 0.5 MPa 保持 10 min 停止灌注。回填灌浆如图 5.7.5 所示。

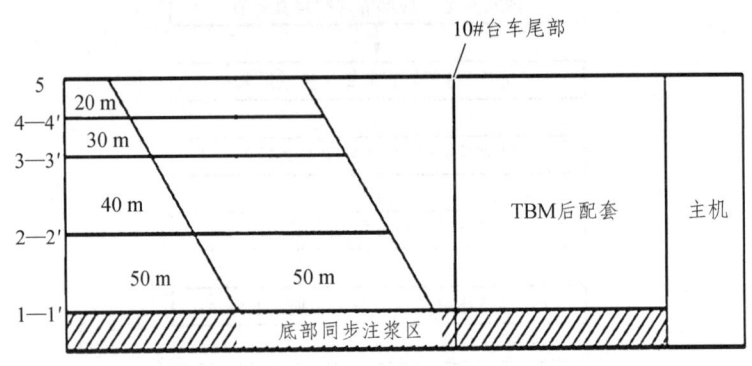

图 5.7.5　回填灌浆

4. 止浆环封堵工艺

为确保 TBM 已成洞段管片背后的水泥浆灌浆效果和管片加固的作用，在回填灌浆施工工艺的基础上间隔 10 环（15 m）或 20 环（30 m）先施作止浆环试验，每处止浆环采用 3 环管片，通过对该组 3 环管片灌注双液浆达到止浆环的作用，并得出各参数。

管片背后止浆环位置确定后，根据设定的孔位注浆顺序开始分层注浆施工。为了保证止浆环密实，注浆量控制在计算量的 1.2~1.5 倍。5 个注浆工序完成后，计算得出单个止浆环注浆量在 14.32~18.23 m³ 之间。止浆环注浆封堵如图 5.7.6 所示。

（a）止浆环注浆左视图　　（b）止浆环注浆右视图

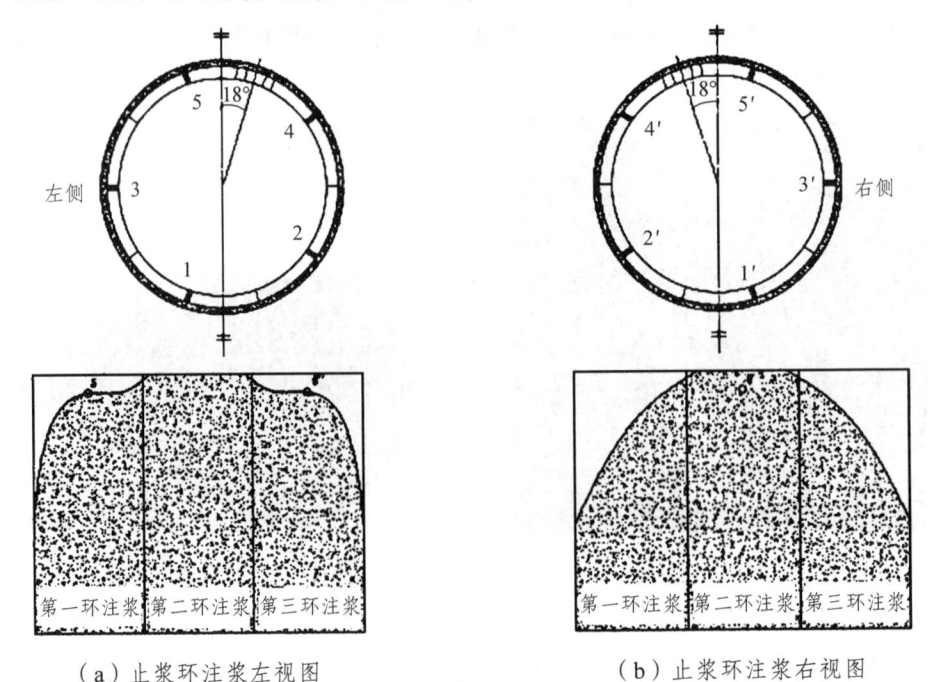

图 5.7.6　止浆环注浆封堵

5.7.4 回填灌浆问题分析

豆砾石回填灌浆的主要目的为四个防止,即防止管片错动失稳;防止地下水流失;防止管片发生位移变形,提供长期、均质、稳定的防水功能;防止或减缓地下水对管片的侵蚀,提高管片的耐久性。为达到四个防止,必须做好如下质量工作:① 为减少二次补浆及隧道堵漏工作,采用双液浆加单液浆对豆砾石吹填不饱满的部位混合注浆,使管片壁后空隙与岩体形成一个整体。② 在豆砾石吹填完成后对管片施作止水环,形成一个密封的整体,使后续注单液浆施工过程中浆液不流至盾尾,确保浆液整体填注密实。

根据TBM空推过矿山法段豆砾石回填及灌浆的工程实践,对双护盾TBM豆砾石填充及注浆技术要点总结如下:

(1) 灌浆必须具有连续性,因故中断应及时恢复灌浆,中断时间不能大于30 min。当结构围岩扰动有塌方发生,豆砾石回填量减少、吃浆量增大时,可适当提高灌浆压力,使水泥浆液穿透结构围岩空隙,以提高岩石强度。当结构围岩有富水发生时,可适当提高水泥浆的密度,以增强抗离析能力、降低水泥浆的损耗。

(2) 为防止管片上浮,采用单液硬性浆液和双液浆相结合的注入方式注浆,在浆液性能的选择上应保证浆液的充填性、初凝时间与早期强度,使隧道管片与围岩共同作用形成一体化的构筑物。注浆材料及各项注浆参数应选取适宜。在同一截面上,管片的上部、中下部针对不同的结构以及受力特征采用不同的注浆方式;在盾尾后的一定长度内,分段选取合适的注浆顺序和注浆间隔,保证工程顺利进行。

5.8 TBM过矿山法空推段衬砌质量缺陷及错台防止技术研究

本节结合深圳地铁8号线空推段出现的管片缺陷问题,尤其是管片错台和上浮、缺陷渗漏水、管片崩角和局部破碎、管片轴线偏差超限等质量缺陷进行了原因分析。针对质量缺陷的原因和工艺缺陷,对施工方法和措施提出了建议。

5.8.1 管片质量验收结果及缺陷分析

依据《盾构法隧道施工及验收规范》(GB 50446—2017),对TBM空推过矿山法段右线的前100环管片拼装进行验收,验收标准及验收方法如表5.8.1所示。

表 5.8.1 右线前100环管片拼装验收方法及标准表

序号	项目		允许偏差和标准	检验方法	检查频率
1	轴线偏差	隧道圆环平面位置	±100 mm	用全站仪测中线	1点/环
		隧道圆环高程	±100 mm	用全站仪测高程	1点/环
2	管片错台	相邻管片的径向错台	10 mm	用尺量	4点/环
		相邻环片环面错台	15 mm	用尺量	1点/环
3	表观质量、渗漏水	表观质量	无贯穿性裂缝、无缺棱掉角	观察检验	逐环检验
		渗漏水	符合设计的防水等级标准	观察检验	逐环检验

1. 验收结果分析

据验收结果资料整理和分析如下：

（1）管片轴线纠偏：对管片姿态进行测量，隧道轴线水平偏差数据统计和整理如图5.8.1和图5.8.2所示。前40环水平偏差为整体向左，后60环水平偏差为整体向右，前45环垂直偏差为整体向下趋势，后55环垂直偏差为整体向上趋势；隧道前100环范围内，8、14环处轴线偏差最大，水平偏差为-38 mm，10、11环垂直偏差最大，垂直偏差为-48 mm。规范规定范围为100 mm。

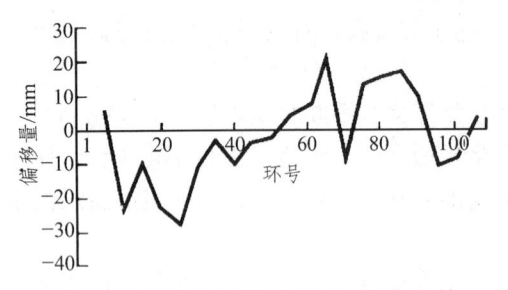

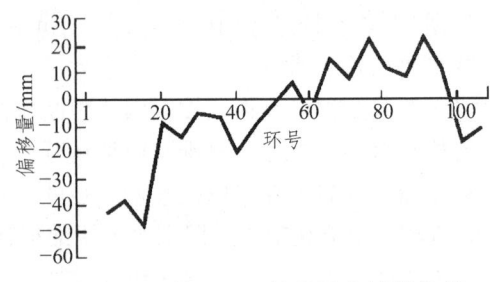

图5.8.1 前100环管片水平轴线偏差　　图5.8.2 前100环管片垂直轴线偏差

（2）管片错台控制：其结果如图5.8.3所示。对前100环管片拼装偏差分析，42环纵向错台6 mm，28环环向错台10 mm，最大错台量为10 mm，均在规范要求的最大错台量以内，相邻管片的环向错台量小于15 mm，径向小于10 mm。

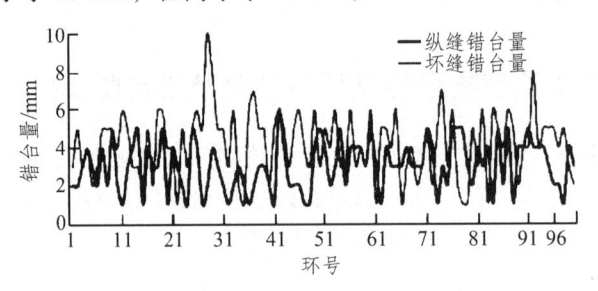

图5.8.3 右线前100环错台量

（3）管片表观质量及渗漏水控制：对前100环区间渗漏水检测结果情况进行总结，前100环管片表观情况良好，仅2处管片发生轻微破损、1处发现环缝渗漏，对发生破损及渗漏处管片进行了修补。

2. 管片缺陷分析

（1）管片错台、上浮。

管片错台、上浮是指相邻管片之间出现上下错落不平、左右偏差较大，或是同环管片之间，内圆弧面不平整，出现凹凸不平的现象，如图5.8.4所示。其产生原因以豆砾石、灌浆、拼装、地下水和浆液压力为主。

① 豆砾石回填方面：管片拼装完成后推出盾尾，由于空推过程中未能及时喷射豆砾石回填，或注浆不及时，导致管片与隧道初期衬砌之间的间隙填充不密实，使管片不均匀下沉。

② 灌浆方面：管片壁后注浆不及时、不充分等都会造成管片的错台量增大。

③ 管片拼装方面：未采取润滑措施的F块强行插入，拼装过程中，没有按照由下至上、

左右交叉的原则进行；拼装完成后没有及时将螺栓拧紧。除此之外，管片脱离盾体时，受到盾构机壳体的挤压也会造成管片错台。

④ 地下水和浆液压力方面：由于地下水位较高，初支后隧道内存在大量渗漏水，故拼装管片完成后，管片背后四周存在很大的水压力，加上浆液前串，增加了管片背后的压力，导致错台和上浮现象。

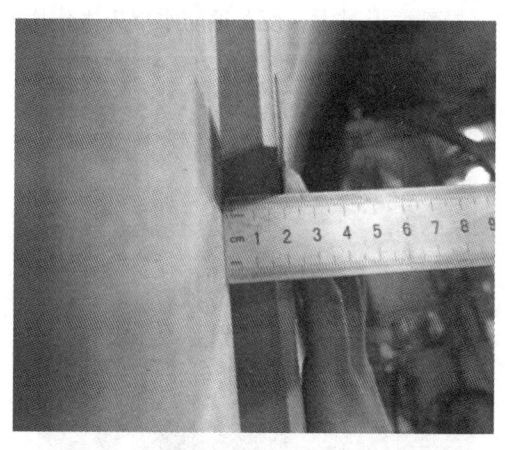

图 5.8.4　管片错台

（2）管片破碎、崩坏。

TBM 空推过程中，管片外侧与 TBM 外壳的接触部位以及管片内侧与标准块、邻接块和封顶块部位容易发生破损，如图 5.8.5 所示。管片崩坏和破损的原因是多方面的，如在生产、运输过程中受挤压、碰撞出现缺陷，拼装时螺栓未拧紧导致拼装缝隙过大，推进过程中管片受力不均等造成崩角和破损。不均匀受力是盾尾与管片的间隙过小，TBM 在姿态调整时，辅助油缸行程差过大而导致，且千斤顶撑靴顶在管片上不正，使管片内侧或外侧的混凝土破损。此外，管片环脱出盾尾后，受到水和浆液的作用要上浮，而管片受到盾尾约束，使管片出现悬臂结构，在盾尾附近受到的过大弯矩使管片开裂，此现象往往出现在脱出盾尾后 2、3 环处。

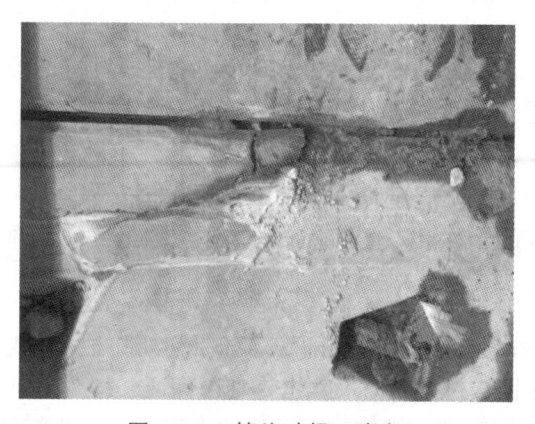

图 5.8.5　管片破损、崩角

（3）接缝、灌浆孔渗漏水。

空推段 TBM 管片渗漏水，在构造上主要在管片的接缝、孔洞位置，缺陷处主要在破损、裂缝等位置。经过大量的缺陷统计与工程实践，以相邻管片接缝处渗漏水最为严重，其次为注浆不密实的注浆孔，如图 5.8.6 所示。渗漏水是综合多方面引起的，有密封垫的部位缺陷、混凝土不密实、受力过大出现微裂纹、顶部块位纵缝过宽等原因；有密封垫粘贴质量不好、未形成密封防水带、粘贴后脱落、外力不足、在粘贴密封垫后直接下井拼装等原因。当管片错台和上浮量大于最大设计值 10 mm 时，管片之间有效面积接触不足，不足以对密封垫提供有效挤压力，导致密封垫错开，或者发挥作用不足，造成管片渗漏水。此外，管片背后注浆不密实，也会造成管片受力不均，局部变形过大，使首道防水层失去作用而引起渗漏水。

图 5.8.6　管片注浆孔渗漏水

（4）管片轴线偏差超限。

管片轴线偏差超限在曲线空推地段很突出，主要是由于在曲线转弯段，推进千斤顶沿垂直隧道轴线方向会产生横向分力，导致管片受力不均匀，产生偏压过大，造成横向位移；或用折线（管片）拟合曲线（线路）产生的误差；此外，还有初期支护侵限处理不到位迫使管片轴线超限。

5.8.2　工艺控制分析

1. 空推工艺

空推作业时，TBM 采用单护盾模式步进，刀盘在主推进油缸的推力作用下，伸缩盾伸开，刀盘向前推进，辅助推进油缸顶推到已安装好的管片上为掘进机提供掘进反力。当刀盘向前掘进 1.5 m 时，同时进行豆砾石充填及回填灌浆等工作。TBM 停止掘进，在尾盾的保护下，开始进行管片的安装，与此同时，辅助推进油缸缩回，每安装完成一块管片后，辅助推进油缸伸出顶推到已安装完成的管片上，直至该辅助推进油缸全部顶推到位。

2. 隧道超挖侵限控制

对于毛洞的开挖，易出现超挖欠挖等问题。如果初期支护存在超挖或侵限，不仅管片会受力不均匀，质量难以保证，衬砌断面尺寸也将难以保证，甚至会导致错台和轴线超限问题。

针对初期支护超挖欠挖问题，措施如下：超挖大于 20 cm 的部位，补喷混凝土处理，注意新老混凝土的结合，确保质量的同时也要保证豆砾石注浆层的厚度在设计范围。对个别点或者局部侵限小于 20 cm 的部位，对该部位进行凿除并抹浆。对大面积侵限大于 20 cm 的情况，应采取换拱方案，重新架设拱架并喷射混凝土，并在换拱部位打设注浆导管，注水泥-水玻璃双液浆，纵向连接筋与格栅钢架主筋进行焊接连接，架设水平工字钢支撑，挂网、打设锁脚锚杆、喷射混凝土至设计厚度。换拱方案如图5.8.7所示。

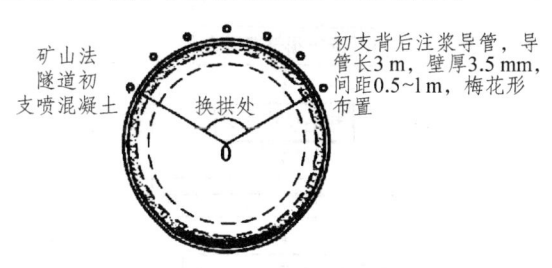

图5.8.7 换拱方案

3. 管片拼装控制

第一环管片在工作井内负环之后拼装，其拼装质量，包括角度、平面位置、空间位置等对于隧道整体管片拼装起到基准面的作用，必须严格按照要求，精准控制第一环管片的拼装高程、方向、坡度等。在首环管片拼装完成前，负环管片的拼装、起始环管片拼装质量也关乎整体拼装效果。

整体的拼装效果是由整条隧道每一环甚至每一块管片拼装组合而成的。横向和纵向之间均由螺栓连接成整体，故螺栓及其施工质量，往往是控制隧道衬砌轴线偏差和错台的关键。因此，拼装时分三次复紧螺栓，即拼装施工完后，第一次及时拧紧连接螺栓；在千斤顶的作用下即将推出盾尾时，第二次复紧螺栓；当整环管片推出盾尾后，第三次拧紧螺栓。

4. 豆砾石回填灌浆控制

管片还未脱出盾尾，就应及时、足量地填充管片背后豆砾石。喷豆砾石时应遵守阶梯式、对称式和同步及时的原则，并采用单液硬性浆液和双液浆结合的注入方式，保证浆液的充填性、初凝时间与早期强度，使豆砾石的填充量尽量充分和饱满。在管片与初期支护之间形成一个力的传递层，起到协调变形和受力的作用，形成复合支护结构。同时，防止注浆压力过大使浆液流入盾体区域引起其他问题。

5. 轴线偏差超限纠偏控制

由于地层软硬不均以及操作等因素的影响，TBM推进不可能完全按照设计的隧洞轴线前进，而会产生一定的偏差。当这种偏差超过一定限界时就会使隧洞衬砌轴线偏差超限。轴线偏差超限的调整和纠正是一个渐变的过程，往往体现在连续几环的错台和上浮纠偏上，细化到最后就是管片的纠偏，力争使管片的环面与设计轴线接近垂直。

平面轴线纠偏采用左右千斤顶的行程差来控制，要做到勤测勤纠，纠偏量每环控制在10 mm以内，避免过量纠偏使环缝变大而引起漏水。

5.8.3 缺陷治理措施

1. 管片破损、崩坏处理

对大块崩角部位凿锚处理，用膨胀螺栓锚固及挂网，按照乳灰比1∶6拌和聚合物砂浆，注意新老面结合问题，采用分层修补，每一层小于15 mm，每两层修补间隔6~7 h，最后一层的面层涂刷 3~5 mm 厚砂浆。对缺角、小崩角采用高强度地铁管片专用修补材料进行修补。管片修补工艺流程如图 5.8.8 所示。

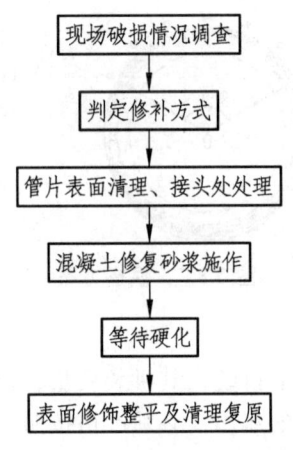

```
现场破损情况调查
     ↓
  判定修补方式
     ↓
管片表面清理、接头处处理
     ↓
混凝土修复砂浆施作
     ↓
   等待硬化
     ↓
表面修饰整平及清理复原
```

图 5.8.8　管片修补工艺流程

2. 渗漏水治理

吊装孔渗漏水小的部位采用注单液浆来进行堵水，水泥浆的水灰比取 1∶1；对渗水量大或者注水泥浆未能有效防止吊装孔渗漏水的情况，采用水泥水玻璃双液浆，水灰比取 1∶1，水泥∶水玻璃体积比采用 1∶(0.7~1)。

接缝和裂缝渗漏水治理采用压力注浆法，灌注超细水泥浆及改性环氧树脂浆液。先注入超细水泥浆（配比取水泥∶水=1∶1），然后再注入改性环氧树脂灌浆液，配比采用环氧树脂∶邻苯二甲酸二丁酯∶乙二胺∶丙酮=100∶22∶8∶(2~5)。

5.9　TBM 空推过矿山法段管片背后空洞探测技术研究

5.9.1　检测方法和原理

地质雷达是一种宽带高频电磁波信号勘探介质分布的非破坏性的勘探仪器，它通过天线连续拖动的方式获得断面的扫描图像。雷达利用向地下发射高频电磁波，电磁波信号在物体内部传播遇到不同介质的界面时，就会反射、透射和折射。介质的介电常数差异越大，反射的电磁波能量也越大。反射的电磁波被与发射天线同步移动的接收天线接收后，通过雷达主机精确记录反射回的电磁波的运动特征，再通过数据的技术处理，形成断面的扫描图，通过对图像的判读，判断出目标物的实际情况。

地质雷达天线向物体内部发射电磁波，由于物体内部的物理特性差异，使电磁波在不同介质的界面处发生反射，并由雷达的接收天线接收，根据发射电磁波至反射波返回的时间差和物体中电磁波的速度来确定反射体距表面的距离，从而分析出介质内部的目标体的位置、深度等。地质雷达工作原理如图 5.9.1 所示。

地质雷达将高频电磁波以宽频带短脉冲形式，由地面天线 T 送入目标体，经地下地层或目标体反射回地面，由另一天线 R 所接收。脉冲波行程需要的时间为

$$t = \sqrt{4z^2 + x^2}/v$$

（5.9.1）

当地下介质中的波速 v 为已知时，可根据测得的 t，由式（5.9.1）求得目标体的深度 z。可通过介电常数与光速的经验公式近似得出速度 v 为

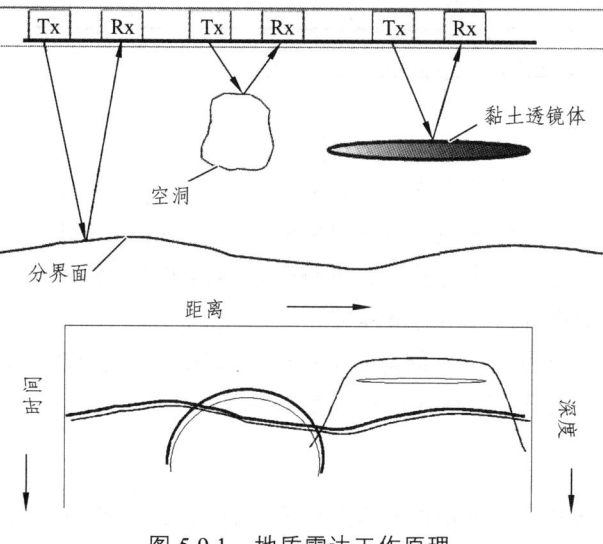

$$v \approx c/\sqrt{\varepsilon} \tag{5.9.2}$$

图 5.9.1 地质雷达工作原理

雷达图像以脉冲反射波的形式记录。波形的正负峰分别以黑白表示或者以灰阶或色彩表示。这样，同相轴或等灰线、等色彩即可形象地表征出地下反射面或目标体。在波形图上各点均以勘探线的铅垂方向记录波形，构成雷达剖面。根据雷达图像追踪介质体的反射界面就可以判断喷射混凝土的管片厚度以及分布等情况。

地质雷达的探测深度与精度，除了与野外测量的参数（中心频率、时窗、采样点、测点频率、测点间距和发射接收天线间距）的选择有关，还与实际工作时雷达参数（系统增益、可程序窗、可程序样间隔、可程序叠加次数等）的选择有关。

5.9.2 测线布设及仪器参数

本节以深圳地铁 8 号线一期工程为例，本次检测隧道共 5 条测线，具体参见表 5.9.1。

表 5.9.1 地质雷达检测测线布设情况

测线编号	隧道检测位置
1	右线拱顶 DK43+302.200 ~ DK44+000.000
2	右线左拱腰 DK43+302.200 ~ DK44+000.000
3	右线右拱腰 DK43+302.200 ~ DK44+000.000
4	右线左边墙 DK43+302.200 ~ DK44+000.000
5	右线右边墙 DK43+302.200 ~ DK44+000.000

本次地质雷达勘探采用 X3M 双通道型探地雷达测量系统，选用主频 800 MHz 全屏蔽天线

进行勘探。具体仪器参数设置见表 5.9.2。

表 5.9.2 地质雷达工作参数

仪器型号	仪器编号	天线中心频率/MHz	时窗间隔/ns	采样点数	扫描方式	仪器有效期
X3M	TK-PD-064	800	35~50	自动	连续/点测	2019-12-20

5.9.3 现场检测及数据处理分析

1. 现场检测

针对本次隧道衬砌检测的具体情况，主要从分辨率、穿透力和稳定性三个方面综合衡量，所用天线为地面耦合式一体化天线。雷达检测时，发射和接收天线与衬砌表面密贴，沿侧线滑动，由雷达的主机高速发射雷达脉冲，进行快速连续采集。根据标记和记录的首末标及工作中间核查的里程，记录雷达检测的里程桩号。

天线采用 800 MHz 天线。该天线阵具有高效、高精度、高分辨率的特点，能够发现衬砌中存在的缺陷，确定钢筋分布，估计衬砌混凝土厚度。

2. 数据处理

对现场采集的雷达数据，利用后处理软件对雷达图进行分析判断。处理过程包括预处理和后处理分析：①浏览整个剖面，查找明显的异常。②频谱分析。③滤波去噪。④振幅增强。⑤异常特征和面层对应相位分析。⑥剖面修饰等。

3. 检测结果

经过对雷达剖面显示异常（包括幅度和相位的变化）的分析，可从地质雷达采集的隧道剖面图像判断隧道管片壁后是否存在空洞，得出如下结果：

（1）深圳地铁 8 号线一期主体工程 8132 标段一工区梧沙区间隧道工程管片壁后质量情况：①左线拱顶：无缺陷情况。②左线左拱腰：无缺陷情况。③左线右拱腰：无缺陷情况。④左线左边墙：无缺陷情况。⑤左线右边墙：在 DK43+830.9~DK43+832.8 处不密实，请施工单位对缺陷区域进行排查，对存在问题及时处理。

（2）深圳地铁 8 号线一期主体工程 8132 标段一工区梧沙区间隧道工程在右线拱顶 DK43+302.200~DK44+000.000、右线左拱腰 DK43+302.200~DK44+000.000、右线右拱腰 DK43+302.200~DK44+000.000、右线左边墙 DK43+302.200~DK44+000.000、右线右边墙 DK43+302.200~DK44+000.000 处所检测位置的管片厚度均不小于设计厚度值，其检测结果符合设计及规范要求。

5.10 小　结

通过本章研究，可知：

（1）TBM 空推以单护盾模式为主，TBM 空推速度不宜超过 30 mm/min。

（2）TBM 空推过程模拟为设计和施工提供了有价值的依据。

（3）在原混凝土导台施工方案的基础上，提出了一种钢结构与混凝土结构相结合的施工方案，大大提高了工程安全和质量。

（4）为了克服传统空推步进装置操作复杂、推进成本高、劳动量大、混凝土用量和配筋用量多等缺点，对 TBM 空推步进施工技术进行优化，提出一种更加优化的施工方案。

（5）为了解决 TBM 在空推段沿导台行走时，因导台定位误差导致错台这一问题，优化了 TBM/盾构空推段导台振捣整平系统。该系统可减少施工劳动力投入，提高施工质量，节约施工成本。

（6）为提高 TBM 在空推段的豆砾石充填效率，优化了一种 TBM 隧道管片背后豆砾石充填自行式液压翻转设备。该系统可完成豆砾石从地面至电瓶机车的运输，解决了豆砾石垂直运输与出渣的吊装冲突，提高龙门的使用效率，降低施工风险。

（7）结合 TBM 空推过矿山法段的豆砾石回填及灌浆工艺，总结了一套双护盾 TBM 豆砾石填充及注浆技术要点。

（8）结合空推段出现的管片缺陷问题，对管片错台和上浮、缺陷渗漏水、管片崩角和局部破碎、管片轴线偏差超限等进行了原因分析，提出的解决对策对提高空推段管片质量缺陷控制效果明显。

（9）地质雷达能广泛应用于各类隧道的衬砌质量检测，能有效查明衬砌厚度和缺陷等病害的发育情况和位置。

6 TBM穿越不同地层施工对策

在隧道施工中，常遇到不良地质地层，给隧道施工造成极大的困扰。不良地质主要包括软硬不均地层、软岩地层和硬岩地层等。

6.1 软硬不均地质TBM施工技术研究

6.1.1 软硬不均围岩变形及管片受力特性分析

本节采用数值模拟方法，探讨软硬不均岩体隧道情况下软硬岩交界面倾角对围岩变形及管片受力的影响。

考虑到双线隧道近接施工的相互影响，建立双隧道模型，将软岩和硬岩视为均匀各向同性弹塑性介质。考虑到边界效应影响，计算模型的垂直方向长度取60 m，水平方向取74.6 m，隧道埋深取100 m。计算中，考虑软硬岩分界面倾角0°、15°、30°、45°、60°、75°和90°共7种工况，如图6.1.1所示。上下和左右边界采取零位移边界，前后边界采用零速度边界。软硬岩分界如图6.1.2所示，即上软下硬岩石分布。

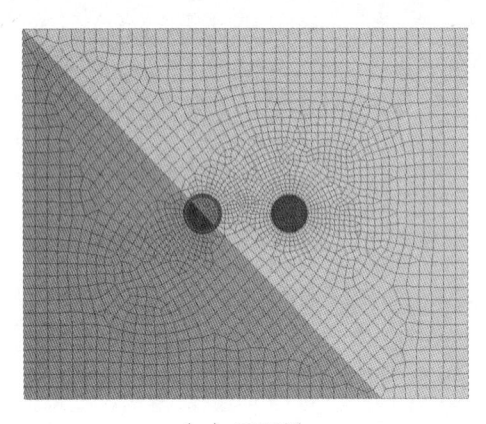

（a）正面图 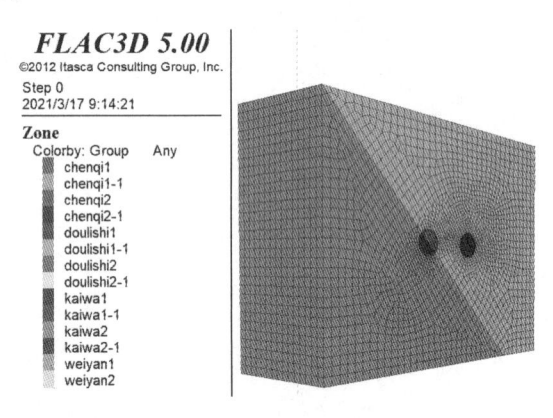　　（b）三维模型

图6.1.1　计算模型

根据深圳市地铁8号线一期工程和6号线二期工程的工程地质勘查报告、现场钻探、原位测试、孔内测试及室内试验结果可知，场区表层为残积土层，其下基岩为全风化、强风化、中风化粗粒花岗岩，微风化粗粒花岗岩，块状强风化碎裂岩和中风化碎裂岩等。隧道围岩综合分级为Ⅲ～Ⅴ级，隧道不良地段穿越多条断裂带和软硬交界面。故将隧道岩体视为均匀各向同性弹塑性介质，材料破坏规律服从莫尔-库仑准则，硬岩取Ⅲ级围岩参数，软岩取Ⅴ级围岩参数。计算力学参数如表6.1.1所示。

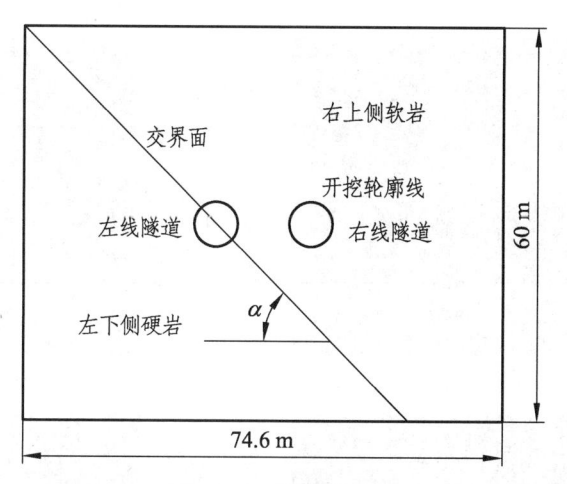

图 6.1.2 软硬岩分界

表 6.1.1 物理力学参数

材料	密度 /(kg/m³)	弹性模量 /GPa	抗拉强度 /MPa	摩擦角 φ /(°)	黏聚力 c /MPa	泊松比 μ
Ⅲ级围岩	2 400	10.7	0.52	44	1.1	0.26
Ⅴ级围岩	1 800	1.3	0.04	22	0.12	0.39
衬砌 C50	2 500	35.5	0.78	55	2.87	0.2
豆砾石	2 200	1.2	0.10	31.1	3.19	0.25

取图 6.1.3 所示的计算监测点，分别是左线隧道的拱顶 A，左右拱肩 B1、B2，左右拱腰 C1、C2，左右拱脚 D1、D2，仰拱 E。

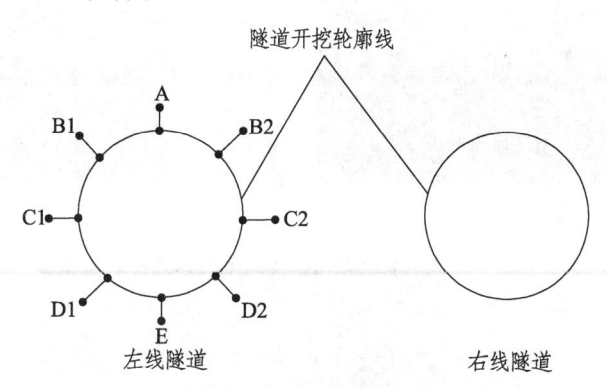

图 6.1.3 计算监测点

1. 围岩位移分析

由围岩位移云图（见图 6.1.4）和表 6.1.2 可知：围岩位移分布与软硬岩分界面倾角密切相关。软岩部分较硬岩部分围岩位移大，与普遍认知相符。将表中计算结果绘于图 6.1.5，可知：当围岩交界面倾角为 0°时，隧道变形对称，最大位移发生在拱肩 B2 处（而非拱顶），为 15.60 mm。究其原因，可能是受近接施工影响，靠近右线隧道的位置发生的位移和变形更大。

(a) $\alpha=0°$

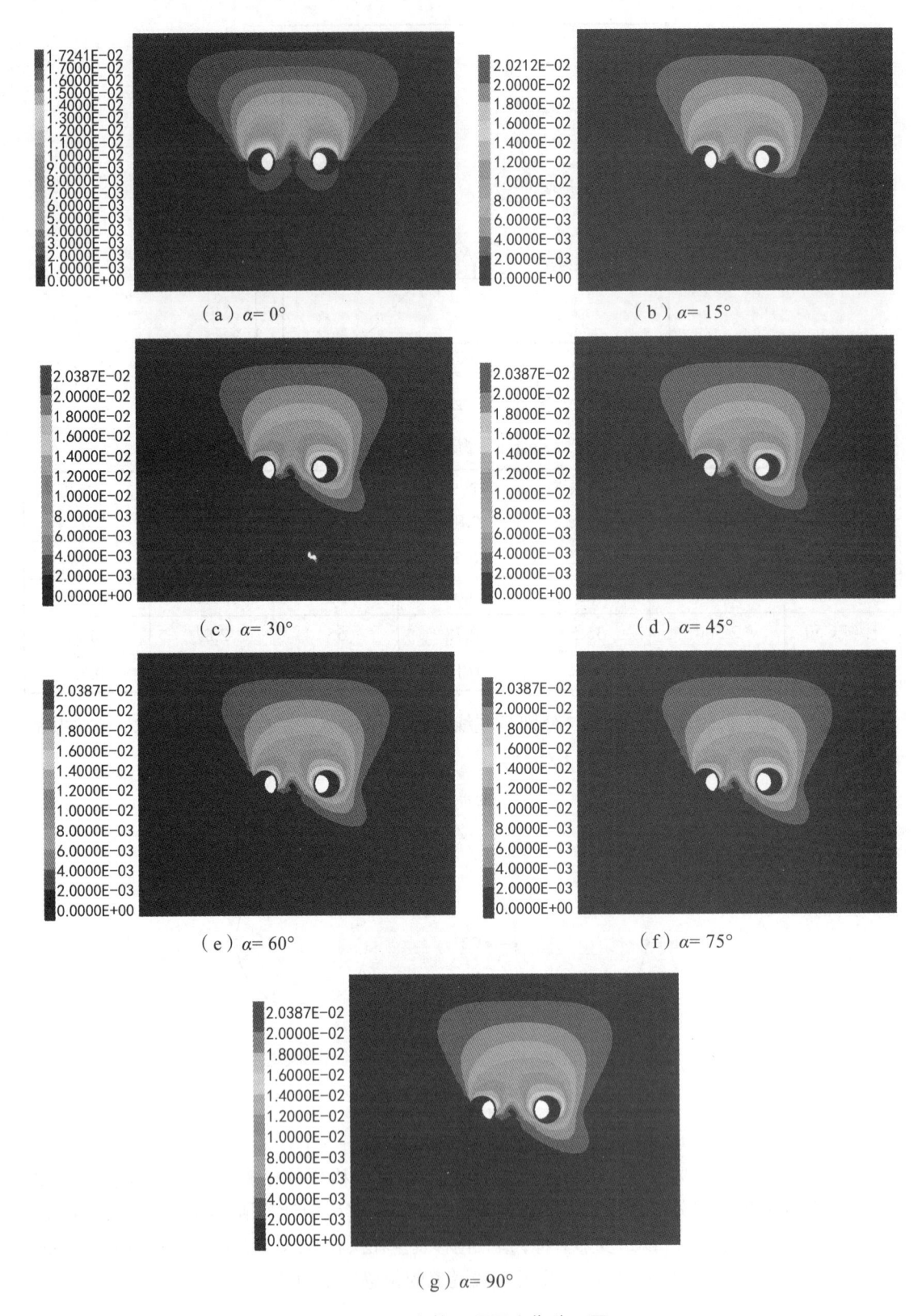

(b) $\alpha=15°$

(c) $\alpha=30°$

(d) $\alpha=45°$

(e) $\alpha=60°$

(f) $\alpha=75°$

(g) $\alpha=90°$

图 6.1.4　上软下硬围岩位移云图

表 6.1.2　上软下硬围岩位移值　　　　　　　　　　　　　　单位：mm

监测点	0°	15°	30°	45°	60°	75°	90°
A	14.07	14.42	14.10	13.72	11.5	10.2	3.82
B1	14.27	13.21	9.0	3.78	0.81	0.91	0.21
B2	15.60	17.51	16.48	17.91	15.2	14.1	13.1
C1	3.15	3.07	3.92	1.16	0.02	0.01	0.01
C2	3.34	9.51	11.0	16.90	18.7	19.8	21.6
D1	1.02	0.09	0.74	0.49	0.01	0.06	0.01
D2	1.07	1.52	1.74	5.81	9.7	11.7	15.2
E	1.41	1.43	2.42	3.57	4.68	6.59	8.21

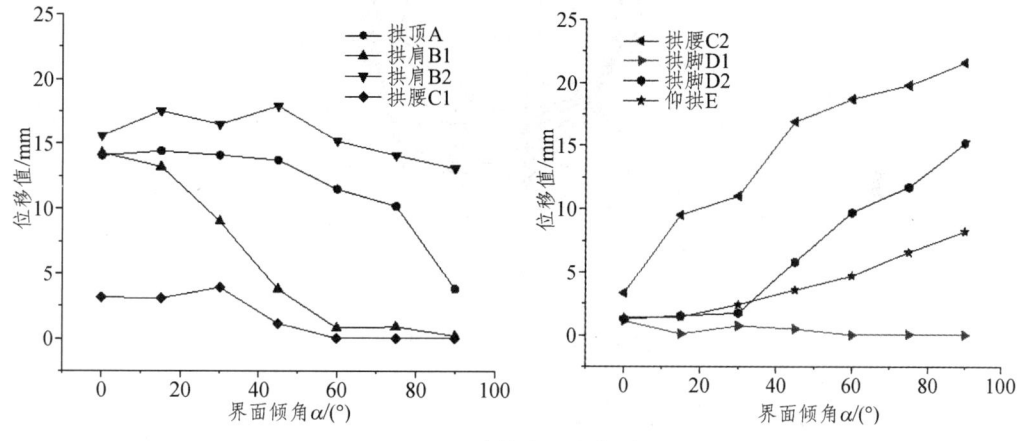

图 6.1.5　计算监测点位移值

2. 管片应力分析

管片最大剪应力见表 6.1.3，并绘于图 6.1.6 中，由图可知：① 倾角为 0°时，管片最大剪应力都呈对称分布，且软岩一侧的剪应力更大。管片最大剪应力发生在拱顶 A 处，为 4.54 MPa；剪应力最小值发生在仰拱 E 处，为 0.33 MPa。两者相差 4.21 MPa。② 倾角为 90°时，软岩一侧管片所受最大剪应力远远大于硬岩一侧，且差距在 4 MPa 以上。这对于管片错台、破损、轴线偏差超限等均存在较大影响。③ 倾角对管片受力影响很大，管片最大剪应力部分不对称，软岩侧的管片最大剪应力明显大于硬岩侧。

表 6.1.3　各监测点衬砌剪应力　　　　　　　　　　　　　　单位：MPa

监测点	0°	15°	30°	45°	60°	75°	90°
A	4.54	4.34	4.28	4.17	4.00	3.97	3.83
B1	3.85	3.72	3.54	3.36	3.16	2.96	2.72
B2	4.21	4.66	5.06	4.67	4.61	4.43	4.22
C1	3.12	2.78	2.57	2.44	2.46	2.40	2.21
C2	3.48	3.97	4.50	5.14	4.95	4.58	4.38

续表

监测点	0°	15°	30°	45°	60°	75°	90°
D1	1.9	1.81	1.73	1.95	2.19	2.35	2.45
D2	1.88	2.57	3.21	4.67	4.87	4.97	5.21
E	0.33	1.49	1.82	2.22	2.78	3.35	3.89

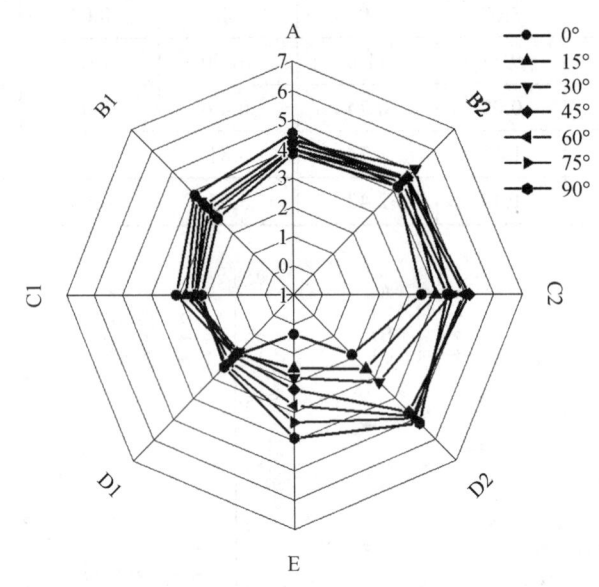

图 6.1.6　最大剪应力雷达

6.1.2　软硬不均地质 TBM 施工工艺研究

实践发现：

（1）对于左侧软、右侧硬的围岩，由于右侧岩层硬，提供的反作用力 $F_{0右}$ 大，左侧岩层软，提供的反作用力 $F_{0左}$ 小。假定 $F_B=F_D$，则刀盘的左侧更容易切入岩壁，此时左侧 D 组油缸的伸长量就比右侧 B 组油缸的伸长量大，进而容易造成 TBM 机头向右侧转弯的趋势，所以左侧的推进油缸组以相对较小的推力就可以满足推进需求，而右侧的推进油缸组需要较大的推力才能够克服 $F_{0右}$ 以满足保持推进方向的需求，如图 6.1.7 所示。

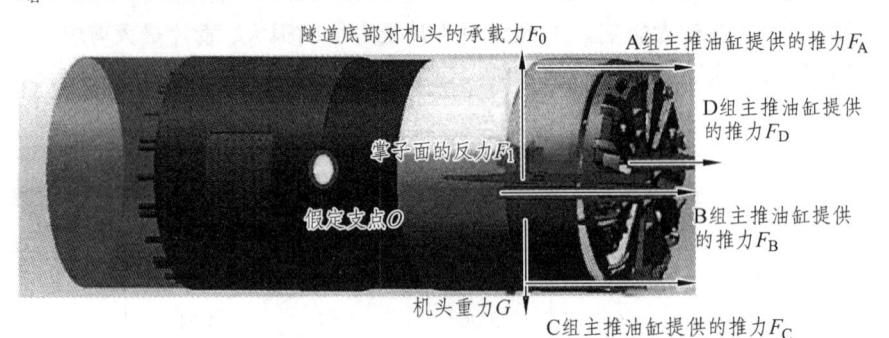

图 6.1.7　TBM 机头掘进过程中纵向的主要受力情况

（2）在 $F_{0右}$ 与 $F_{0左}$ 相差较小时，或岩层硬度均相对较高时，只需要通过调整 F_B 与 F_D 的相对差值就可以满足转向的需求且不会有较大问题。但当左右均为相对硬度较低的岩层，且左右的岩层强度差值相对较大时，只通过减小 F_D、增大 F_B 是达不到向左调向要求的，这时就要考虑降低刀盘转速、提高刀盘贯入度（即提高掌子面对刀盘的反作用力）来间接达到调向的目的。

（3）上下软硬不均的地层掘进方法与（1）和（2）所述方法相同。

（4）在 TBM/盾构施工行业中，非常多的主司机及技术人员容易主观地认为 TBM/盾构的刀盘会在掘进过程中向地层软的方向滑动。实际上刀盘在调向过程中因为偏转角产生的侧向力非常小，只有开挖面相对较硬的地层占比足够小时才会出现主机向较软地层方向滑动的情况。而地层越软、相对硬度差越小，向较软侧滑动的情况相对较硬的地层的占比则越大。以某一工地的地层为例，该地层中局部存在有铁板沙地层，当铁板沙所占径向比超过 1/3 刀盘高度（假定刀盘直径 6 m，则铁板沙所占的范围为刀盘一侧 2 m 以外的区域）时主机容易向铁板沙方向偏，但低于径向大约 1/3 刀盘高度时容易向软地层方向滑动。而在 TBM 施工硬岩地层时，只有极低的概率会出现主机向较软方向滑动的现象。

6.2 软岩段 TBM 掘进技术研究

本节结合深圳地铁 8 号线一期工程梧桐山南站—沙头角站区间的软岩隧道施工，分析软岩段 TBM 掘进关键技术。

6.2.1 双护盾 TBM 设备

双护盾 TBM 全长 150 m，总质量约 900 t，由盾体、双轨梁、喂片机及 11 节台车组成。刀盘开挖直径 6 470 mm，刀盘布置为 19 in（483 mm），单刃正面滚刀 23 把、边缘滚刀 11 把，17 in（432 mm）中心滚刀 4 把，刀间距为 83 mm，刀盘功率为 2 100 kN，额定扭矩为 4 210 kN·m。主推油缸数量 12 个，最大推力为 28 515 kN，最大行程为 1 700 mm，辅推油缸数量 30 个，最大推力为 29 680 kN。前护盾外径为 6 400 mm、厚度为 60 mm，伸缩盾外径为 6 330 mm、厚度为 40 mm，支撑盾外径为 6 330 mm、厚度为 60 mm，配支撑靴 2 组。管片拼装机采用机械抓取式，双向旋转，旋转角度±200°，功率为 55 kW。

配套台车主要设备：1#台车主控制室和除尘系统，2#台车液压泵站、豆砾石泵和气动油脂泵，3#台车传输豆砾石皮带机和存储罐，4#台车变频柜和注浆设备，5#台车变压器和空压机，6#台车配电柜、储气罐和补偿柜，7#台车高压箱和内循环水箱，8#台车发电机、储物间和皮带机，9#台车电缆线卷筒和污水箱，10#台车蒸发器和储浆罐，11#台车水管卷筒和二次风机。洞内配置 2 组水平运输编组，编组方式为人车+机车+5 节渣车+豆砾石车+水泥车+3 节管片车。地面设置弃渣池，总存量约 4 000 m³，渣池区域设置 2 台 50 t 龙门吊，管片堆放区设置 1 台 20 t 龙门吊。同时依据现场情况设置管片、豆砾石、油脂、水泥等储存区域。本段软岩段采用单护盾模式施工。

6.2.2 软岩 TBM 的栽头问题研究

软弱地层中 TBM 掘进，容易发生 TBM 栽头的受力原因分析：

（1）掌子面的反力受部分地层因素影响相对较小，受支点之间的相对位置影响较大（主机处于抬头状态，其为逆时针方向的力，有利于抬头；如果主机处于栽头状态，其为顺时针的力，不利于 TBM 抬头）。

（2）假定以图 6.1.7 中的 TBM 主机中轴线上的 O 点为支点。F_0、F_C 为逆时针方向的力，G、F_A 为顺时针方向的力。F_0 为 TBM 抬头掘进过程中主机底部的虚渣对其的承载力，其力量极为有限，且为被动的力，抬头趋势越明显，其数值越小，所以不能作为 TBM 抬头操作的控制方向。G 为定量，不可作为控制因素。F_C、F_A 以及 F_1 是控制 TBM 抬头的关键所在。在 F_B 和 F_D 恒定的情况下，$F_1=F_A+F_B+F_C+F_D+F'$（摩擦力），F' 在 TBM 掘进中相对较小，且变化范围有限，可以不作为考虑因素，那么如果要达到抬头的目标，F_A 与 F_C 的差量就是主要影响因素。

（3）决定 F_A、F_C 两者间的差量可以达到的范围大小主要基于三个因素：第一是基于 TBM 主推液压系统给 F_A 与 F_C 较高的压力差值（即在 F_A 恒定的情况下，加大 F_C 推力值）；第二是基于掌子面给刀盘的反力 F_0；第三是基于机头的抬头趋势还是低头趋势。因素一的 F_A 与 F_C 推力差值受限于 F_0 的大小，F_0 越大，F_A 与 F_C 之间的差值才可以越大，F_C 比 F_A 大得越多，机头抬头的趋势才能越大。因素二中的 F_0 为被动力，其大小除受 F_A、F_B、F_C、F_D 的大小影响（其中，F_C 与 F_D 的大小对 TBM 抬头无较明显的影响）外，还受 TBM 掘进过程中掌子面为刀盘提供的反力 F_2 影响，所以如果 TBM 要抬头，必须增大 F_C 的大小，同时提高掌子面为刀盘提供反力 F_2 的大小。F_2 的大小主要是由滚刀传递给刀盘，而刀盘、滚刀传力的大小主要受制于滚刀贯入度的大小，滚刀贯入度越大，滚刀的破岩阻力越大，在同一推进速度情况下，刀盘转速越小，滚刀的贯入度越大，F_2 就越大，F_2 越大，F_0 就越大，F_C 就越能够比 F_A 大得越多，TBM 抬头的操作就越能达到效果；同理，在刀盘转速一定的情况下，F_A+F_C 越大，推进速度就越大，TBM 的贯入度就越高。

综上所述，在软弱地层中使 TBM 抬头，就必须在减小 F_A、F_B、F_D 主推油缸推力的同时最大限度地增大 F_C 推力，并且减小刀盘转速，加大滚刀的贯入度（注意滚刀贯入度的控制限度，一定要根据检查的刀具磨损情况，确保不要在掘进过程中伤到刀体）。

6.3 硬岩段 TBM 掘进技术研究

本节结合深圳地铁 8 号线一期工程梧桐山南站—沙头角站区间 DK41+505～DK44+900 硬岩段掘进施工技术，分析硬岩段 TBM 掘进技术。

本段地层主要为微风化花岗岩，属 Ⅴ 级次硬岩，$RQD=85\%$，岩石单轴饱和抗压强度为 75 MPa，施工过程中检测到的最大单轴饱和抗压强度为 92.6 MPa。掘进段纵坡为"人"字纵坡，以 5% 上行 1 895 m 到 DK43+400，然后以 18.764% 下行 1 500 m 到达空推段，平面最小曲线半径为 400 m。TBM 主电源由洞外提供 10 kV 电源给 TBM 变压器供电，TBM 电缆截面面积为 120 mm²，布设在隧道右侧。TBM 台车及电瓶机车轨道采用 38 kg/m 钢轨，每根钢轨长度为 6.25 m，轨枕采用 HW150×150H 型钢，轨枕间距为 800 mm。在隧道右侧，设置进、出水直径为 150 mm 的镀锌钢管。通风采用 55×2 kW 双螺旋轴流风机供风，以 ϕ1 200 风管将新鲜空气送入工作面，高压风量为 15.5 m³/s。风管、水管、高压电缆的延伸利用 TBM 自身的卷筒延伸，水管每 48 m 延伸一次，风管每 100 m 延伸一次，高压电缆每 200 m 延伸一次，导向全站仪系统约每 50 m 前移一次。

TBM 的施工组织依据工程地质和水文地质情况进行安排和调整，根据不同的地质情况确定不同的施工组织是保证工程质量和进度的关键。本掘进段地层主要为微风化花岗岩，通过对地质资料的分析和推断，除过断层 F-5-1 段时采用单护盾模式外，其他施工段均采用双护盾模式。

1. 空推转掘进施工

双护盾 TBM 在空推距离达到 20 m 后，刀盘贴近掌子面时进入掘进段。由于矿山法隧道成形直径达到 7 m，撑靴的行程不能满足撑紧洞壁的要求，因此只能采用单护盾掘进模式。施工方法与盾构类似，首先将伸缩盾缩回，辅助推进油缸顶推到已安装好的管片上为掘进机提供掘进反力，推动刀盘向前掘进，当刀盘向前掘进 1.5 m 时，完成一个循环的掘进。管片拼装时，辅助推进油缸缩回，每安装完成一块管片后，辅助推进油缸伸出顶推到已安装完成的管片上，直至该环管片全部拼装完成，辅助推进油缸全部顶推到位，完成换步后开始下一环掘进。

初始掘进前，在洞门环预埋钢板，焊接三脚架反力架，由 100 mm 的角钢焊接而成，除底部块之外圆周共有反力座 13 个，能满足 TBM 空推时的掘进反力。在管片拼装过程中随时注意观测反力座的变形情况，若出现反力座变形应及时加固。

初始推进时为防止 TBM 掘进扭矩太大，引起盾体偏转，单护盾掘进时必须采用低速、小扭矩向前缓慢掘进，速度控制以 10 mm/min 一个循环进行叠加，刀盘最大扭矩控制在 2 736 kN·m，若发现盾体偏转角太大时，应立即采用纠滚油缸进行纠滚。为了平衡刀盘的反作用力，施工过程中在 TBM 盾体两侧焊接工字钢防扭块，尺寸根据现场初支与盾体间隙确定，并需满足稳固 TBM 盾体防扭需要，待刀盘进入掌子面后逐渐割除。在掘进中注意观察各参数的变化情况，一旦发现异常立即停止掘进。TBM 主机步进后，后配套跟紧主机同步前进，依序铺设钢枕梁、三角支腿和钢轨，钢轨铺设为运输轨及后配套轨，同时进行洞内风、水、电的延伸。

初始掘进注意事项：

（1）TBM 初始掘进导台应结构稳定，导台施工精度在±5 mm 以内，从而保证 TBM 姿态满足设计要求。

（2）在初始掘进时，各设备仍处于磨合阶段，要注意各部位油脂的有效使用。

（3）加强 TBM 姿态测量，如发现 TBM 有较大转角或低头时应及时调整。

（4）及时封堵首环管片外缘洞圈，以防漏浆。

2. 双护盾掘进模式施工

在采用单护盾掘进距离达到 8 m 后，TBM 由单护盾模式转为双护盾模式。进入施工试掘进阶段，在试掘进时确定各种掘进模式下的掘进参数是施工的关键，同时撑靴的接地比压的设定是双护盾 TBM 的重要参数。在 TBM 推进过程中，要依据超前地质预报结果，根据不同地质、埋深判断围岩的稳定性、可掘性，及时选择掘进模式，调整掘进参数。在掘进时推进速度要保持相对平稳，控制好每次的纠偏量，为管片拼装创造良好条件。灌浆量要根据围岩情况、推进速度、出渣量等及时调整。施工轴线、管片安装轴线与设计轴线的偏差控制在允许的范围内。

对于双护盾掘进模式，刀盘在主推进油缸的推力作用下，伸缩盾伸开，刀盘向前推进，撑靴撑紧在洞壁上为掘进机提供掘进反力。后配套台车停在隧洞中，刀盘破岩切削下来的渣土随着刀盘铲斗和刮板转动从底部到顶部，然后沿溜渣槽到达刀盘顶部后进入刀盘中心的皮带输送机上，主机皮带机和后配套皮带机将渣土运送到后配套编组的渣车上。与此同时，在盾尾的保护下进行预制管片的安装、豆砾石充填工作。当刀盘向前掘进 1.5 m 时，完成一个循环的掘进。施工步序如图 6.3.1 所示。掌子面情况如图 6.3.2 所示。

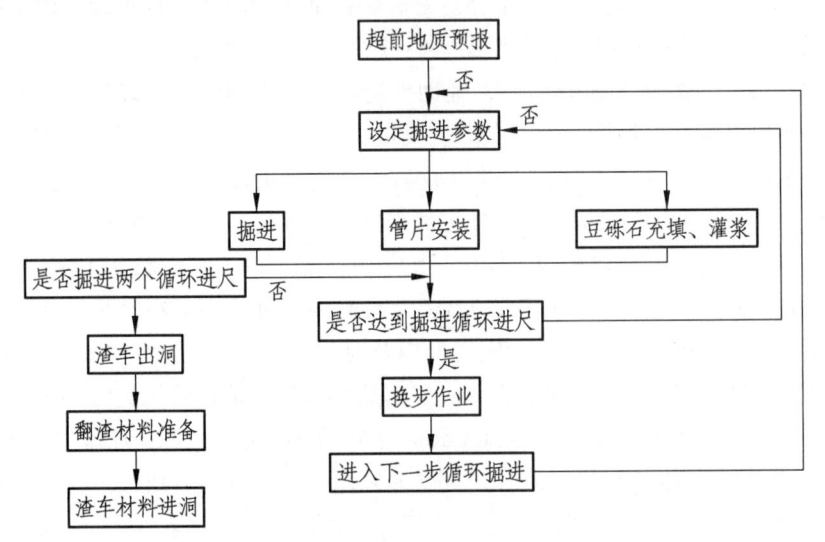

图 6.3.1 施工步序流程

图 6.3.2 掌子面情况

当主推进油缸达到最大掘进行程时，TBM 需要停机换步。此时刀盘停止转动，将撑靴慢慢收回，主推进油缸牵引和辅助推进油缸顶推提供反力使TBM向前移动，后配套随主机同时前移，直至主推进油缸完全处于收缩状态，然后撑靴再度撑紧洞壁，开始下一个循环的掘进，完成换步。双护盾模式换步流程如图6.3.3所示。

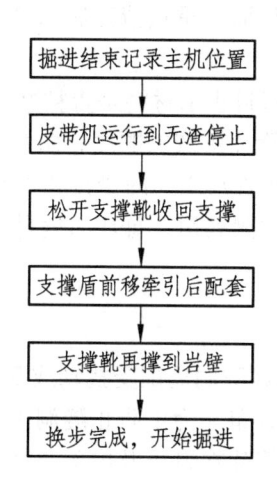

图6.3.3 双护盾模式换步流程

3. 管片的安装

TBM步进至盾尾通过洞门后，开始进行首环管片安装，首环管片与负环管片之间的螺栓不连接。首环管片安装完毕后，用三脚架焊接洞门预留钢筋用作首环管片的固定。首环管片衬砌同围岩之间的环形空隙，使用双块水泥或砂浆等材料填塞密实，以利闭浆。管片与围岩之间的端头采用堵头钢板封闭，防止浆液或豆砾石溢出。

管片安装前根据盾尾间隙、推进油缸行程选择好拟安装管片的点位，并对安装区进行清理。同时，TBM操作人员要控制好TBM辅助推进油缸的伸缩，使TBM不后退、不变坡、不变向，并要与拼装操作人员密切配合。安装顺序：底部管片（A1P、A2P、A3CP型）→左、右两侧壁管片（BP、CP型）→f封拱块（KP型）。每安装一块管片，立即将管片纵、环向连接螺栓插入连接，上螺帽用风动扳手紧固，及时伸出相应位置的推进油缸以顶紧管片，确定稳固后，方可移开管片安装机。在安装最后一片管片（K块）前，应对防水密封条涂肥皂水作润滑处理，安装时先径向插入2/3，调整位置后缓慢纵向顶推，防止封顶块顶入时搓坏防水密封条。管片环脱离盾尾后要对管片连接螺栓进行二次紧固。管片拼装允许偏差如表6.3.1所示。

表6.3.1 管片拼装允许偏差

序号	项目	允许偏差/mm	检验方法	检查频率
1	衬砌环直径椭圆度	±5‰D	尺量后计算	4点/环
2	隧道圆环平面位置	±50	用全站仪测中线	1点/环
3	隧道圆环高程	±50	用全站仪测高程	1点/环
4	相邻管片的径向错台	5	用尺量	4点/环
5	相邻环片环面错台	6	用尺量	1点/环

注：D为衬砌环外直径。

管片安装施工要点：

（1）管片选取，现场需结合平纵断面图、TBM 主推油缸的伸长量、盾尾间隙、辅推油缸的伸长量等，确定线路走向、TBM 姿态、已成型管片的姿态，并选取合适管片及拼装点位。

（2）管片拼装前需认真清理工作面，重点清理底部管片拼装位置，防止有夹渣现象，造成底部管片出现错台和喇叭口。

（3）安装前，需检查管片配套密封止水材料是否粘贴到位或准备齐全。

（4）现场控制和记录应包括：管片拼装的顺序，防水材料、缓冲材料及螺栓紧固度，管片拼装前、后管片的盾尾间隙，各块管片之间的错台和相邻环片之间错台的数值。

（5）需进行纠偏时，注意做到勤测勤纠，每环纠偏量控制在 10 mm 以内，避免过量纠偏使环缝加大而引起漏水。

4. 管片壁后填充

TBM 施工引起的地层损失、TBM 隧洞周围受扰动或受剪切破坏的破碎岩再固结以及地下水的渗透，将导致围岩的应力重新分布。为了防止隧洞围岩的变形，使管片衬砌与被开挖围岩形成整体结构以共同受力，减少管片在自重及内部荷载下的变形，需要对开挖过的隧洞和管片外径之间的环形空隙及时进行豆砾石充填以及必要的灌浆。这种环形间隙的封闭灌浆同时可为管片衬砌起到防水作用。在 TBM 掘进过程中，要尽快在脱出盾尾的衬砌管片背后跟紧，吹入足量的豆砾石，并用浆液充填环形建筑空隙。

豆砾石充填在管片预留填充孔脱离盾尾后立即进行，将管片外侧与岩石之间的空隙充填密实，再使管片整体脱离盾尾。填充材料采用豆砾石罐将豆砾石运至豆砾石泵，用高压风通过管片填充孔吹入。充填应按先拱底、再两侧、后拱顶的次序，避免充填的豆砾石出现架空。

水泥浆充填施工在管片露出盾尾后进行浆液灌注，注浆时以量控为主，压力控制为辅。注浆顺序与豆砾石充填顺序一致，先下后上。灌浆孔采用与管片同等级的微膨胀混凝土实施封孔，抹灰工取下注浆塞将灌浆孔清理干净，用工具填充捣实，灌浆孔封堵表面密实，光洁平整，同时做好养护工作。

豆砾石粒径为 5~10 mm，水泥采用强度为 42.5 MPa 的普通硅酸盐水泥。水泥浆配合比为（0.7~1）:1，注浆压力为 0.5 MPa，注浆终孔控制以注浆压力为主，以注浆量为辅。直线段每隔 20 m（曲线段每隔 10 m）采用止浆塞代替豆砾石回填，止浆塞厚度为 2 m，材料采用水泥-水玻璃双液浆，配比为水泥:水玻璃 =1:0.6~1:1（体积比），水玻璃模数为 2.6~3.0，水玻璃波美度为 30~40 °Bé，注浆压力为 0.5~1.0 MPa。

5. TBM 掘进参数的计算。

每环渣土量的计算式为

$$Q = A \times L \times 1.5 = 3.14 \times 6.47^2/4 \times 1.5 \times 1.53 = 75.4 \text{ m}^3$$

式中，A 为刀盘切削面积，L 为每环管片长度，1.53 为硬岩渣土的松散系数。

理论上每环的出渣量为 75.4 m³，实际出渣量约为 75 m³。

正常掘进时，每环豆砾石填充量的计算：

$$Q_{豆} = (A_1 - A_2) \times L \times (80\% \sim 95\%)$$
$$= 3.14 \times (6.47^2 - 6.2^2)/4 \times 1.5 \times (80\% \sim 95\%)$$
$$= 3.2 \sim 3.8 \text{ m}^3$$

式中，A_1 为刀盘开挖面积，A_2 为 TBM 隧道断面面积，1.5 为每环管片长度，85%～95%为豆砾石填充的密度。理论每环豆砾石填充量为 3.2～3.8 m³。

注浆量计算：豆砾石的孔隙率为 43%，理论上每环水泥浆注浆量为 $Q_浆$，则

$$Q_浆 = 43\% \times Q_豆 + Q_豆/(85\% \sim 95\%) \times [1-(1-95\%)]$$
$$= (3.2 \sim 3.8) \times 43\% + (3.2 \sim 3.8)/(85\% \sim 95\%) \times (0.15 \sim 0.05)$$
$$= 1.63 \sim 1.94 \text{ m}^3$$

每环水泥浆的注入量为 1.63～1.94 m³，按设计方案水灰比为（0.7～1）∶1。

6.4 小 结

通过本章研究，得到如下结论：

（1）数值模拟结果表明：软硬不均岩体 TBM 施工，软岩一侧围岩变形很大，而处于硬岩一侧位移变化很小，引起变形不均，并且小半径曲线施工，更加剧了管片错台、破裂的风险。最大变形量及发生位置受围岩软硬差及软硬岩分界面倾角影响较大，当隧道从硬岩段穿越软硬岩交界面过渡到软岩段时，隧道位移急剧增加。

（2）结合案例从双护盾 TBM 设备配置、掘进施工技术工艺和特殊地层施工控制等方面进行系统分析发现：在地铁隧道施工中双护盾 TBM 对岩石地层具有更好的适应性，且具有掘进方式灵活多样、高度自动化以及高效施工等优点。遇空推或软岩时，宜采用单护盾模式施工，而遇硬岩时，宜采用双护盾模式施工，以加快施工进度。

7 TBM穿越断层破碎带设计与施工

在隧道施工中需要克服各种各样的工程地质状况,断层破碎带是隧道开挖过程中经常遇见的不良地质状况,极易造成岩体滑塌、岩块掉落甚至塌方,给隧道施工带来极大的风险。

7.1 断层破碎带倾角对围岩变形及衬砌受力影响分析

建立埋深为200 m、长度为100 m的双隧道模型,如图7.1.1所示。考虑边界效应影响,取计算模型的竖直方向长度为60 m,水平方向长度为74.6 m。研究断层破碎带的倾角变化对围岩变形和管片受力影响,计算中考虑5种倾角工况,分别是15°、30°、45°、60°和75°。计算参数如表7.1.1所示。

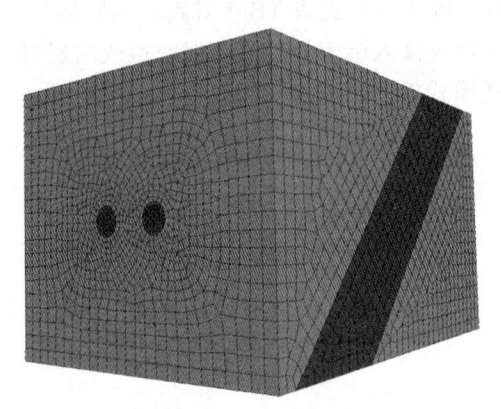

图 7.1.1 计算模型

表 7.1.1 计算参数

材料	密度 /(kg/m³)	弹性模量 /GPa	抗拉强度 /MPa	摩擦角φ /(°)	黏聚力c /MPa	泊松比 μ
Ⅲ级围岩	2 400	10.7	0.52	44	1.1	0.26
断层	2 200	3.8	0.19	35	0.5	0.31
衬砌 C50	2 500	35.5	0.78	55	2.87	0.2
注浆	2 500	20	0.52	50	1.5	0.25

1. 围岩位移分析

隧道拱顶最大位移与倾角关系如图7.1.2所示,可以看出,隧道拱顶最大位移随倾角的增加而减小。

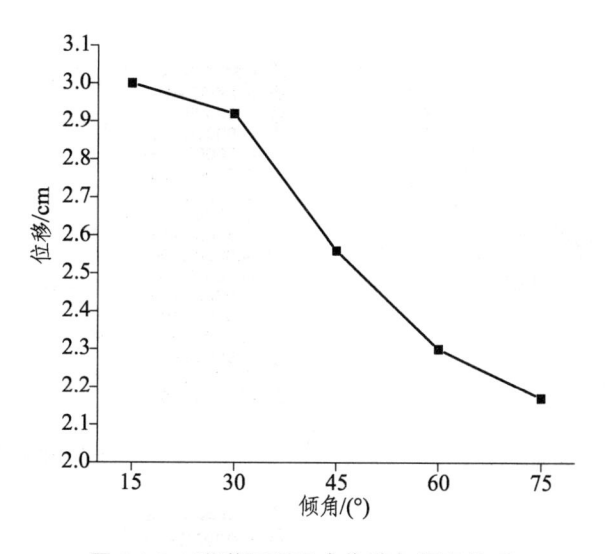

图 7.1.2 隧道洞顶最大位移与倾角关系

2. 管片位移分析

不同倾角管片位移如图 7.1.3 所示，可以看出，管片位移随断层倾角增大而减小。

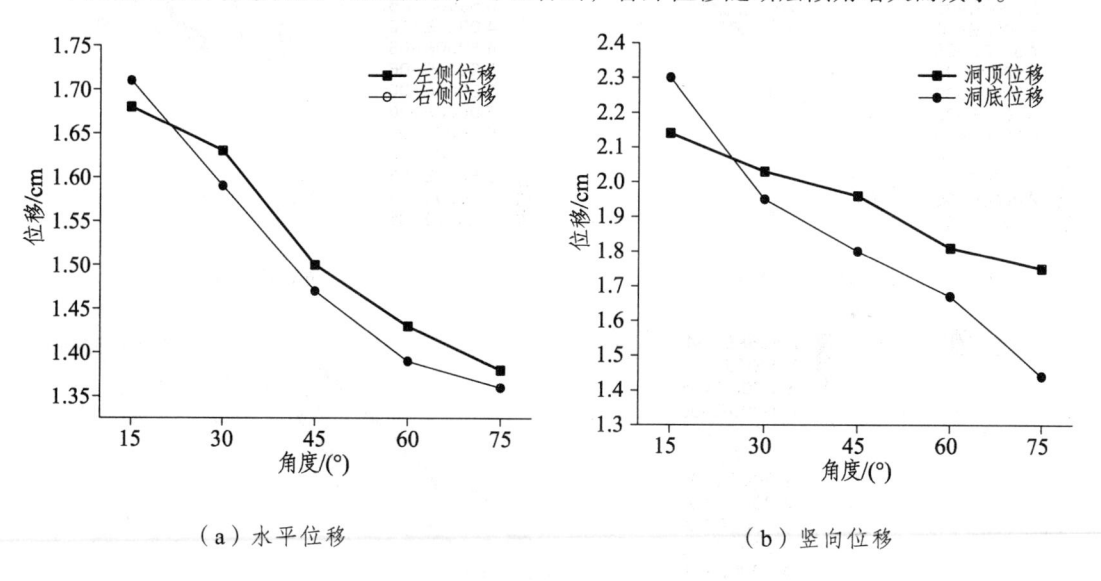

（a）水平位移

（b）竖向位移

图 7.1.3 不同倾角的管片位移

3. 管片应力分析

如图 7.1.4 所示为管片竖向应力图，可以看出，管片竖向应力随着断层倾角的增大逐渐增加；距离断层越远，对管片应力的影响越小。

（a）15°倾角管片

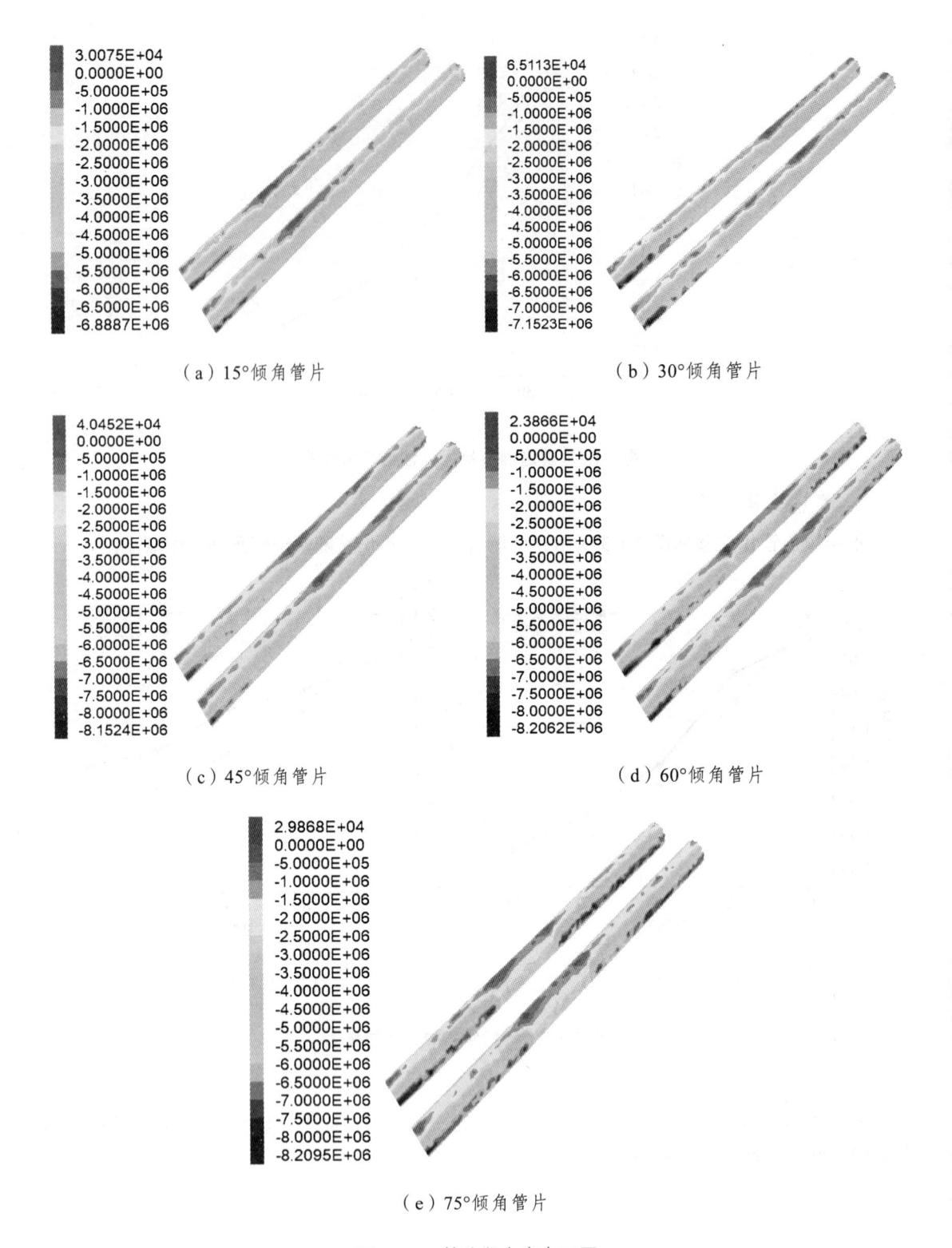

（b）30°倾角管片

（c）45°倾角管片

（d）60°倾角管片

（e）75°倾角管片

图 7.1.4　管片竖向应力云图

7.2 断层破碎带宽度对围岩变形及衬砌受力影响分析

为研究断层破碎带宽度对围岩变形和管片的影响,建立如图 7.2.1 所示的计算模型,计算参数见表 7.2.1。计算时考虑断层破碎带宽度为 5 m、10 m、15 m、20 m、25 m 5 种工况。

表 7.2.1 计算参数

材料	密度 /(kg/m³)	弹性模量 /GPa	抗拉强度 /MPa	摩擦角 φ /(°)	黏聚力 c /MPa	泊松比 μ
Ⅲ级围岩	2 400	10.7	0.52	44	1.1	0.26
Ⅳ级围岩	2 200	3.8	0.19	35	0.5	0.31
衬砌 C50	2 500	35.5	0.78	55	2.87	0.2
注浆	2 500	20	0.52	50	1.5	0.25

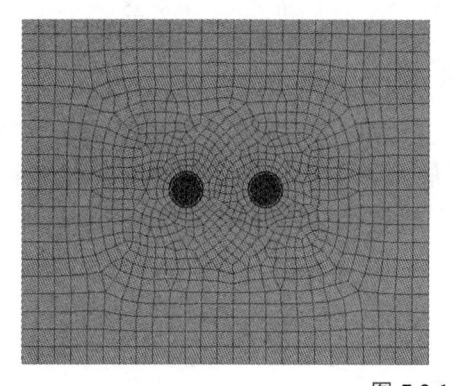

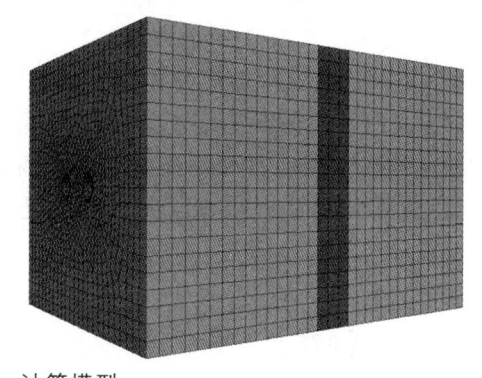

图 7.2.1 计算模型

1. 围岩位移分析

断层宽度与围岩最大拱顶下沉关系如图 7.2.2 所示,可以看出,围岩最大拱顶下沉随断层宽度的增加而迅速增加。

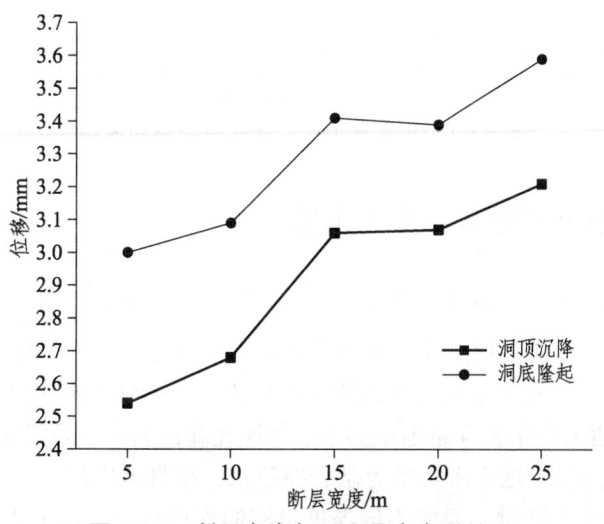

图 7.2.2 断层宽度与围岩最大变形关系

2. 管片位移和应力分析

如图 7.2.3 所示为管片最大位移随断层宽度的变化图，可以看出，管片最大位移随断层宽度的增加而增加。

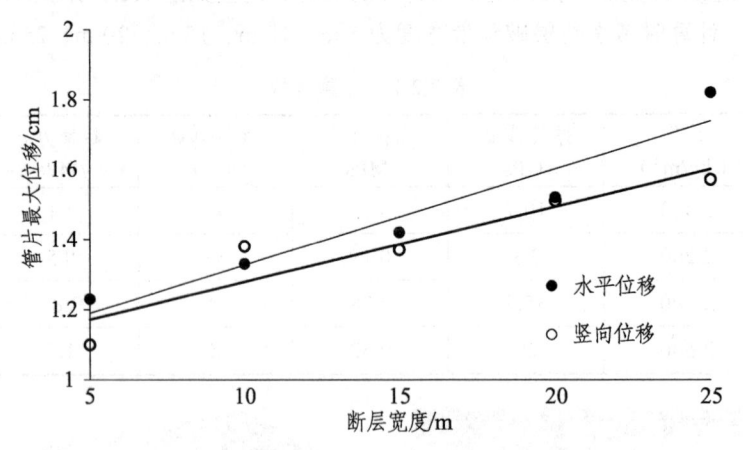

图 7.2.3 管片最大位移随断层宽度变化

如图 7.2.4 所示为管片最大应力随断层宽度的变化图，可以看出，管片最大应力随断层宽度的增加而增加。同时，计算结果表明：①围岩最大竖向位移集中在隧道与断层破碎带相交的位置。②管片最大主应力出现在隧道边墙处。③管片最大竖向位移出现在拱顶。

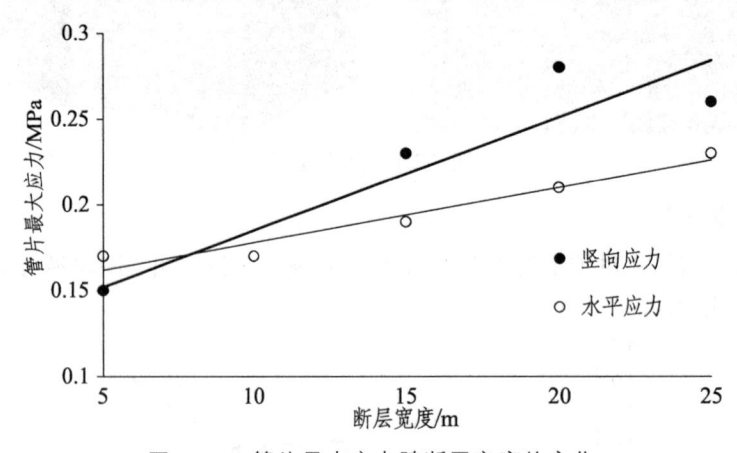

图 7.2.4 管片最大应力随断层宽度的变化

7.3 TBM 穿越断层破碎带施工工艺

7.3.1 深圳地铁 6 号线二期工程民乐停车场出入线隧道

本节以深圳地铁 6 号线二期工程民乐停车场出入线隧道施工为工程背景，分析 TBM 穿越断层破碎带施工技术。区间采用两台双护盾 TBM 施工，TBM 在矿山法隧道内始发，掘进长度为 2 399.59 m。隧道沿线主要穿越地层为中、微风化花岗岩层，局部穿越断层破碎带、中风化花岗岩、微风化花岗岩。地下水类型为基岩裂隙水，略具承压性。

在软弱围岩地层中掘进时，洞壁不能提供足够的支撑反力，故采用单护盾掘进模式。这种模式不使用支撑靴与主推进系统,伸缩护盾处于收缩位置。刀盘的推力由辅助推进油缸支撑在管片上提供,TBM 掘进与管片安装不能同步。

1. TBM 掘进中可能的紧急情况处理

在本工程施工中,会出现刀盘被卡或后壳被卡的情况,应采取相应的解决措施。

(1)卡刀盘解决措施。

① 减小刀盘暴露面,以此减轻对围岩扰动,使刀盘具备快速通过软弱破碎围岩的能力。

② 设计合适的进渣口尺寸,防止大量破碎块涌入、堵塞或卡住皮带机。

③ 加大刀盘扭矩,刀盘驱动设计为双向旋转,正向可切削岩层,反向能进行刀盘脱困。

(2)卡壳解决措施。

① 盾体选择倒锥式,刀盘开挖直径与护盾顶部间隙为 40 mm,如图 7.3.1 所示。

② TBM 设计扩挖功能,降低卡机风险,如图 7.3.2 所示。

③ 辅助推进系统设计高低压切换功能,当 TBM 遇到刀盘、盾壳被卡的情况时,可启动高低压切换泵,利用大推力帮助盾体脱困。

④ 当 TBM 遇到刀盘、盾壳被卡的情况时,超前地质钻机则可以通过超前注浆孔向盾体前方破碎地层进行钻孔,然后利用注浆设备对破碎地层进行灌浆固结处理,减小破碎地层附在盾体上的摩擦力。其超前注浆孔及超前钻机系统如图 7.3.3、图 7.3.4 所示。

⑤ 通过减摩剂注入孔注入膨润土溶液、黄油或者废机油,也可以减小破碎地层附在盾体上的摩擦力。

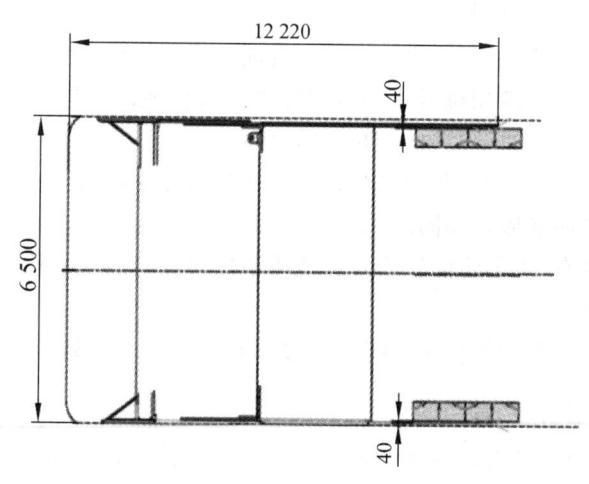

图 7.3.1 盾体与管片关系

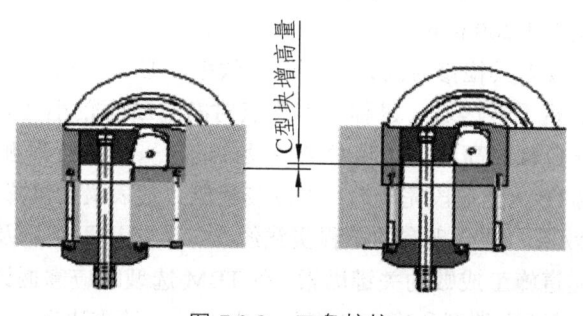

图 7.3.2 刀盘扩挖

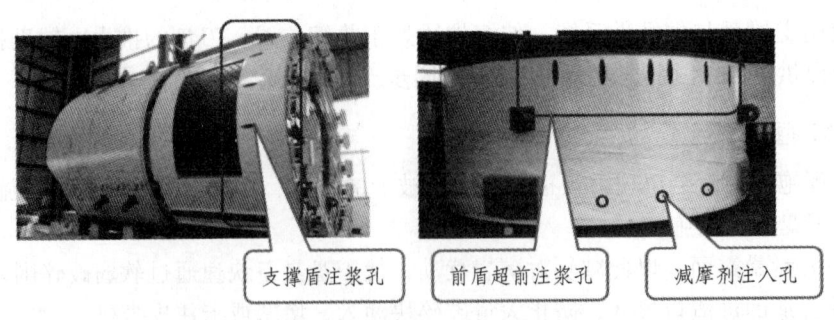

图 7.3.3　盾体超前注浆孔、减摩剂注入孔

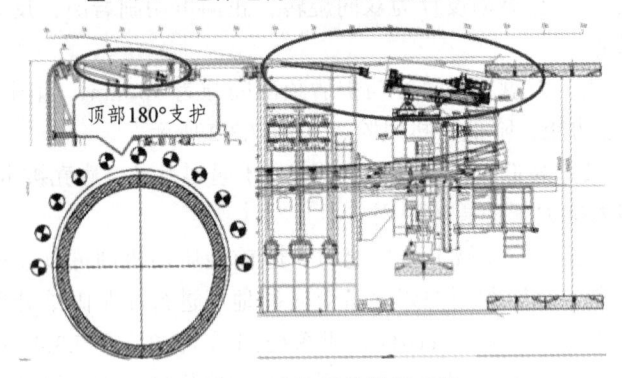

图 7.3.4　盾体超前钻机系统

2. 富水断层破碎可能面临突涌水

TBM掘进机掘进模式属于开放式，针对突发涌水涌砂现象TBM掘进机是无法应对的，所以一般需要提前对已知的断层破碎带涌水涌砂地层进行地面处理，对未知的或者未补勘到的富水破碎带地层，需通过如下洞内辅助措施处理：

（1）在TBM中配置超前地质预报系统，超前探测前方地质情况，如果探测出不稳定、富水围岩，则以超前固结灌浆形式加固。

（2）盾壳上共设计有24个超前注浆孔，地质钻机通过超前注浆孔向盾体前方地层钻孔，然后利用注浆系统注浆。

（3）反坡段掘进配置强大的排水系统，避免在涌水量大的情况下排水不及时。

3. 双护盾TBM在小转弯半径曲线上掘进

在本工程中，综合考虑TBM掘进误差、管片安装误差以及TBM盾壳的局部变形等影响，为确保TBM安全通过小转弯半径段，需采取以下措施：

（1）选用管片环宽为1 200 mm。

（2）合理组织换刀及刀具检修时间，提高施工效率，必要时利用刀盘进行扩挖。

（3）应预先模拟分析干涉区域，过程中需重点对净空断面较小区域加强测量，找出相对位置关系，精准控制导台轨面高程。小转弯半径段掘进时采用小行程掘进，勤换步。

民乐停车场出入线TBM隧道段完成后，经现场量测，地表最大沉降≤10 mm，管片错台≤5 mm，取得了很好的效果。结合现有的工程实践经验，给出以下结论及建议：

（1）TBM选型是隧道施工成败的关键因素，在TBM选型时应掌握详尽的地质勘察资料，有针对性地选择TBM掘进机类型和确定其相关技术参数，慎重决策。

（2）针对双护盾TBM在施工掘进中遇到的问题，提出了优化、改造刀具，加设超前钻机系统及超前注浆孔，以及TBM步进控制措施等方案，确保了TBM的高效掘进。

（3）在TBM设计时需要对TBM的主要掘进参数进行计算，保证TBM能顺利掘进。

4. 掘进模式的选择

深圳地铁6号线二期工程民乐停车场出入线段穿越地层主要为微风化花岗岩层，局部穿越断层破碎带。微风化花岗岩平均强度为95 MPa，最大达到125 MPa，对刀具及刀盘强度、设备功率要求高。在高强度硬岩段掘进时，由于设备与岩层间摩擦力较小，刀盘切削岩层产生的扭转反力将由管片来承担，所以设备应具有防管片、盾体滚转的能力。双护盾TBM具有单护盾和双护盾两种掘进模式，一般Ⅳ级围岩（抗压强度小于3 MPa）选用单护盾掘进模式，而Ⅱ和Ⅲ级围岩选用双护盾掘进模式。由于围岩稳定性较好，位于后护盾的撑靴紧撑在洞壁上，能为刀盘和前护盾提供反力，在主推进油缸的作用下，使TBM向前推进，TBM撑靴如图7.3.5所示。在围岩稳定性好的情况下盾壳与岩层间摩擦力较大，扭转反力较大，在双护盾模式下掘进，后护盾的撑靴很好地承受了岩层掌子面刀盘传来的扭转反力，避免了管片、盾体滚转。盾体撑靴与岩层左右的接触点、刀盘与开挖面的接触点一起形成一个三角形支撑结构，撑靴的油缸可以吸收主机传来的振动，同时对刀盘振动形成半刚性约束，可有效减少刀盘的振动。

图7.3.5 TBM撑靴

刀盘结构具有足够的刚度和强度，盘体结构在极端情况下发生局部磨损时仍能保持不发生变形，同时也为洞内修复提供可能。采取消除内应力、焊接时加热保温、焊缝无损探伤检查等工艺措施确保刀盘的加工质量，防止产生疲劳裂纹及损坏。同时，刀盘具有足够的耐磨性设计，在面板上堆焊耐磨网格和耐磨块，磨损修复间隔里程可加长。

在较硬的地层中掘进，要求掘进的贯入度较小，刀盘转速高，主驱动配置按照硬岩掘进要求转速较高的特点进行选型，要求高转速、大功率。本工程TBM配置的主驱动功率为6×350 kW，额定转速为5.3 r/min，最高转速为10.19 r/min，额定扭矩为3 780 kN·m，脱困扭矩为5 670 kN·m，较一般的土压平衡盾构配置大大加强。

本工程岩层抗压强度在45~125 MPa之间，单纯从岩层强度角度来看属于较坚硬岩层。

工程岩体完整性较好，需完全依靠滚刀压痕产生的裂纹破裂岩体。由于不能充分利用岩体原有的节理裂隙破碎岩石，产生和扩展裂纹需要更多的能量，一次滚压产生的裂纹可能不足以破裂岩石，要第二次滚压或更多次滚压才能破裂岩面，因此推进获得的贯入度不可能很大。根据同类地质工程案例统计数据，贯入度约在 3~8 mm。由于贯入度不大，要更小的刀间距才能使相邻压痕之间的岩石破碎角贯通，从而能够顺利剥裂开挖面。

为充分考虑刀具的破岩能力，应尽可能减小刀间距离、多布置滚刀，主要措施包括：

（1）高强度刀盘。刀盘面板采用 270 mm 锻造厚板，采用滚刀刀座机加工，焊接变形小，滚刀安装精度高，刀盘面板布置如图 7.3.6 所示。

（2）减小刀刃间距。刀盘共 44 个刀刃，中心刀的刀间距为 89 mm，正滚刀的刀间距为 86 mm、82 mm，刀盘的破岩能力较强。减小刀刃间距不但有利于破岩，还可以有效降低刀盘震动、延长刀具的使用寿命。

（3）多设进渣口。进渣口更多，刮渣更干净，有效降低周边盘体及刀具的二次磨损。

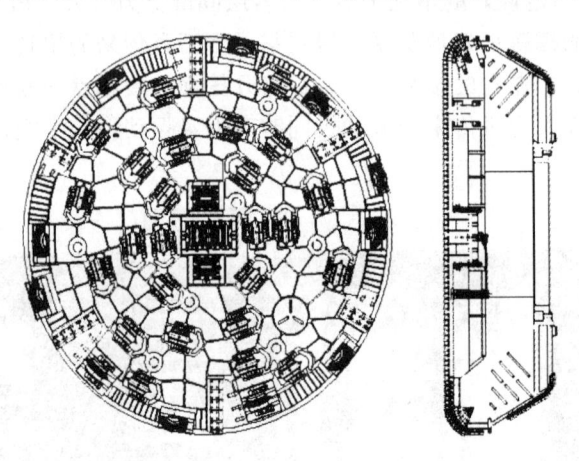

图 7.3.6　刀盘面板布置

7.3.2　深圳地铁 8 号线一期工程梧桐山南站—沙头角站区间隧道

本节以深圳地铁 8 号线一期工程梧桐山南站—沙头角站区间隧道 F-5-1 断层施工为工程背景，分析 TBM 穿越断层破碎带施工技术。F-5-1 断层位于左线 DK41+650~DK41+690，右线 DK41+670~DK41+720，断层走向近东西向，倾向南，倾角约为 80°，断层及其影响带在平面上的宽度为 20 m，对 TBM 掘进影响为左线 40 m，右线 50 m。据地质详勘得知，该断层为压扭性断层，受扭压力影响，破碎岩体间挤压紧密、密实。勘探取岩芯显示岩体局部破碎，岩层整体性较好，较坚硬。断层岩体间较密实，且岩块本身强度较大。TBM 通过地质断层时发生卡盾，掌子面坍塌可能性较小，因此 TBM 过断层时优先采用双护盾模式快速通过。若掘进参数发生较大变化，则及时停机分析，找出原因并采取相应措施。在灌浆预加固后的洞段或撑靴不能提供设备反力的松散围岩段再转换为单护盾模式。为防止地质勘探出现较大偏差，掘进中加强隧道排水，以防止可能出现的地下水从掌子面涌入，影响正常施工。通过断层时采取的主要措施如图 7.3.7 所示。

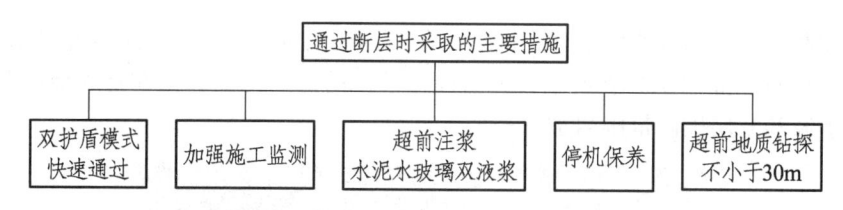

图 7.3.7 通过断层时采取的主要措施

1. 施工方案

为减少 TBM 通过地质断层时因设备故障造成的停机时间，必须确保 TBM 及辅助设备状态良好。在 TBM 进入设计断层区域前 60 m 及此区域掘进未进入断层时，每天对 TBM 及其辅助设备进行全面的检查、保养、更换刀具，发现问题及时处理，确保 TBM 过断层过程中设备达到良好的状态，可快速通过断层。

用 TBM 自带的多功能超前钻机对地质断层进行钻孔，钻孔长度不小于 30 m。在进入设计地质断层前 60 m 处安装好超前钻机，并调试完成，然后开始钻孔。通过对钻孔内出来的渣样进行分析，判断前方地质状况，如图 7.3.8 所示。在断层影响区域每 30 m 进行一次超前钻孔确定前方地质情况，直至确定实际断层区域或 TBM 顺利通过断层区。若钻孔渣样有水、泥、砂等，则可判断出地质断层段围岩强度较差，撑靴不能为设备提供足够的推进反力，TBM 应采用单护盾模式掘进。钻孔完成后拆除超前钻机。

图 7.3.8 断层处超前地质钻探芯样

TBM 预留了超前灌浆孔，可以利用超前钻机对周边围岩进行加固，如图 7.3.9 所示。

图 7.3.9 超前地质钻探和注浆

为保证顺利通过区间线路中的两条断层，在设备选型阶段，项目为这两台 TBM 配置了超前地质钻注一体机，如图 7.3.10 所示。刀盘面上预留的灌浆孔能满足在富水地层条件下进行全断面帷幕灌浆和断层破碎带围岩加固的要求。

图 7.3.10　超前地质钻注一体机

TBM 超前注浆工艺如下：

（1）TBM 掘进过程中通过观察掘进参数、围岩和超前钻孔情况，确定断层区域的具体位置，采用 TBM 进行超前注浆，完成断层区域围岩加固后再继续掘进。

（2）根据以往在断层地段和高压富水地层中的施工经验，当隧洞涌水量< 200 m³/h 或单孔探水孔出水量< 20 m³/h，或 TBM 超挖量小于设计开挖量的 10%时，可暂不进行处理，只要加强洞内施工排水，TBM 即可选择双护盾掘进模式快速掘进通过。合理选择刀盘转速和贯入度等掘进参数，减小对围岩的扰动。根据 TBM 通过断层的施工经验，掘进速度宜控制在 20 mm/min，刀盘转速控制在低速挡位，施工中根据围岩的情况及时调整掘进参数。当涌水量>200 m³/h 或 TBM 超挖量大于设计开挖量的 10%时，必须停机进行处理，应采用 TBM 超前帷幕注浆，然后 TBM 掘进通过。

（3）需要超前灌浆时，利用 TBM 超前钻机进行超前周边预加固灌浆堵水，然后 TBM 采用单护盾模式掘进通过，隧洞进行超前周边预灌浆。

（4）超前灌浆施工采用前进式分段灌浆施工工艺，孔口管采用法兰盘进行止浆。在施工中，实施钻一段、注一段，再钻一段、注一段的钻注交替式钻孔灌浆施工，每次钻孔灌浆分段长度为 10 ~ 15 m，前进式分段灌浆采用水囊式或气囊式止浆塞止浆。

（5）超前灌浆浆液采用水泥-水玻璃双液浆，拟选浆液初步配合比为水∶水泥=1∶1（水泥为 P·O42.5R 水泥），水泥∶水玻璃=1∶1，水玻璃浓度为 35 °Bé，浆液凝胶时间在 38 s 左右，必要时可掺加缓凝剂调整浆液凝胶时间。根据施工经验结合本工程水文地质条件，钻孔深度小于 30 m 时，初选灌浆压力选择 0.8 ~ 2 MPa，实际施工中将根据相关参数做进一步调整，浆液扩散半径初选 2 m。检查超前灌浆的效果主要采用检查孔法，检查孔钻深为开挖段长度以内并预留 3 m。当检查孔出水量小于 20 L/min，或对检查孔进行压水试验（压力为 1 MPa）时地层涌水量小于 4 ~ 10 L/min 时，结束灌浆。

2. TBM 断层区域掘进

在 TBM 掘进过程中,由于进入断层前 TBM 掘进参数及渣石变化不明显,超前钻孔也未能确定断层区域,此时应优先采用双护盾模式快速通过断层区域,防止 TBM 在此区段停机。

TBM 掘进断层区域时,由于断层区域的围岩较为破碎,稳定性较差,掘进后围岩应力重分布通过移动达到稳定状态,但时间过长会使围岩裂隙变大,导致涌水、涌泥及围岩失稳,进而造成塌方,影响 TBM 掘进。TBM 掘进应快速通过,及时进行管片后空隙回填,减少因设备维修保养造成的 TBM 停机。掘进过程应尽量减少各工序的间隔时间,确保 TBM 正常掘进直至完全通过断层区。

若断层区域进行过注浆加固,应确保注浆强度达到设计后再进行断层区域掘进。断层区域掘进应遵循"三低一快"原则,即低转速(2 r/min)、低推力、低贯入度(2~3 mm/r)、快速通过。在断层区域掘进至灌浆预加固后的洞段或撑靴不能提供设备反力的松散围岩段再转换为单护盾模式。

3. 管片监控及加固

断层段管片拼装完成后,为防止周围岩体坍塌造成塌方、TBM 卡顿等,需及时进行管片后空隙回填。此段 TBM 施工时,应在管片上预设好结构加强构件,并现场储备好足够的结构加强材料。

管片安装完成后应及时设置沉降收敛监测点,加密监测点布置,环向间距为 2 m,纵向间距为 1.5 m,监测频率做到 2 次/d,直到监测数据无明显变化时停止监测。如监测数据显示管片变形较大,应及时采用现场储备的材料对管片进行支撑加固,防止压力过大破坏管片结构,管片加固材料采用厚 1 cm、宽 30 cm、长 1 m 的钢板四角开直径为 18 mm 的孔,并加工成半径为 2.7 m 的弧形,采用膨胀螺栓固定于管片内环面。支撑加固完成后立即对管片后围岩进行注浆加固。

4. TBM 卡刀盘、卡盾问题

(1) TBM 卡刀盘、卡盾判定。

当 TBM 掘进遇到卡机、卡盾问题时,可通过以下措施来判定是否为 TBM 卡机及卡机的部位:

① 首先要测一下支撑盾两边的压力是否正常,其次要测一下主推油缸在缸体处的压力是否达到正常值。如果上述两处均正常,则可以初步排除 TBM 因机械故障而卡机的情况。

② 测试刀盘是否能转动,如果不能转动,可将刀盘内的岩渣清理干净,启动 1 号皮带,将岩渣转出去,再试着转动刀盘。如果仍然转不动,则可初步判定 TBM 刀盘被卡住。

③ 若刀盘能够转动,且主推缸有回缩余地,TBM 应试着后退,来判定前护盾是否被卡,并加大主推缸的掘进推力,试着边掘进边脱困。如果加大推力仍然不能前行,则可确定前护盾部位被卡住。

④ 如果前三步均不见效,那么就试着退后护盾(将伸缩盾与后护盾间的铰接伸出)。如果后护盾可后退,就可以判断出此时 TBM 仅是前护盾卡机。如果后护盾也不能后退,那么就可以判断出此时后护盾也被卡住。如果刀盘和前盾可以后退,但后护盾不能后退,就可以判断出此时仅后护盾被卡住。

（2）TBM卡刀盘、卡盾处理措施。

通过对TBM卡刀盘、卡盾的判定，就可判断出TBM的卡机是机械原因还是围岩塌方所致，另外可以确定卡机的具体部位及卡机的严重程度，为后续制订科学合理的脱困方案打下坚实的基础。采取以上确定TBM卡机部位及简单脱困措施，TBM还不能脱困时可采用以下几种措施进行TBM脱困。

① 在刀盘能够转动的情况下：加大推进力并在护盾与围岩间强行注入润滑剂（用刨枪在护盾上依梅花形布置刨出几个小孔洞，然后在其上焊接对丝，再安装液压阀门，使用液压泵将一些废弃液压油打入护盾与围岩的间隙中），以减少机身与围岩间的摩擦力，看能否解困。

② 启动或者加装备用电机，增加脱困扭矩，试图使刀盘转动脱困。

③ 如护盾能向后移动，可通过伸缩护盾间的一段空隙，从该处向刀盘部位（掌子面方向）进行扩挖来进行TBM解困。

④ 如果上述方法均不能解困，则需要割开前后护盾侧壁的钢板，开几个窗口，通过这些窗口对TBM机身前后、上下进行扩挖，或者在最后一环管片上开口，向TBM刀盘方向进行扩挖解困。

⑤ 如果刀盘可以转动，前盾也可以后退，就可以从后退刀盘以后的掌子面处向后护盾方向进行扩挖。

⑥ TBM脱困时，需要对掌子面围岩及周围岩体进行注浆加固时，先采用化学浆液封闭刀盘前和前盾周围破碎岩体，保证TBM设备不被浆液固结，再进行双液浆注浆加固。

5. TBM过地质断层段施工监测

TBM过地质断层施工需要进行监测，施工监测主要包括TBM姿态、管片错台、隧道变形测量、隧道上浮或下沉等。TBM穿越断层破碎带施工时，关键在于以下方面：

（1）准备阶段需要对掌子面前方进行超前地质预报，准确预测前方破碎带的情况，以便采取相应的措施。

（2）超前注浆工艺，能对前方的不良地质进行预加固处理，同时能及时封闭围岩以控制变形。

（3）TBM穿越断层破碎带要尽量避免出现卡刀盘、卡盾的问题，应及时采取应对的措施。

（4）当发现掌子面出现塌腔时，一定要高度重视，若出渣量超过皮带运输量，但皮带能够承受时，不能盲目停机，应选择合理的掘进参数，快速通过。

7.4 小　结

通过本章研究，得到如下结论：

（1）分析了断层破碎带倾角和破碎带宽度对围岩变形及衬砌受力的影响，发现隧道拱顶最大下沉随倾角的增加而减小，而管片竖向应力随着断层倾角的增大逐渐增加。围岩最大竖向位移集中在隧道与断层破碎带相交的位置，而管片最大主应力出现在隧道边墙处。

（2）总结了一套TBM穿越断层破碎带的施工工艺。

8　TBM 穿越既有建（构）筑物的设计与施工

当隧道距离周围既有建筑物较小时，即≤0.5D（D 为隧道直径）时，隧道施工将对既有建筑物产生不利影响。

8.1　TBM 隧道上跨既有地铁隧道围岩变形及衬砌受力分析

为研究 TBM 隧道上跨既有地铁隧道对围岩变形及衬砌受力的影响，建立如图 8.1.1 所示的计算模型。计算中考虑两种情况：① 新建隧道与既有隧道之间的夹角影响。② 新建隧道与既有隧道之间的竖向距离影响。计算参数如表 8.1.1 所示。

表 8.1.1　计算参数

材料	密度 /(kg/m^3)	弹性模量 /GPa	抗拉强度 /MPa	摩擦角 φ /(°)	黏聚力 c /MPa	泊松比 μ
Ⅲ级围岩	2 400	10.7	0.52	44	1.1	0.26
衬砌 C50	2 500	35.5	0.78	55	2.87	0.2
注浆	2 500	20	0.52	50	1.5	0.25

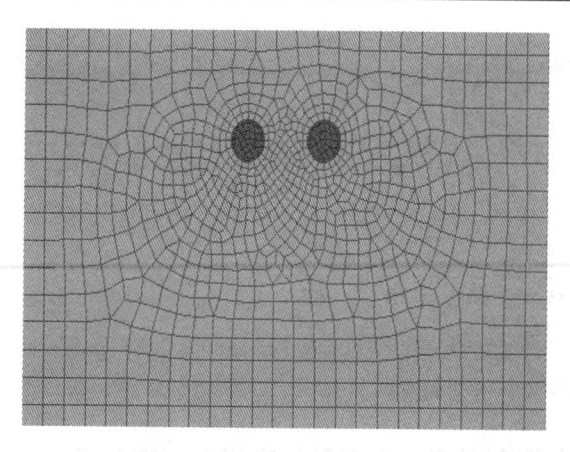

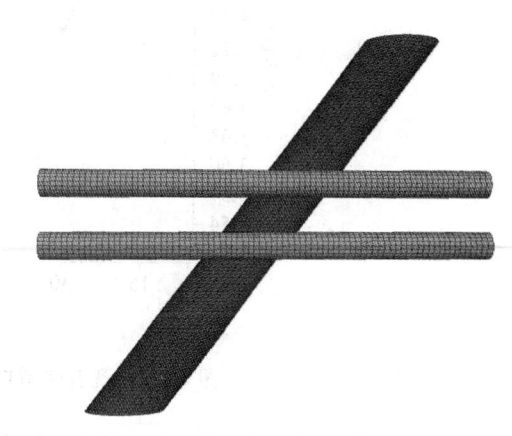

图 8.1.1　计算模型

8.1.1　新建隧道与既有隧道之间的夹角对围岩变形及衬砌受力影响分析

1. 围岩位移分析

考虑新建隧道与既有隧道之间的夹角影响，取 15°、30°、45°、60°、75°、90°共 6 种工况。不同夹角的既有隧道拱顶围岩下沉如图 8.1.2 所示，可以看出，既有隧道拱顶围岩下沉随新建隧道与既有地铁隧道之间夹角的增加而减小。

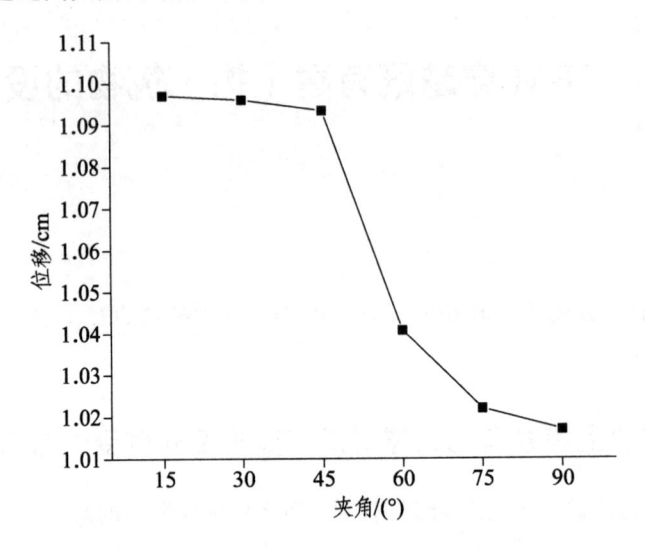

图 8.1.2　既有隧道拱顶围岩下沉与夹角关系

2. 管片位移分析

不同夹角的既有隧道拱顶管片上浮如图 8.1.3 所示，可以看出，与围岩下沉类似，既有隧道拱顶管片上浮随夹角的增加而减小。

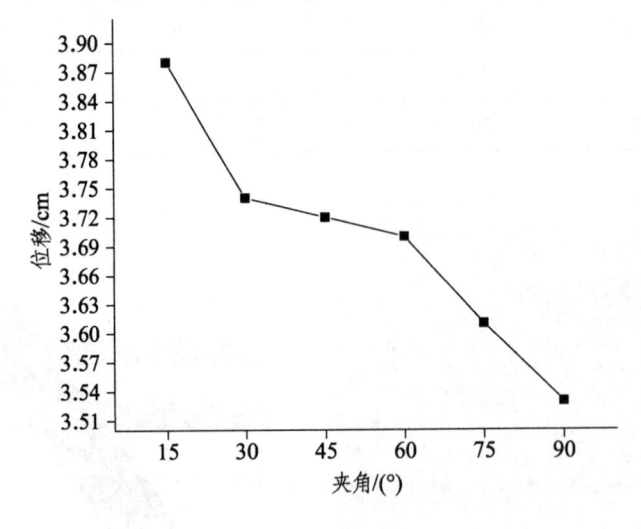

图 8.1.3　既有隧道拱顶管片上浮与夹角关系

8.1.2　新建隧道与既有隧道之间的竖向距离对围岩变形及衬砌受力影响分析

1. 围岩位移分析

考虑新建隧道与既有隧道之间的竖向距离影响，取 20 m、22 m、24 m、26 m、28 m 共 5 种工况。不同距离的既有隧道拱顶围岩下沉如图 8.1.4 所示，可以看出，既有隧道拱顶围岩下沉随新建隧道与既有地铁隧道之间距离的增加而减小。

2. 管片位移分析

不同距离的既有隧道拱顶管片上浮如图 8.1.5 所示，可以看出，与围岩下沉类似，既有隧道拱顶管片上浮随距离的增加而减小。

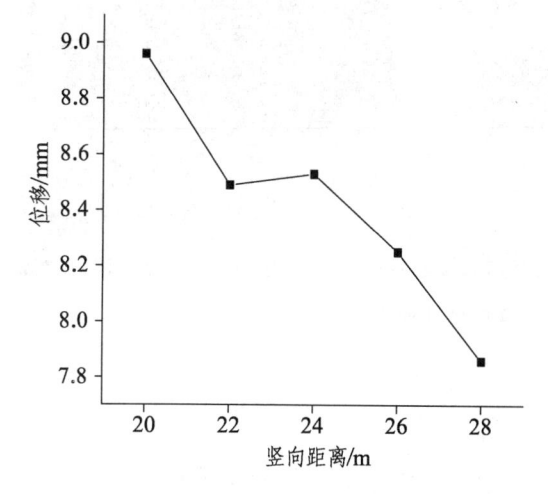

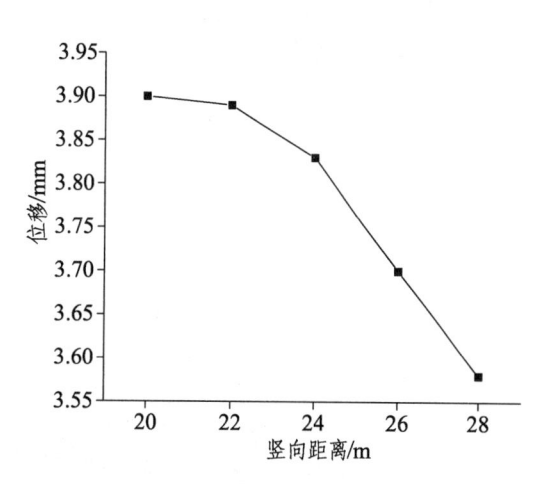

图 8.1.4　既有隧道拱顶围岩下沉与竖向距离关系

图 8.1.5　既有隧道拱顶管片上浮与竖向位移关系

8.2　TBM 穿越桥梁高桥墩桩基托换技术研究

城市地铁建设不可避免地与既有工程相冲突，需对既有工程进行处理，当遇到桥梁时以桩基托换的方式进行处理是最常见的。桩基托换施工分为被动托换和主动托换两种：被动托换适用于上部结构托换荷载较小的情况，对变形要求不严格；主动托换适用于上部结构托换荷载较大的情况，变形控制严格。在城市地铁施工中，托换精度和工作安全要求高，通常采用主动托换施工工法。

8.2.1　深圳地铁 6 号线二期工程民乐停车场出入线隧道

深圳地铁 6 号线二期工程民乐停车场出入线下穿处于高边坡的南坪快速牛咀大桥，如图 8.2.1 所示。牛咀大桥总计 7 根桥墩位于隧道内需进行托换（见图 8.2.2），属高位托换，托换空间小，被托换桩为直径 1.8 m 的端承桩，托换桩之间有系梁连接，其他无系梁。托换均采用由托换桩和托换大梁组成的门字架托换体系（见图 8.2.3），托换桩采用直径 1.5 m 人工挖孔桩（原地面以上为直径 1.5 m 圆柱桩），托换梁（宽×高×跨度）为 1 跨 3.5 m×3.0 m×20.6 m、2 跨 3.0 m×3.0 m×20.6 m、2 跨 3.5 m×3.0 m×23.3 m、2 跨 3.0 m×2.5 m×17.8 m，根据荷载较大以及托换梁跨度较大的特点，采用主动托换的方式进行处理。

施工区间明挖段主要分布的地层包括：第四系全新统人工填堆填层（Q_4^{ml}）、残积层（Q^{el}）、下伏燕山期花岗岩（γ_5^3）及构造岩。上覆地层以坡积、残积粉质黏土、含砾黏土为主，透水性较差。基岩裂隙水分布于花岗岩、混合岩的中等~强风化带、构造节理裂隙密集带及断层破碎带中，一般为承压水。

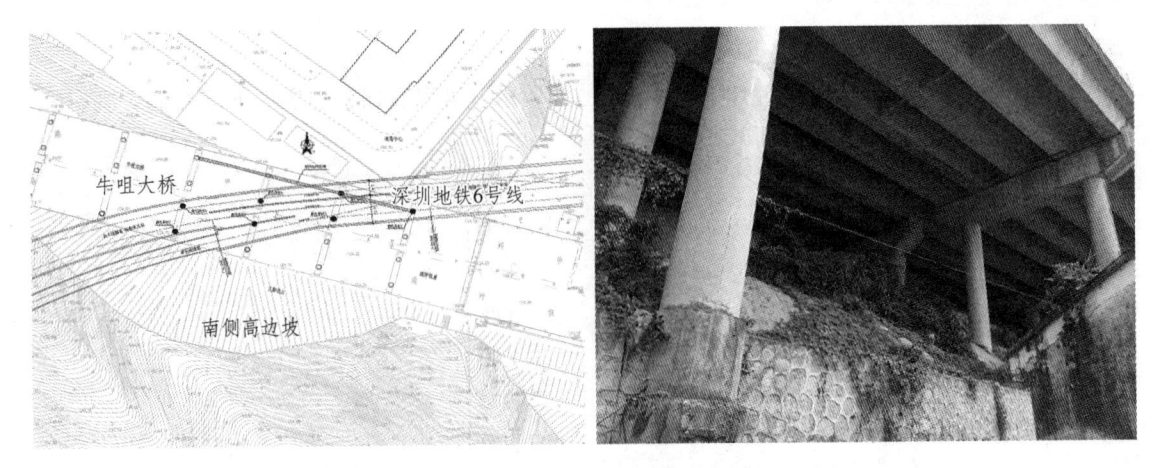

图 8.2.1 民乐停车场出入线下穿南坪快速牛咀大桥

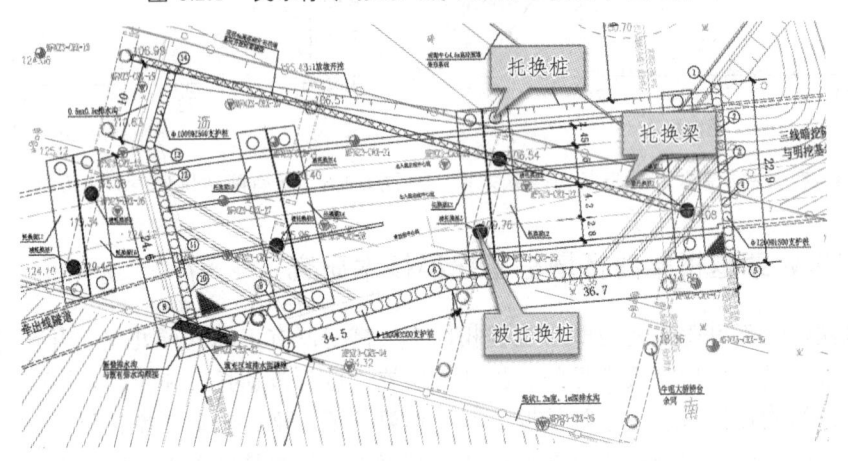

图 8.2.2 牛咀大桥需托换的 7 根桥墩

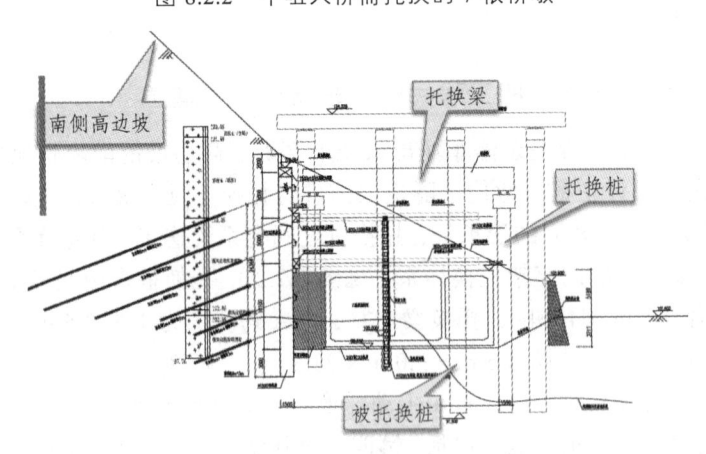

图 8.2.3 桥墩托换截面

托换体系采用梁式托换形式处理，将既有桥墩通过植筋与新建托换梁连接成为整体，整个过程中，需要架设千斤顶、安装安全自锁装置及钢支撑，同时要求预顶与监测同步进行，确保托换工作安全进行。当托换体系变形稳定后，把桥墩上部荷载转移至托换桩上，使新做托换梁、桩与原结构框架形成整体共同工作。主要施工工艺及方法总结如下。

1. 圆柱桩及桩帽施工

圆柱模板及桩帽模板主要用组合钢模板，为了保证墩柱模板有足够的刚度，同时具有较好的墩柱外观质量，钢模面板采用钢板制作，外壁采用槽钢加肋。本工程所有圆柱均一次性浇筑成型，桩帽单独立模绑扎钢筋浇筑。模板支立前应将模板内侧打磨干净后涂一层脱模剂，墩柱模板支立后应能保证墩柱的设计尺寸及墩柱的竖向垂直度，如图 8.2.4 所示。随后进行混凝土的浇筑和养护。

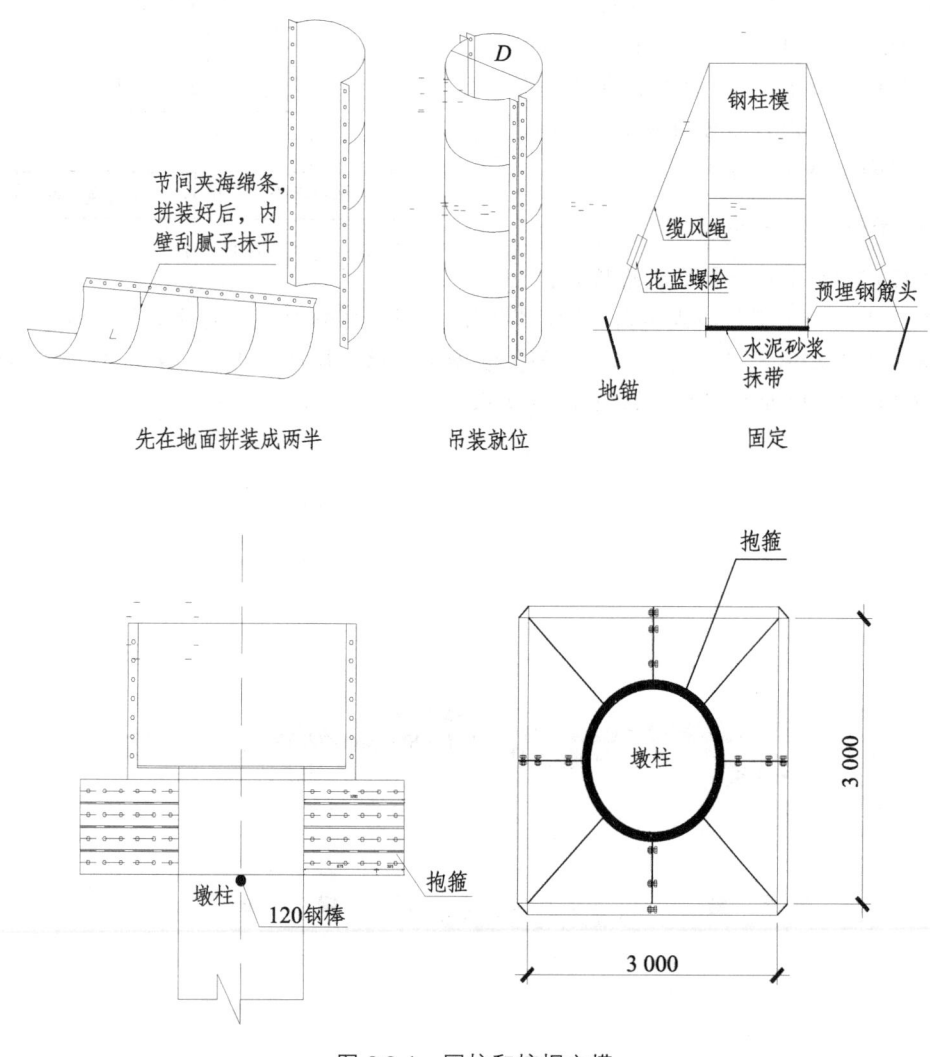

图 8.2.4 圆柱和桩帽立模

2. 托换梁施工

托换梁施工工艺流程如图 8.2.5 所示，包括：

（1）底模制作与安装。底模支撑架搭设前应放出托换梁外轮廓线并复核基底标高，支撑架同时作为顶升时的施工平台，核算地面承载力（考虑应急预案支撑），确定地面硬化方案。托换梁及桩帽支撑体系在混凝土达到设计强度后拆除，顶升、截桩施工另行搭设操作平台，操作平台尺寸四周应大于托换梁底尺寸 1.5 m 左右。

（2）散热管安装及其他预置安装。散热管采用薄壁钢管，在梁底上以两排梅花形布置安装。测温管安装需要在托换大梁内 $L/4$、$L/2$、$3L/4$ 处由下至上安装小型钢管。薄壁连接体混凝土浇筑管需要在桩帽中间对应大梁部位均布安装。

（3）模板工程。托换梁模板全部采用组合小钢模板。垂直于模板方向设置对拉螺栓，水平模板方向用型钢作为围檩。模板与钢筋之间加设混凝土垫块，垫块间距 1 m 左右，以防露筋。模板表面必须涂刷脱模剂。

（4）混凝土浇筑及养生。

3. 原桥墩连接部位施工

首先要在原桩上定出界面处理位置，在原桩混凝土表面利用工具凿入企口，形成齿槽，未凿入部分混凝土需要清除表面浮浆皮，将新鲜混凝土界面露出。凿槽后清刷开凿部位混凝土碎屑，再清洗干净，要求在新加结构混凝土浇筑前 4 h 内刷界面处理剂，如图 8.2.6 所示。

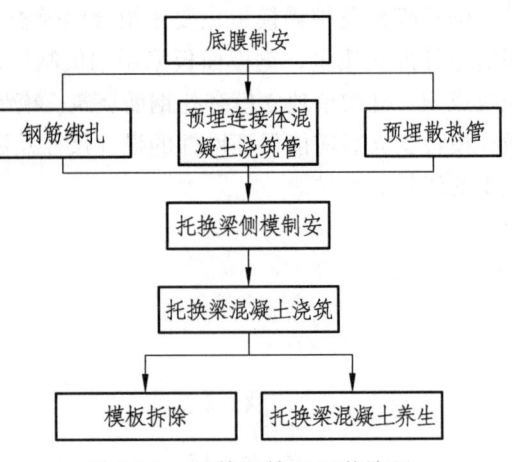

图 8.2.5 托换梁施工工艺流程

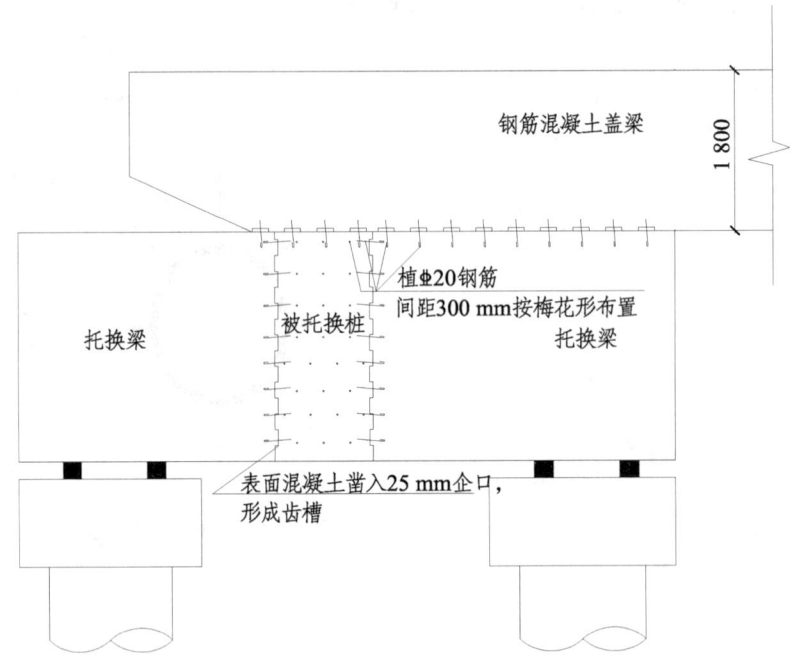

图 8.2.6 既有桥梁结构与托换梁植筋及企口构造

4. 顶升施工

在顶升施工中，托换柱墩的顶升平台上需要安装安全自锁装置及钢支撑，安全自锁装置与钢支撑将一直埋置在托换梁与顶升平台间的钢筋混凝土连接体内。拆除顶升平台连接部位及顶升操作空间的模板，并进行顶升平台与大梁连接体的清理。在每个桩帽的预埋钢板上分别布置自锁千斤顶，千斤顶高度不足时，可用钢板垫块进行补充。自锁千斤顶安装之前需要整理钢筋，使千斤顶能顺利地放置在桩帽钢垫板之上，如图8.2.7和图8.2.8所示。

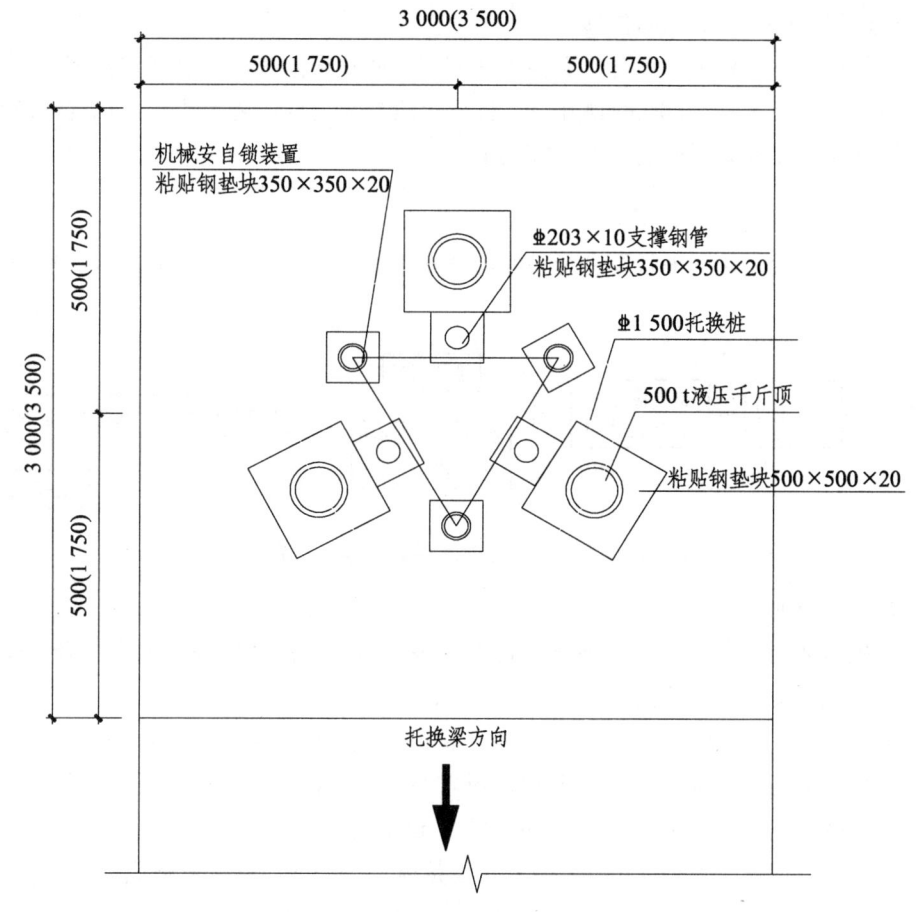

图 8.2.7 桩帽顶部顶升设备布置平面

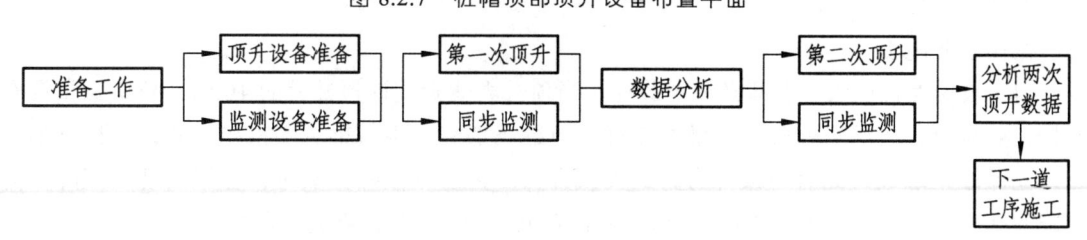

图 8.2.8 顶升流程

主要施工工艺如下：

（1）预顶采取分级加载原则，每级加载需保持规定时间，待结构稳定后方可加下一级荷载，被托换梁的上抬量不能大于1 mm。

（2）在加载过程中同时应严格监测托换梁裂缝的产生及发展，当达到最大裂缝控制值时，应立即停止加载。

（3）预顶时，根据各桩位的轴力设计值以及墩底的基础类型，必须严格控制千斤顶的顶升力和托换梁两端的位移，使得各千斤顶顶升力达到控制值时梁端位移未达到位移限值。

（4）为保证顶升过程安全，要求自锁装置与钢支撑打钢楔块同步升降。

（5）根据监测系统控制油泵的工作系统，来达到托换梁两端的顶压平衡，消除或减少托换梁在顶升过程中所产生的纵向位移。

（6）在每级顶升过程中，顶升值需要不断调整，防止误差累计超过规定范围。

（7）顶升回落至50%~80%的顶升力，将千斤顶与安全自锁装置锁定，安装钢楔块。

（8）回落时以托换梁不产生变形为控制值。

5. 桩帽与托换梁连接体施工

完成顶升工作后，接下来就要进行桩帽与托换梁的连接工作，具体的连接流程如图8.2.9所示。

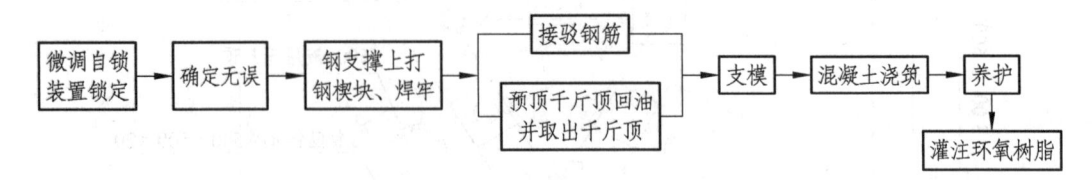

图 8.2.9　桩帽与托换大梁连接体施工流程

主要施工内容如下：

（1）首先需要对桩帽与托换梁即将连接部位进行凿毛、清洗处理，确保二者能够可靠地连接，同时对既有钢筋进行清洁处理。

（2）连接体预埋钢筋通过焊接法进行连接，同时在主筋以外增设钢筋网，按顺序依次施工。

（3）对托换梁与新桩连接体的定型钢模板需要外加钢箍固定，在模板上部预留孔洞用于混凝土浇筑观察及振捣，利用托换梁中预留钢管孔道浇筑、振捣混凝土，直至浇满并振捣密实。

（4）当连接体混凝土养护7 d后，需要在连接体上部注入改性环氧树脂。

6. 截柱

截柱主要施工工艺如下：

（1）被托换桩侵限，上部必须先截柱。当顶升力达到设计顶升力的100%，桥墩盖梁没有上抬的趋势时，由于需要破除柱墩的盖梁，应继续加载；当盖梁有上抬趋势时，为顶升临界点，立即停止加载，此时的顶升力为最大顶升力。为防止截断柱墩时，盖梁出现负沉降，需要破除既有桥墩，应将顶升力回油调整为现有顶升力的75%，再进行截柱。

（2）当顶升力达到设计顶升力的110%时，不管桥墩有没有上抬的趋势，应停止加载。为防止截柱时，盖梁出现负沉降，对于需要破除老桩的桥墩应将顶升力回油调整为现有顶升力的80%，再进行截柱。在顶升力从设计顶升力的100%至110%过程中桥墩有上抬趋势时，为顶升临界点，立即停止加载，需要破除既有桥墩，将顶升力回油调整为现有顶升力的80%，再进行截柱。

（3）在完成预顶，并且在监测的变形稳定后，将千斤顶和自锁装置锁定，开始截断被托换桩，断柱采用人工截除，采用由外及内、层层剥离的施工方法。

（4）截柱前需对原桩沉降及新旧混凝土界面滑移做好观察，在截柱过程中实行不间断观测，确保整个过程安全进行。如发现 A 墩柱有下沉趋势，停止截柱，应立即向上微调 A-1 桩帽、A-2 桩帽上顶升力，使 A 墩柱保持在原有位置，稳定后，继续截柱。如发现托换梁发生倾斜，停止截柱，立即向上微调倾斜方向顶升平台上顶升力，使托换梁达到平衡状态，稳定后，继续截柱。

（5）截柱时应分批错位进行，断柱位置在托换梁底部 500～1 000 mm 处，先用工具沿柱周边凿出原柱箍筋，将箍筋拆除。再沿原桩截面的 3 个方向截断部分钢筋及破除混凝土，直到原柱的直径为 200～250 mm。

（6）在做好交通管制后，可继续破除既有柱，每次破除的深度不超过一定的限制，由于操作需一定空间，高度可不断提升，但最终切口高度不超过 500 mm，直到把原柱全部破除。

（7）在没有切断钢筋的部位继续分别切断钢筋，直到钢筋全部被截断，同时观察各个观测点的沉降变化情况。

（8）如各个观测点的沉降无变化，锁定千斤顶及自锁装置，然后进入封闭施工平台与托换梁连接体部分的工序，如图 8.2.10 所示。

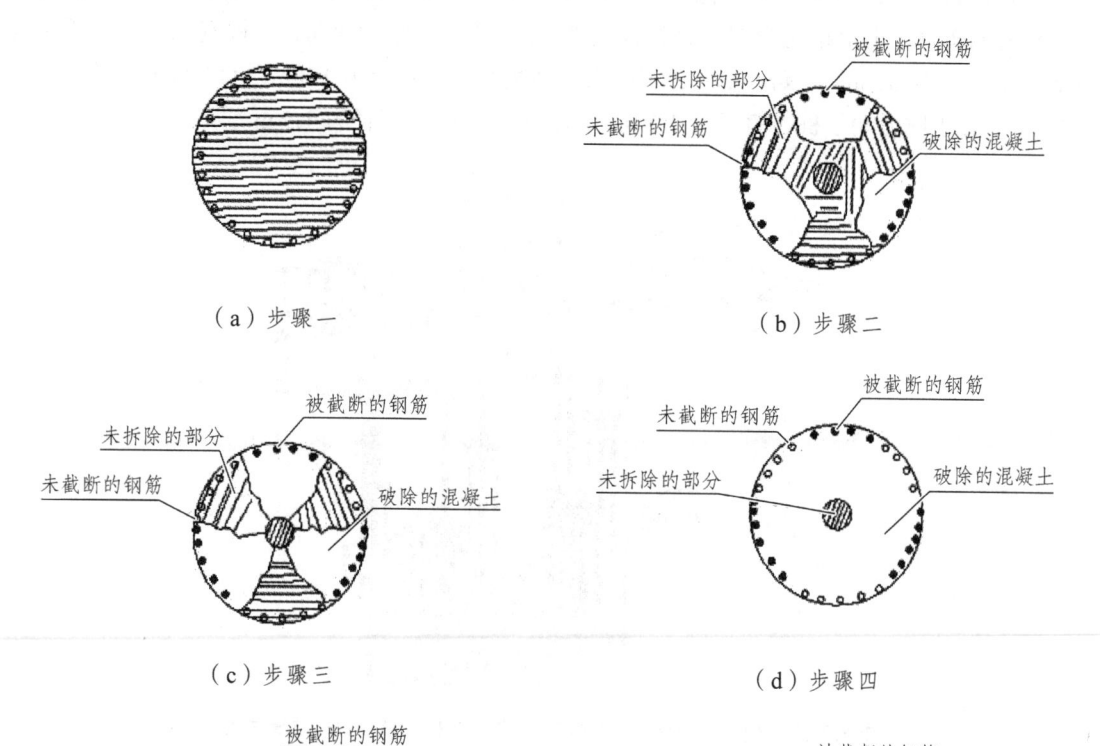

（a）步骤一　　　　　　　　　　（b）步骤二

（c）步骤三　　　　　　　　　　（d）步骤四

（e）步骤五　　　　　　　　　　（f）步骤六

图 8.2.10　截桩步序

7. 托换监测

整个施工过程中需要采用监测系统对变形进行监测。通过对被托换桥墩、托换体系构件（托换梁、托换桩）变形的监测数据，对接下来的施工步骤进行指导，使这一工程能够安全有效地完成。

可以看出，桥墩托换的整个过程是比较复杂的，需要对整个施工过程进行严格的控制，这样，通过桩基托换的处理后才能既满足新建工程的施工要求，又能满足既有结构的安全要求。

8.2.2 深圳地铁 8 号线一期工程梧桐山南站—沙头角站区间隧道

本节以深圳地铁 8 号线一期工程梧桐山南站—沙头角站区间隧道穿越罗沙高架桥桩基托换工程为例，对城市地铁桩基主动托换施工进行分析。

深圳地铁 8 号线一期工程梧沙区间线路在右线 DK41+027～DK41+250 段下穿罗沙高架桥左线，如图 8.2.11 所示。受其影响，罗沙高架桥 Z11 号、Z12 号桥台处需要进行桩基托换。由于被托换桩基上部墩荷载大，托换梁跨度大，设计采用主动托换方式处理。既有罗沙高架桥为双向四车道，上部结构为双箱直腹板式现浇连续梁，梁高 1.8 m，底板宽 8.75 m，桥面宽 13.25 m，跨径为 33 m，三跨一联。Z11 墩为双柱边跨墩，直径为 1.8 m，Z12 为单柱墩；直径为 2.2 m；Z11 墩为端承桩，直径为 1.2 m；Z12 为端承桩，直径为 1.5 m。

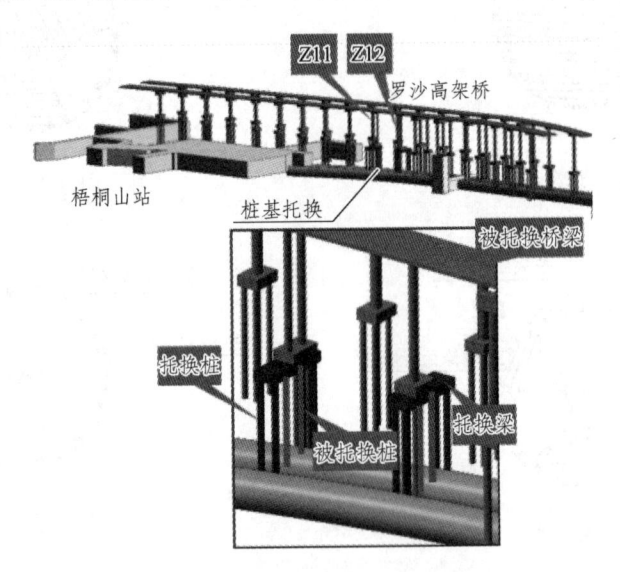

图 8.2.11 梧沙区间桩基托换与罗沙高架桥 BIM 模拟位置关系

桩基托换的施工思路：在梧桐山南站—沙头角站区间，TBM 区间影响范围内考虑原桩失效，设置托换梁及托换桩承受上部建筑荷载，以满足 TBM 设备通过要求。桩基托换采用"ϕ800/ϕ600 排桩支护+ϕ600 旋喷桩止水帷幕+内支撑"围护基坑开挖，新桩采用冲孔桩，旧桩人工凿除侵入隧道部分桩基。桩基托换与既有桥梁关系如图 8.2.12 所示。

托换施工流程如图 8.2.13 所示。

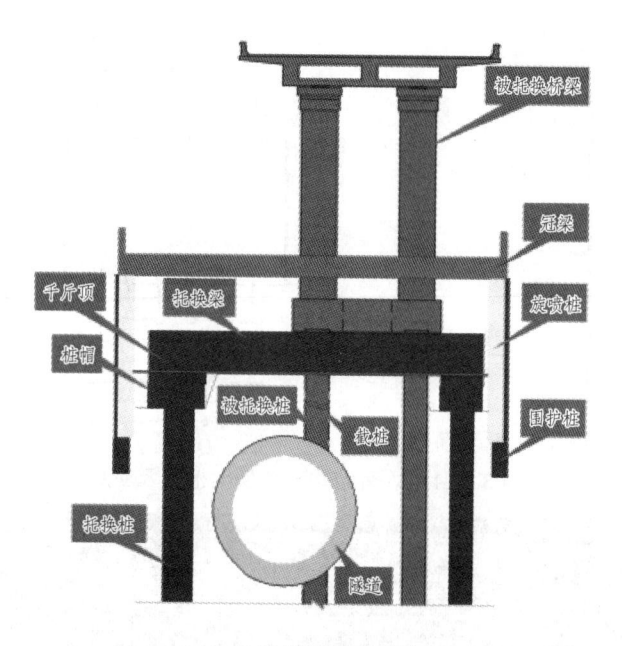

图 8.2.12 桩基托换与既有桥梁关系

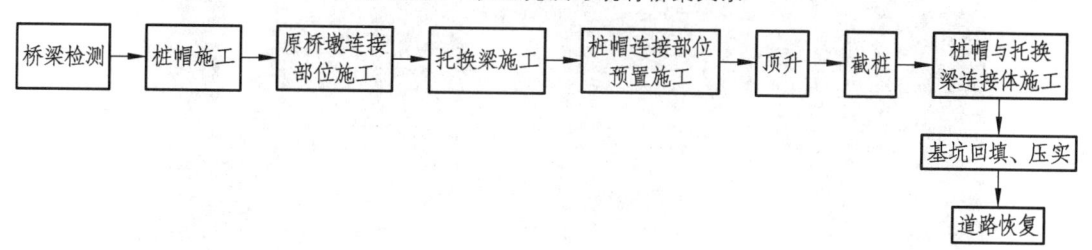

图 8.2.13 托换施工工艺流程

1. 桥梁检测

在桩基托换施工前、托换施工完成后隧道施工前、隧道施工完成后，分3次对受桩基托换及隧道施工影响的桥梁标高、倾斜、裂缝及外观情况进行检测，通过3次检测成果的对比分析，判断桩基托换、地铁隧道施工是否对桥梁结构造成损伤。

2. 桩帽施工

预顶桩帽的作用是为千斤顶提供预顶作业的平台，预顶桩帽通过托换桩内预留的主筋连接形成整体。桩帽底部铺设100 mm厚的C20素混凝土垫层。托换桩帽上方预埋20 mm厚的钢板供预顶阶段使用，桩帽与托换桩的连接通过桩顶插筋实现。每个预顶桩帽顶上预埋6块500 mm×500 mm×20 mm钢板和12块350 mm×350 mm×20 mm钢板，预埋钢板安装时必须定位准确。

3. 原桥墩连接部位施工

在原桩上进行放样划线，定出界面处理位置。将原桩混凝土表面利用手持钉锤间隔将桩（柱）表面混凝土凿入25 mm企口，形成齿槽。钻孔植筋前首先在原桩上进行放样，标出每孔植筋位置，植筋间距35 cm按照梅花形交错布置，如图8.2.14和图8.2.15所示。

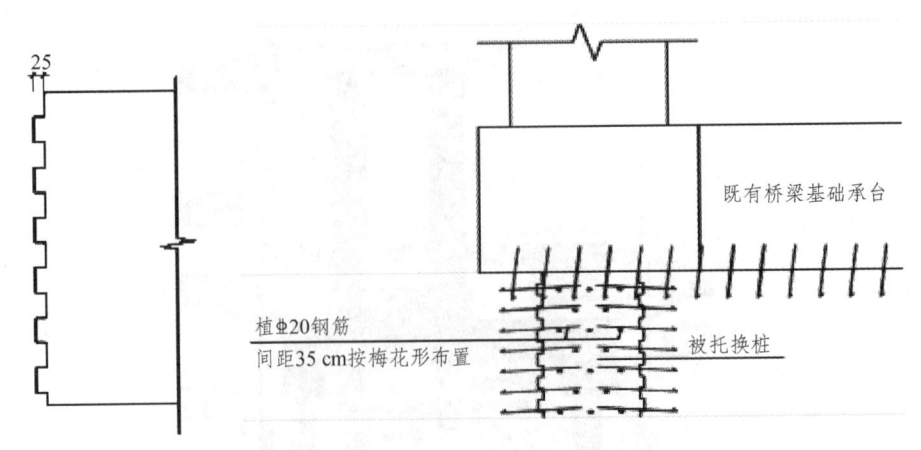

图 8.2.14　既有结构与托换梁植筋及企口

图 8.2.15　桥墩连接面现场施工

4. 托换梁施工

托换梁施工顺序为基坑开挖→清底→垫层施工→绑扎钢筋、预埋混凝土冷却管及钢板→安装两侧模板→注浆管安装→浇筑混凝土、养护。施工时，对梁端预顶部位严格控制预埋钢板的位置。梁底纵向受拉钢筋较多，要进行分层浇筑，确保混凝土振捣质量。浇筑混凝土时，在托换梁底预留下料孔及对应桩预留钢筋。托换梁施工重点在于原有承台与托换梁之间的连接，因此混凝土浇筑前，对原承台底面进行凿毛、清理后，再埋设注浆管。混凝土浇筑完成终凝后，托换梁顶与原有承台之间空隙以压注高强度等级水泥浆进行填充。注浆管采用 2 cm 长的 PVC（聚氯乙烯）管，注浆管布置如图 8.2.16 所示。注浆压力为 1.5~2 MPa，持压 2 min，浆液为水泥浆，水灰比为 0.5。

5. 桩帽连接部位预置

桩帽混凝土达到设计强度后，在每一托换桩的桩帽上安装 6 个安全自锁装置及 6 个钢支撑，安全自锁装置与钢支撑将永远埋置于托梁、桩帽间的钢筋混凝土连接体内。千斤顶的组合形心必须和桩基的形心重合，千斤顶加载过程必须同步加载。

图 8.2.16 托换梁钢筋制作安装及预埋注浆管

6. 顶升

托换梁和托换帽设置千斤顶（预承台）荷载，使上部结构对钻孔灌注桩进行荷载传递，并通过预压使最大位移相抵消，通过钻孔桩主动荷载代替桩应力。本次顶升采用可编程控制器（PLC）同步顶升设备进行顶升施工。

在抬升施工过程中，随着抬升荷载的逐级增大，竖向位移值随之增大，其中 Z11 号桥墩最终位移值为 0.52 mm，Z12 号桥墩最终位移值为 1.11 mm，与设计单位提出的竖向位移控制值基本一致。

7. 截桩

原有桩侵限，上部必须先截桩。截桩主要施工工艺如下：

（1）截桩前顶升力的控制，当顶升力达到设计顶升力的 100%，桥墩有上抬趋势时，为顶升临界点，立即停止加载，此时的顶升力为最大顶升力。

（2）截桩前需对原桩沉降及新旧混凝土界面滑移做好观察，在截桩过程中实行不间断观测，做到信息化施工。如发现有下沉趋势，停止截桩，立即向上微调顶升力，使墩柱保持在原有位置，稳定后，继续截桩。如发现托换梁发生倾斜，停止截桩，立即向上微调倾斜方向桩帽上顶升力，使托换梁达到平衡状态，稳定后，继续截桩。

（3）截桩时，应分批跳开进行，断桩位置在托换梁底 500~1 000 mm 处。

（4）截桩时，需做好交通管制，5~20 t 的车辆限速 30 km/h，20 t 以上车辆限行。

（5）如各个观测点的沉降无变化，则锁定千斤顶及自锁装置，然后进入封桩帽与大梁连接体部分的工序。

8. 桩帽与托换梁连接体施工

桩帽与托换梁连接体施工流程如图 8.2.17 所示。

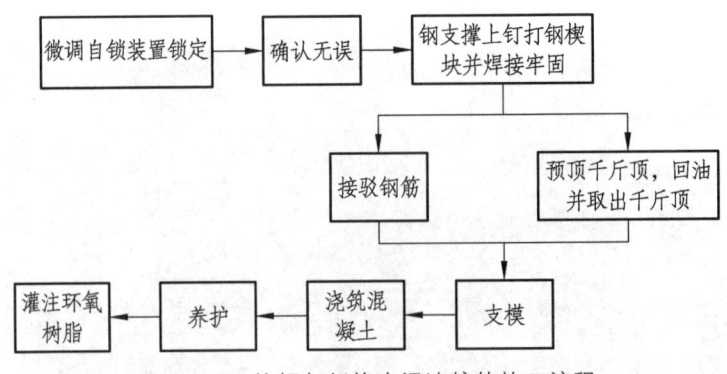

图 8.2.17 桩帽与托换大梁连接体施工流程

桩帽与托换大梁连接体施工注意事项：

（1）必须确保自锁装置及钢支撑安全可靠后才能拆除千斤顶。

（2）对桩帽顶面及托换梁底面实施凿毛、清洗处理，凿毛不平整度不小于 10 mm，确保与连接体混凝土的可靠结合。

（3）在连接体混凝土养护 7 d 后，在连接体上部周围打 V 形槽埋设注浆嘴，注入改性环氧树脂。

9. 基坑回填压实

基坑作为桩基托换的辅助工程，只是按临时结构进行设计施工，托换桩施工完成后应予以回填，消除隐患。在基坑填埋之前，将基坑内积水和杂物清理干净，符合回填的虚土应夯实，并经隐蔽检验合格后方可回填。

深圳地铁 8 号线一期工程桐山站—沙头角站区间下穿罗沙高架桥段，采用 PLC 主动顶升主动托换方式，对原桥桩基进行托换施工，圆满地完成了施工任务，积累了同类工程的施工经验。

8.3 TBM 侧穿牛咀水库施工技术研究

深圳地铁 6 号线二期工程民乐停车场出入线 TBM 隧道于 MRDK2+370～MRDK2+470 侧穿牛咀水库，牛咀水库距左线 TBM 隧道最近距离为 25 m，水库水面在 TBM 隧道顶部以上 13 m，牛咀水库和隧道之间可能存在水力联系，如图 8.3.1～图 8.3.3 所示。

图 8.3.1 牛咀水库现场照片

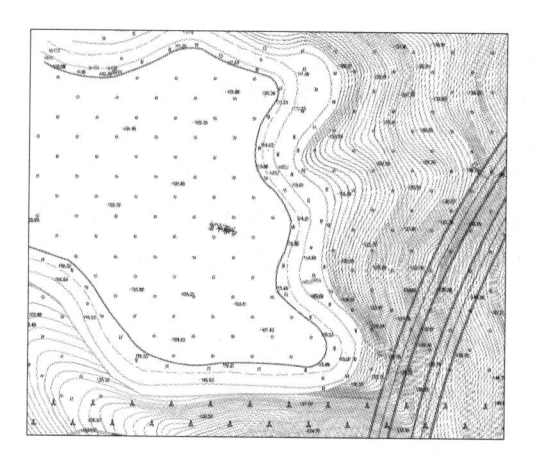

图 8.3.2 隧道与牛咀水库平面关系

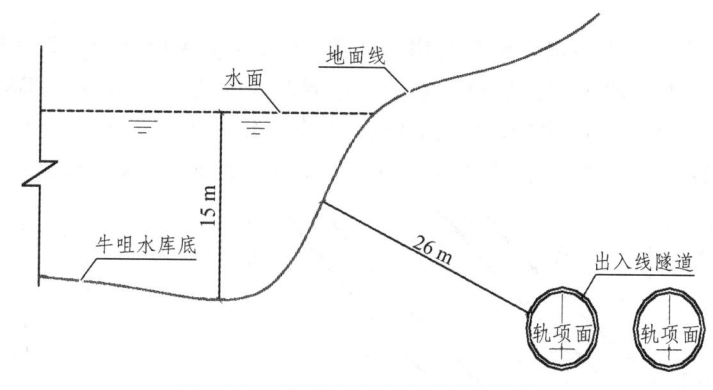

图 8.3.3 隧道与牛咀水库关系剖面

根据补勘资料描述，勘察期间钻孔 MFNZ3-CRX-B15 隧道位置缓漏水，裂隙发育，该位置邻近牛咀水库，需考虑水库水倒渗对隧道的影响。另外，F_6 断层穿越牛咀水库和 TBM 隧道，则 TBM 与水库之间可能形成流水通道，TBM 施工很可能发生涌水，从而引起牛咀水库水土流失，造成 TBM 隧道被淹没。

为解除潜在的施工风险，主要可采取以下措施：

（1）认真总结前一段距离的 TBM 施工经验，加强对施工过程的组织和管理。根据监测信息，不断优化 TBM 掘进施工的各项参数。

（2）提前做好技术交底工作，要让司机了解地形、地貌，提前做好相应的技术措施。

（3）选配超前地质预报系统，超前探测前方地质情况，如果探测出不稳定、富水围岩，则以超前固结灌浆形式加固。

（4）TBM 设计超前注浆孔及超前钻机系统，盾壳上共设计有 24 个超前注浆孔，侧穿前地质钻机通过超前注浆孔向盾体前方地层钻孔，然后利用注浆系统注浆，加固围岩裂隙，防止突涌。

（5）做好管片选型，保证管片拼装质量。TBM 侧穿牛咀水库掘进过程中项目值班工程技术人员要根据现场实际 TBM 姿态、盾尾间隙、液压油缸行程等做好管片选型工作，管片供应人员严格按指令供应合格管片。在管片拼装过程中，管片拼装人员要认真做好管片拼装工作，保证管片拼装质量。

（6）侧穿牛咀隧道时，对牛咀隧道水位进行实时监测，如遇涌水采用大功率水泵进行洞内抽排。382号TBM配置两台90 kW抽水机，紧急情况下排水能力达到200 m³/h，避免涌水量大的情况下排水不及时。

（7）加强TBM的维修保养，保证TBM连续快速通过。为减少TBM施工对牛咀水库段地层的扰动，应保证TBM连续快速通过，将TBM的维修保养工作穿插到掘进施工中，以保证TBM连续快速掘进。重点做好TBM液压系统、泡沫系统、空气系统、循环冷却水系统的维护工作，确保在侧穿掘进过程中不出重大故障。

（8）做好TBM侧穿牛咀水库施工应急预案，准备好应急人员和物资，出现险情时立即启动应急预案。

8.4 TBM下穿厦深高铁施工技术研究

深圳地铁6号线二期工程民乐停车场出入线TBM隧道于MRCK0+672与厦深铁路平面位置相交，平面夹角54°。厦深铁路隧道为矿山法单洞双线高速铁路隧道，TBM隧道与厦深高铁均处于微风化岩层中，两隧道间净距10.3 m。厦深高铁所处围岩等级为Ⅳ级，由于围岩较为破碎，此段厦深铁路隧道采用台阶法进行施工。位置关系如图8.4.1所示。

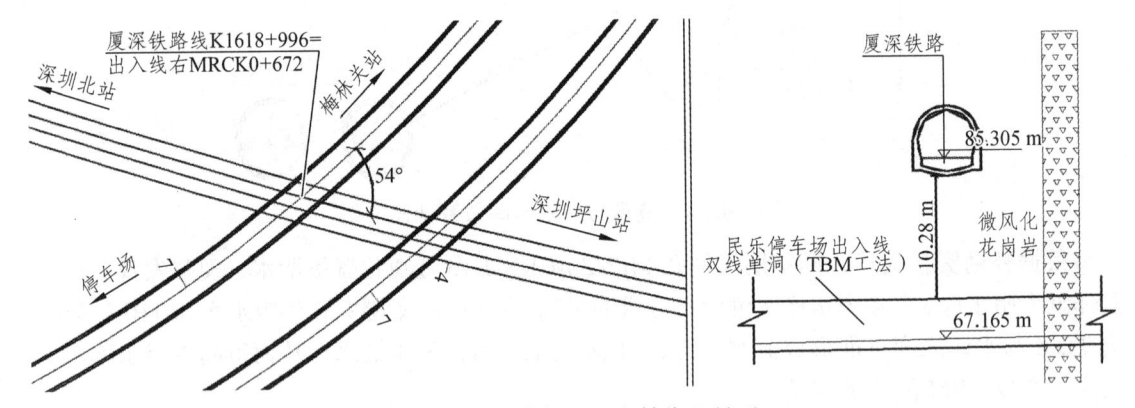

图 8.4.1 隧道与厦深高铁位置关系

施工风险主要表现在以下方面：

（1）TBM掘进对围岩扰动过大将影响高铁正常运营。

（2）高铁隧道为钻爆法施工，高铁隧道施工过程中会对周围围岩造成破坏。据了解，高铁隧道周边地质为Ⅳ级围岩，高铁隧道施工期间对周边围岩采取了加固措施，说明高铁隧道周边围岩情况较差。

（3）TBM掘进过程中二次扰动可能造成高铁隧道发生沉降、局部破坏。

为解除潜在的施工风险，主要可采取以下措施：

（1）在TBM穿越前，在厦深铁路内部布置自动化监测系统，将监测数据与掘进数据联网分析，制定TBM最佳掘进参数，将TBM掘进对高铁隧道的影响降至最低。

（2）建立有效沟通机制，与列车车站实现联动，列车信息与施工信息实时共享。

（3）穿越前对前方围岩进行地质雷达预报及钻孔取芯，若穿越高铁隧道段围岩裂隙发育或者有破碎带则进行洞内超前注浆加固。

（4）在 TBM 即将通过构筑物前对 TBM 相关设备进行全面检修，确保设备运转正常，避免在 TBM 通过构筑物期间发生非正常停机。

（5）做好推进速度和推力控制。确保 TBM 连续掘进、快速通过，减小对地层的扰动，并及时进行豆砾石填充与注浆。

（6）在 TBM 穿越铁路前，搜集了解铁路隧道的设计及竣工资料，了解铁路隧道竣工后沉降、变形、裂缝开展等数据，积极和铁路部门进行沟通，确定合理的沉降控制标准。

（7）正式下穿前，在同类地质条件下设置 TBM 掘进试验段，模拟 TBM 下穿铁路掘进，调整掘进参数，保证正式下穿掘进时土体深层位移和地表位移控制在铁路隧道变形允许范围内。

（8）做好监控量测，成立联合工作小组，建立安全风险分析平台，保证数据实时采集、及时分析，根据监测数据及时调整 TBM 施工参数，保持监测与 TBM 控制的实时联动。

（9）TBM 通过后，对两侧管片注浆形成环箍，并进行二次补压浆。

8.5 小　结

通过本章研究，得到如下结论：

（1）分析了新建隧道与既有隧道之间的夹角和竖向距离对围岩变形及衬砌受力的影响，发现围岩变形和管片下沉随夹角的增加而减小，围岩变形和管片下沉随距离的增加而减小。

（2）对深圳地铁 6 号线二期工程民乐停车场出入线下穿处于高边坡的南坪快速牛咀大桥的桥墩高位托换进行了优化设计，并总结了一套相应的施工工艺。现场检测结果表明该设计方案和施工方案是合理的。

（3）对深圳地铁 8 号线一期工程梧桐山南站—沙头角站区间隧道穿越罗沙高架桥桩基托换进行了优化设计，并总结了一套相应的施工工艺。实践表明该设计方案和施工方案是有效的。

（4）对深圳地铁 6 号线二期工程民乐停车场出入线 TBM 隧道于 MRDK2+370～MRDK2+470 侧穿牛咀水库进行了施工风险分析，并优化了工程措施。

（5）对深圳地铁 6 号线二期工程民乐停车场出入线 TBM 隧道于 MRCK0+672 下穿厦深铁路工程进行了施工风险分析，并优化了工程措施，实践证明其措施是有效的。

9 复杂环境 TBM 隧道信息化施工

在城市地铁建设施工过程中,参建方众多、施工工艺复杂、施工技术难度大,且在经济投入、成本控制、人员管理、质量监管生产环节中没有一套合理有效的运行体制,仅依靠管理者的经验。这种粗放式的管理,不仅导致整个施工过程中人力、物力、财力等资源的浪费,施工成本增加,而且容易产生安全风险和质量缺陷。首先,在传统施工过程中,依托二维设计图纸的施工信息传达方式,工作效率低下且出错率较高;其次,在施工过程中,需要建设单位各个部门之间相互配合,实现各个部门数据信息的实时互通和共享,方可全面提高建设工程的施工管理水平。而 BIM 技术通过提供虚拟三维构筑物的信息交互,可大大提高工程管理效率,大大减少安全风险和质量缺陷。

9.1 现代智慧工地技术

9.1.1 智慧工地概念

智慧工地是以施工过程的现场管理为出发点,借助云计算、大数据、物联网、移动互联网、人工智能、建筑信息模型等各类信息技术,与建造技术融合,集成项目全生命周期信息,以实现建造过程各利益相关方互联协同、信息共享、安全监测及智能决策的新型信息管理方式。

智慧工地是"智慧地球""智慧城市"理念在工程领域的行业具体体现,是一种崭新的工程全生命周期管理理念。"智慧工地"是集全模型、碎片化应用、大数据和大协同等为一体的全新概念。"智慧工地"在广义上指工地信息化,旨在充分利用各种先进信息手段,通过互联网、物联网和传感网等技术手段,对施工现场围绕整个施工过程进行管理,实现建设的互联协同、安全监控、智能化生产等现代化、专业化、数字化信息圈,真正体现集现场模型、过程模型和实体模型相结合的信息技术。将此信息技术与物联网相衔接,通过"云+端"形式进行数据采集和存储,然后将采集到的工程信息进行数据挖掘分析,最终实现成本、质量、安全、进度、材料、设备等管控焦点的信息整合,进而推进施工过程集约化、精细化、科学化管理。"智慧工地"是集合施工项目部人、材、机等要素,将信息收集器植入建筑、机械、人员穿戴设施、场地进出关口等各类物体中,在整个工程施工过程中围绕一个拟建项目开展施工活动,实现各方资源、组织甚至个人的大协同,即普遍互联形成"物联网",通过移动端或信息端再与"互联网"整合到一起,最终实现工程管理负责人与工程施工现场的整合,以提高工程管理信息化水平和工程管理的效率。

9.1.2 智慧工地的范畴

"智慧工地"是基于建设工程项目管理、信息管理和计算机三个学科交叉整合的理念。建设工程项目是指依法立项的新建、扩建、改建工程，包括策划、勘察、设计、采购、施工、试运行、竣工验收和考核评价等阶段。

建设工程项目信息管理是通过有效的项目信息传输的组织和控制为项目建设提供增值服务的过程。

计算机软件系统设计一般采用典型的多层分布式系统，该系统可划分为 3 个层次。第 1 层为表现层，用于提供用户界面，一般可通过 Web 界面或移动客户端实现。第 2 层为业务层，包含复杂的业务处理规则和流程约束，在中间层服务器实现，为实现智能感知、数据采集，需要利用物联网技术。第 3 层为数据层，用于数据的集成存储。

9.1.3 地铁施工现场安全管理影响因素

1. 人员因素

地铁施工现场作业人员是诱发安全事故的主要影响因素之一。由于地铁施工的特殊性、复杂性以及作业环境差，现场作业人员的情绪、行为和认知都会受到影响。在地铁施工现场的作业人员的不安全行为有：作业人员未按规范要求进行施工作业；现场人员没有佩戴安全防护用品或佩戴不正确；冒险通过危险场所；使用不安全设备；对电气或危险物品使用不当等。这些行为有些是作业人员的认知不足或一些习惯性不安全行为，也有些可能是受到作业人员本身情绪或周边环境影响而产生的。

2. 机械因素

地铁施工现场专业化施工多，现场机械使用频繁，甚至有可能几种机械同时交叉作业，这也可能会给施工现场带来安全隐患。机械安全包含本质安全和使用安全。本质安全是机械本身运行安全，是机械入场前和入场后都必须保证的安全，例如打桩机的桩锤稳定性、龙门吊起吊绳的安全性、电焊机的漏电防护、风镐风扇的防护等；使用安全是指机械驾驶人员在使用机械中的安全操作，例如驾驶人员必须有特种作业证、参加过相应的培训等。由于地铁施工在地下作业，空间窄小、场地有限，作业机械转换和运行作业不便，有时为了赶工期甚至出现交叉作业现象，这样很有可能造成安全事故。

3. 材料因素

工程项目施工一般现场地方有限，但是需要使用材料众多，所以施工前都会将可能及急需的材料堆放在现场，还有现场拆除的建筑材料和建筑垃圾，这些材料都使施工现场可利用的空间不断缩小，安全隐患也会不时出现。建筑材料不仅包括现场使用的临电表箱、脚手架、钢筋、模板和木方等，还包含作业人员使用的劳动防护用品。为保证现场安全，现场使用材料进场时就要进行严格的检查和测试，材料的信息都要进行一一核对，严把验收关；劳动防护用品必须进行合格登记及领取登记，要保证每个现场作业人员都必须使用相应的防护用品。这些材料都不能出现任何纰漏，否则就可能会引起安全事故。

4. 工法因素

地铁隧道施工有暗挖法、盾构法、明挖法等，各种施工工法都有其特殊的安全注意节点。施工方案的确定从施工组织到设计，最后到现场作业人员学习使用，每一个环节都有着联系和影响。施工组织方案的制订是否合理，施工作业面是否交叉，模架搭设设计方案的可行性，以及一线作业人员对现场新的施工工法的学习都会影响到工程项目的质量和安全。设计方案中工法错误或作业人员不熟悉作业工法都有可能造成现场安全事故。

5. 环境因素

地铁施工现场环境包括生活环境和作业环境。地铁一般都临路或临建筑施工，周围的环境对施工现场安全有很大的影响。现场一线作业人员施工作业出现交叉，可能使施工进度计划未能按时完成，从而影响到其他的作业。现场可能出现的火灾、水灾等，制订相应的预案在一定程度上可避免事故的发生。现场作业人员的生活环境直接影响到作业人员的工作情绪，进而对其行为产生影响，导致不安全行为的发生。

由于地铁施工的复杂性，安全事故诱因随时存在，所以针对施工现场可以建立工地可视化管理系统，能够实现全程、全网、全能化的监控系统，不论是对现场的人员、材料、机械，还是对作业人员的施工工法都可以实现现场区域内监控全覆盖，从而实现事故隐患提前发现、提早整改的目标。因此，对于地铁隧道施工全过程进行智慧化管理是十分有必要的。

9.1.4 智慧工地的构建

1. 智慧工地系统的架构层次

智慧工地系统适用的项目需求不同，架构层次划分不同。建筑业典型的比较完整的智慧工地应用架构模式分为5层。智能采集层：对射频识别（RFID）、摄像头、传感器等施工现场设置的装置进行数据采集。通信层：由通信网络组成。数据层：存储项目中的实时和历史数据的数据库系统。应用层：包含人员、成本、进度、安全、质量、环保、物料、设备等系列专业管理系统。用户层：将应用分析结果传递到用户界面，包括项目端、企业端、行业监管端。

2. 智慧工地关键技术分析

通过建立虚拟的建筑工程三维可视化模型，并为这个模型提供与实际一致的信息库，可帮助实现建筑项目全生命周期信息的集成，项目相关设计、施工、设施运营及业主单位等各方人员协同工作，借以提高工作效率、节省资源，实现建筑信息化与智能化。

智慧工地物联网技术通过各类传感器、无线射频识别、视频与图像识别、位置定位系统等信息传感设备及技术，按约定的协议，将施工相关物品与网络相连接，进行信息实时收集、交换和通信。

信息传输与处理的相关技术如下：

（1）移动互联网技术，是移动通信技术、终端技术和互联网融合的技术，移动互联网可以随时、随地、随身访问互联网。

（2）大数据技术，可以确保数据公共资源的合理分配，能够将各部门的结构性数据在同一平台上进行整合利用，使各自之间的利益关系得到具体明确的体现。

（3）云计算服务，计算由多台服务器分布式计算协同完成，是互联网技术支持的一项新技术，多人共享计算资源池（资源包括网络、服务器、存储空间、应用软件等），给更多用户提供动态和可扩展的各种服务。

智能分析的相关技术如下：

（1）机器学习算法可对视频信号进行处理，实现安全设置状态识别、危险行为识别、现场危险事件预测等。

（2）决策理论。不同的理论方法，如竞争型决策分析、风险型决策分析等贯穿于整个建筑施工过程。

（3）计算机模拟。建筑工程领域，可利用施工过程模拟，比较不同的施工组织安排，为合理的施工组织设计和工程进度的管理与控制提供支撑。

（4）虚拟现实与增强现实技术。虚拟现实（VR）是一种多源信息融合、交互式的三维动态视景和实体行为的系统仿真技术，它利用计算机生成一种模拟环境，可以创建和体验虚拟世界的计算机仿真系统。它提供了一种半侵入式的环境并强调真实情景和虚拟世界图像和时间之间的准确对应关系。

因此，VR技术能大大提高观者的感官和交互式体验。随着BIM技术推动着建筑、工程行业朝着信息化、科技化方向变革和发展，BIM模型承载着工程项目各构件的信息属性，通过数字信息仿真模拟建筑物所具有的真实信息。它包含可视化、协调性、模拟性、优化性和可出图性五大特点，需要有更为直观的视觉化平台来有效地展示这些信息。VR沉浸式体验，加强了具象性及交互功能，有效地加强了BIM模型的可视化和具象沉浸式体验效果。

9.1.5 智慧工地应用实践

深圳地铁6号线与8号线隧道全为城市地铁隧道，周围环境复杂，地质、水文条件差，现场施工难度大、风险高；与邻近隧道间距较小，施工场地狭小，相互影响较大，施工人员、车辆、工程设备密度大，施工组织难度大。隧道工程区域附近地下水、燃气、供热等线路错综复杂，埋深不一。

根据深圳地铁6号线与8号线前期地质勘查资料及工程设计情况，该隧道施工作业相互之间影响大，隧道穿插区域地质条件较差，隧道施工具有较大风险。根据工程规划，隧道施工计划投入的人员、设备数量较大，受地形、地质条件限制，施工场地较为狭窄，施工组织难度大。

由于在施工过程中需要多个工序交叉作业，人流量、车流量较大，传统的现场管理模式难以满足目前施工进度的要求。因此，为提高深圳地铁6号线与8号线现场施工的安全管理水平，加强对现场人员、车辆、设备、隧道安全等信息的有效监控，通过现场勘查和深入讨论研究，结合当前最先进的技术和管理经验，针对性地提出了"隧道施工智能化综合管理系统"设计方案，大幅提高现场施工的安全性、高效性。

该系统着重在综合城市轨道交通隧道管理的各项资源，在保证既定的系统功能正常应用的前提下，利用先进技术对系统进行整合利用。其中，包含门禁装置、考勤装置、道闸装置、定位装置、视频在线抓拍装置、掌子面监控装置、发光二极管（LED）显示屏等。中心处理器对数据进行迅速有效处理，对现场作业情况进行全面监控，提高监管效能，实时掌握现场生产工作情况。

9.2 隧道施工现场智能化综合管理系统

1. 复合式门禁装置

（1）传统"门禁"人员流动管理方法。

制作工人工号牌，将人员进出情况张贴在公示板上，使用纸质进出登记表，统计进入人员名单。

在出入口设考勤机，进出人员通过刷卡得到考勤记录。通过信息统计，得到现场施工人员数据信息。

（2）"地铁隧道施工现场人员管理系统"的主要功能特点。

如图9.2.1和图9.2.2所示为远距离感应和人脸识别复合式刷卡通过门禁系统。深圳市城市轨道交通隧道施工现场智能化综合管理系统首次采用有源2.4G和人脸识别复合模式开启通道道闸，确保进入隧道的人都是本人且带了定位卡，为项目部隧道内施工人员定位系统做好基础，同时也体现了更高的科技性、精确性，提升了项目部管理形象。

图9.2.1 施工现场进出人脸识别系统

图9.2.2 施工现场门禁系统

该系统具有如下功能：

①非法用户报警功能。外来人员无卡通过深圳地铁6号线与8号线工区项目部隧道口通

道时，通道会发出声光报警，提示管理人员，同时会抓拍无卡通过人员的影像，有效地防止非法人员进入项目部施工现场，排除了隐患。

② 双向进出、自动方向识别。深圳地铁 6 号线与 8 号线项目部隧道口每路通道均可入可出，大大提高设备的使用率，人员通过时，系统会自动识别进出方向，为管理者提供更准确的数据，同时也能防止有人刷卡后却没有真正进入。

③ 快速通过。根据用户实测，项目部隧道口单通道每分钟可以通过 10 人，不会发生拥堵的现象。

④ 卡片分类。根据现场作业情况，作业人员根据作业周期时长，分为长期职工和临时人员。其中：长期职工可根据施工种类不同自行编辑工种和部门，系统发卡时事先录入长期职工的人员定位卡编号和录取面部即可；临时人员为相关方涉及的参观、学习、外部监控量测人员，此类人员具有流动性强、变化性大的特点。为了满足不同人员进入隧道或者施工场地的需求，系统设计了临时卡发放，解决了参观、学习、检查人员需要刷脸的尴尬局面。

⑤ 权限、时间设定。可以在门禁卡录入时根据施工作业不同进行区域划分，并发放给对应人员，作业人员只能进入各自的工作面。

（3）车辆道闸管理系统。

该系统支持全视频模式识别。事先将深圳地铁 6 号线与 8 号线工区项目部场内的所有车辆的车牌录入系统数据库，车辆司机进出隧道时无须取卡直接通过视频识别进出隧道。车辆道闸管理系统的几种模式：① 支持卡模式。临时进入项目部隧道考察或者送货的车辆用户取停车卡，出去时凭借停车卡出去；② 支持车卡混合模式。设计时利用车卡混合模式，每台车都配一张定位卡，车牌和卡绑定，车辆经过通行区域的时候，会触发读卡，同时摄像机抓拍车牌进行识别；③ 支持车卡+地感触发模式。当同时满足读卡、车牌识别和地感触发条件时，系统将判定车辆允许通行，开启道闸放行，单一的读卡或单一的车牌识别或地感触发，系统统一认为不允许通过。利用车辆道闸系统实现了深圳地铁 6 号线与 8 号线工区项目部隧道口进出人车分流通过，保证了项目部进出交通安全。其中，道闸装在车辆入口处，对车辆进出进行管理；车牌识别摄像机对每一辆进出车辆的车牌进行抓拍识别，再发送信息给控制系统以判断是否开启道闸；读卡器读取人员携带的电子标签卡，获取人员信息，通过数据线传到中央控制系统；地感检测器及时检测是否有车辆经过，并发送信息至控制系统，产生相关联动。

2. 人员和车辆进入施工场地考勤系统

通过系统设置，只要进出深圳地铁 6 号线与 8 号线工区项目部隧道口通过道闸的人员，可按班组进行考勤，月底可以生成一个报表，可以核算工时，作为工地以后核算人工和工资的依据。

3. 大屏显示系统

将 LED 大屏幕安装在深圳地铁 6 号线与 8 号线工区项目部隧道施工入口附近，靠近值班室，用于实时显示地铁施工人员的信息，使管理先进化、透明化。有了 LED 大屏幕显示系统不仅可以使洞内各区域施工人员信息形象、直观、一目了然地体现出来；而且，在平时可以通过大屏幕提示施工人员注意施工安全，在有高温等恶劣天气时可以及时进行温馨提示。这些都充分体现深圳地铁 6 号线与 8 号线工区项目部管理上的人性化、现代化、科学化。

4. 刷卡视频联动抓拍系统

当有人员通过深圳地铁 6 号线与 8 号线工区项目部隧道口时，相关管理人员（如各个部门的管理人员）的计算机马上会显示相应的信息。系统支持远程的视频监控功能，深圳地铁 6 号线与 8 号线工区项目部领导可以在办公室内直接监控任意 1 台摄像机的画面。抓拍系统可以 24 h 不间断地进行监控录像，同时人员信息将会出现在视频中。

5. 地铁隧道施工现场视频监控系统

深圳地铁 6 号线与 8 号线工区项目部网络视频监控系统包括前端视频采集设备、网络视频编解码设备、通信传输设备以及后端的监控接收客户端软件。安装在深圳地铁 6 号线与 8 号线工区项目部隧道各主要位置的监控点执行信号采集传输，软件主要是安装在监控室计算机上，两者之间通过平台管理中心系统授权，对其前端视频点进行多点对多点的实时监控管理，如云台、视频、录像、放大等功能。管理员可以设置、下载、实时点播任何点的录像，系统还可以通过个人计算机的浏览器进行监控，如图 9.2.3 所示。

图 9.2.3　隧道施工现场视频监控系统

由此可以看出，网络监控系统采用的是监控摄像机对深圳地铁 6 号线与 8 号线工区项目部隧道施工现场各视频点进行 24 h 的实时监控。对于一些关键视频点可启动视频移动侦测功能和报警功能，系统根据图像移动情况自动识别、触发，并进行录像（有预先录制机制，预录时长能提前 20 s 以上）；同时将声音、图像、报警等传到控制室，管理员可通过本地、远程、Web 网页等方式直观地了解各工点的实时情况。

在深圳地铁 6 号线与 8 号线工区项目部隧道洞口闸机进出处附近安装两个固定式摄像机进行场景监控，同时在有人员刷卡进出闸机时候，摄像机抓拍图像并存档，以备查询。

6. TBM 量测和监测系统

TBM 施工监测分为两部分：一是对地面周边建（构）筑物、地表沉降和管线沉降变形进行监测；二是对 TBM 洞内管片进行监测。在 TBM 始发掘进过程中，重点要分析地表沉降的变化趋势，结合 TBM 施工相关参数及始发阶段总结的经验参数及时调整，确保掘进的安全。本工程 TBM 施工监测的项目主要有地表沉降、隧道变形收敛、建筑物观察等，TBM 经过重要建筑或管线时需要采取监测点加密措施，加大监测频率，确保周边环境的安全。具体内容如下：

（1）TBM 隧道始发、接收段各 50 m 范围，每隔 25～30 m 设一主监测断面，其余范围地段每 40～50 m 设一主监测断面。TBM 隧道地表隆陷测点沿隧道中线纵向每 5～10 m 布设一测点。地表沉降监测点横向布置在轨顶标高处隧道结构外边线外方 45°至地面，该范围的地面宽度为沉降监测点的横向范围，隧道结构的监测项目主要为拱顶下沉、底板隆起和水平收敛，监测点位按隧道里程每 10 m 布置一个断面。

（2）TBM 通过建筑物、人行天桥、重要管线前，在每个桥墩、建筑物外墙上、管线与隧道干涉顶面布设沉降监测点，对建筑物、人行天桥和管线的沉降进行监测。TBM 穿越期间，监测人员在此保持全天 24 h 值班，同时加密监测频率，每 4 h 1 次（施工时根据实际情况调整监测频率）。监测数据及时反馈给 TBM 司机，使 TBM 司机可以对地面情况和地下施工情况进行综合分析，充分利用监测数据指导 TBM 掘进。

7. 激光导向及数据采集系统

激光导向系统设置在掘进机的前端，是控制 TBM 正确掘进方向的系统。TBM 设备配置自动导向系统，可灵活地用于直线及曲线掘进的导向。通过对 TBM 主机上某一测点的空间位置的测量和某一面域的空间测量，隧洞导向系统可测定和预测掘进机的平、纵面的位置、方向、仰角和转角，TBM 操作主司机正是依据导向系统显示器显示的数据，不断地调整、纠正掘进方向。

如图 9.2.4 和图 9.2.5 所示为导向系统的组成和操作界面。其中，后视点又被称为"后点"，坐标值是事先设定好的；机械点，总站所在地，坐标值也是事先设定好的，设在隧道顶部吊篮上。

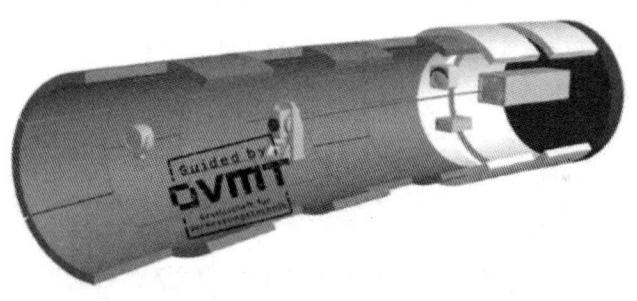

图 9.2.4 导向系统组成

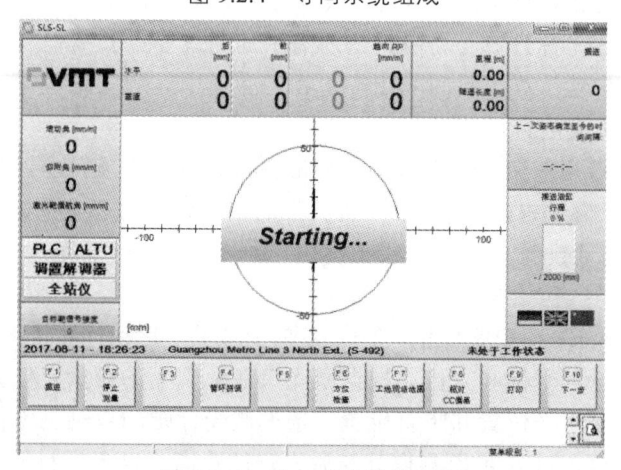

图 9.2.5 导向系统操作界面

总站具有以下功能：

（1）目标点搜索功能：总站的追踪系统通过感知目标点上 LED 发出的红外线来自动找寻目标点。

（2）目标点自动锁定功能：锁定已找到的目标点，意味着固定总站两个轴的角度（水平角度和垂直角度）。

（3）目标点距离测量功能：目标点锁定后，总站对准目标点的棱镜发射光波，然后接受反射回来的光波，由于空气中的光波速度一定，通过测定光波从发射到接收的时间就可计算出从总站到目标点的距离。

（4）目标点角度测量功能：总站在两个轴上的角度由总站自身的伺服电机的角度值决定。

（5）导向系统的工作方式：在 TBM 后方管片处安装吊篮，吊篮用钢板制作，其底部加工强制对中螺栓孔，强制对中点的三维坐标通过地下导线起始边传递而来，并且在 TBM 施工过程中，吊篮上的强制对中点坐标与隧道内地下控制导线点坐标相互检核。如校值过大，需再次复核，确认无误后，以地下控制导线测得的三维坐标为准。

（6）利用吊篮上全站仪设站，后视另一导线点定向后，全站仪测量自动搜索测量测站至标志点棱镜间的距离、方位角、竖直角，获得标志点的三维坐标，并通过计算机处理后与已知该里程的隧道设计轴线（Designed Tunnel Axis，DTA）相比较，得出偏差值并显示在屏幕上，这就是 TBM 机姿态的实时检测导向。只要掘进中控制好 TBM 姿态，使盾构机轴线与线路设计中线的偏差在允许偏差之内，隧道的正确掘进与衬砌就能得到保证。

导向系统的注意事项如下：

（1）人工定期对盾构机导向系统全站仪进行组合校准，并检查各项测量设置是否正确。

（2）导向系统的参数不得随意改动，C 盘里的文件夹和数据库不得改动和删除。

（3）对需要改动参数的功能项，应设置密码保护。

（4）防止非测量专业人员改动参数。

（5）经常监控导向系统的工作状况，发现异常情况及时处理。

8. SLS-T 导向系统测量

SLS-T 导向系统测量包括隧道设计中线坐标计算、TCA（智能型全站仪）托架和后视托架的三维坐标测量、SLS-T 导向系统初始参数设置和掘进等工作。

（1）隧道设计中线坐标计算：将隧道的所有平面曲线要素和高程曲线要素输入 SLS-T 软件，SLS-T 软件将会自动计算出每间隔 1 m 里程的隧道中线的三维坐标。隧道中线坐标需经过其他办法多次复核无误后方可使用。

（2）TCA 托架和后视托架的三维坐标的测量：TCA 托架上安放全站仪，后视托架上安放后视棱镜。通过人工测量将 TCA 托架和后视托架的中心位置的三维坐标测量出来后，作为控制 TBM 姿态的起始测量数据。

（3）SLS-T 导向系统初始参数设置：将 TCA 的中心位置的三维坐标以及后视棱镜的坐标输入控制计算机"station"窗口文件里，TCA 定向完成后，启动计算机上的"advance"，TCA 将照准激光标靶并测量其坐标和方位。根据激光束在标靶上的测量点位置和激光标靶内的光栅，可以确定激光标靶水平位置和竖直位置，根据激光标靶的双轴测斜传感器可以确定激光标靶的俯仰角和滚动角，TCA 可以测得其与激光靶的距离。以上资料随推进千斤顶和中折千斤顶的伸长值及盾尾与管片的净空值（盾尾间隙值）一起经掘进软件计算和整理，盾构机的位置就以数据和模拟图形的形式显示在控制室的电脑屏幕上。通过对盾构机当前位置与设计值的综合比较，盾构机司机可以采取相应措施尽快且平缓地逼近设计线路，TAC 测量如图 9.2.6 所示。

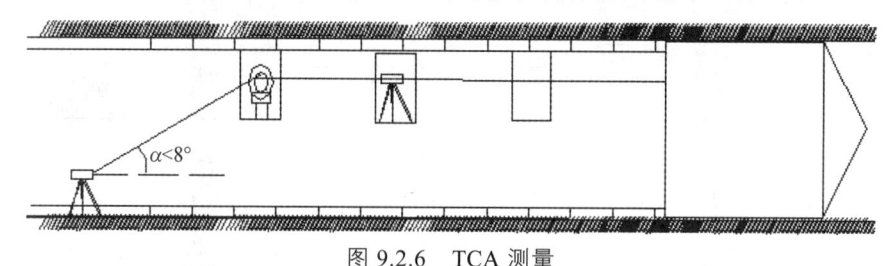

图 9.2.6　TCA 测量

9. 人员定位系统

深圳地铁 6 号线与 8 号线工区隧道施工安装了 2 台定位基站进行跟踪，台车前后各安装 1 个定位系统：① 对进行掌子面开挖或是其他靠近掌子面工作的人员进行定位；② 负责台车附近工作的人员定位，洞内每 100 m 设置 1 个基站。图 9.2.7 为深圳地铁 6 号线与 8 号线隧道人员定位系统的组成。

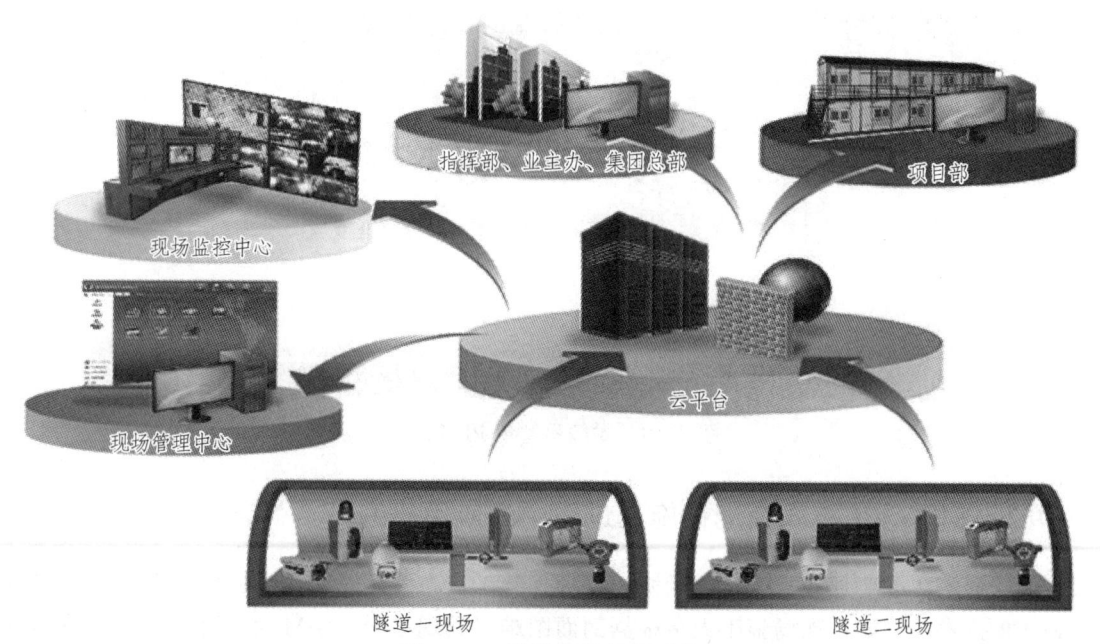

图 9.2.7　隧道人员定位系统

10. 龙门吊智能监控系统

本系统主要监控项目包含大小车速度和位置、吊钩高度和速度、载荷实时显示及起重机各区出现故障、警告画面提醒，共包括 PLC/IO 监控、信号状态监控、吊钩电气监控、大车电气监控、小车电气监控 5 个画面，该功能画面非常直接有效地显示各位置状态，能帮助设备管理（维修）人员快速精准查看各部件运行状态。龙门吊智能监控系统如图 9.2.8 和图 9.2.9 所示。

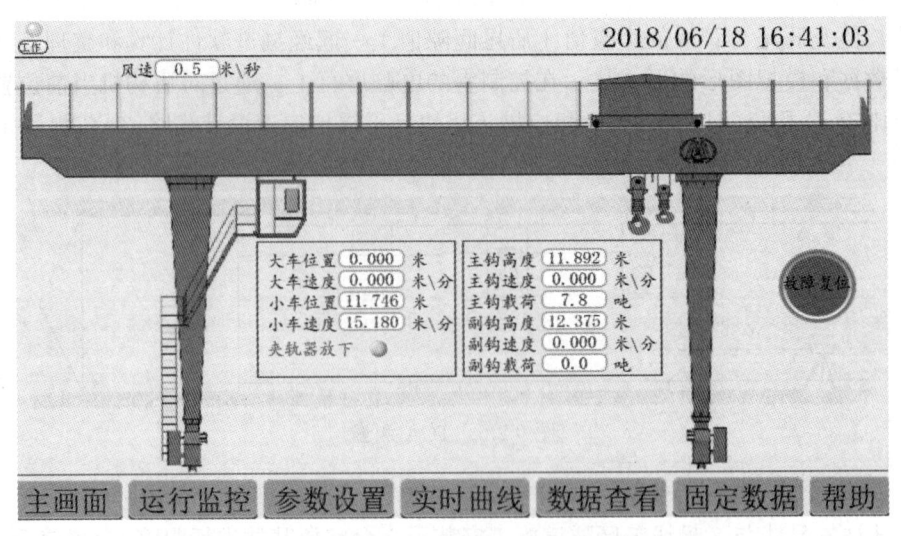

图 9.2.8　龙门吊智能监控系统

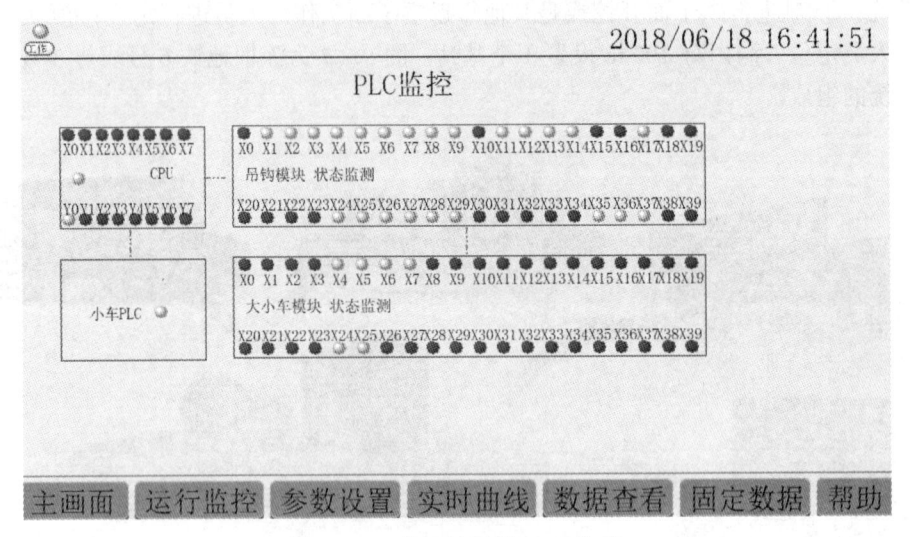

图 9.2.9　龙门吊智能 PLC 监控

9.3　BIM+VR 技术在地铁施工过程中的应用研究

项目主要在进度管理、安全质量协同管理、施工资料管理及三维可视化交底等方面应用 BIM+VR 技术。例如，现场施工人员根据剖面图难以发现错误，BIM 模型可以真实反映其空间尺寸，360°的视角可以让人清晰地识别复杂钢筋节点的结构。通过 Dynamo 软件把握施工过程中管片实际路径，更新拼装信息，实时纠偏，减少误差。

"BIM+VR"技术在地铁施工行业的应用，使施工人员从传统的电脑三维模型中读取构件属性转变到将自身置身于场景中，利用 BIM 建立的模型结合 VR 设备实现动态漫游查看各构件属性、安全教育、事故模拟、施工复杂节点查看、空间方案技术交底等沉浸式体验。施工人员可以更为直观地感受施工场景，理解施工方案与工艺，提升最终的施工质量，有效地实现了所见即所得的感官效果。

将"BIM+VR"技术应用到工程中实现了把"未知"变为"可知"。根据设计单位提供的二维图纸按照施工单位建模精度精准生成三维 BIM 模型,它的总思路是基于虚拟现实引擎技术来承载 BIM 模型及其各构件属性信息,利用虚拟现实引擎的特性呈现 BIM 模型具象性效果。同时通过对周边实景建模,虚拟生成真实的施工场景,将工程 BIM 模型与 VR 沉浸体验进行了完美结合。从空间关系、融入构件信息到交互式体验等方面,从总体到局部,实现了更具意义的具象可视化的虚拟体验。在地铁隧道施工过程中,体验者可以身临其境地感受轨道交通建设中"未建先试"的效果。

1. 项目环境可视化仿真

在城市中选址建设施工的项目部,特别是在深圳市这种寸土寸金的大都市,如何在有限的土地资源中规划最合理的项目部使其土地资源最优化,是临建阶段开源节流、降低成本的首要目标。结合设计方提供的 CAD 总平面图,对工程区域及周边的建筑进行仿真建模,将二维图纸转化为三维模型后,通过对周围道路设施、临建房屋的建模,充分利用 BIM 模型的可视化特点,帮助我们快速完成项目部选址规划工作。随后我们通过在规划的场地上建立项目部标准 BIM 模型,在 VR 模式下体验者不仅能感受项目部周边环境仿真模拟,而且还能沉浸式地进入项目部实景漫游,在模型中自主查看各个区域或构件信息。在漫游过程中,我们可以真实感受场地空间、构件颜色、材质等特点。除此以外,在施工现场的临时建筑中应用该技术,可以对材料存放位置、半成品加工位置、成品存放位置、施工现场出入口位置、机械行走路径、场内临水临电方案进行规划并设置。经过多套方案的比选和优化,最终确定施工方案并交予施工人员施工。BIM 技术三维可视化如图 9.3.1 所示。

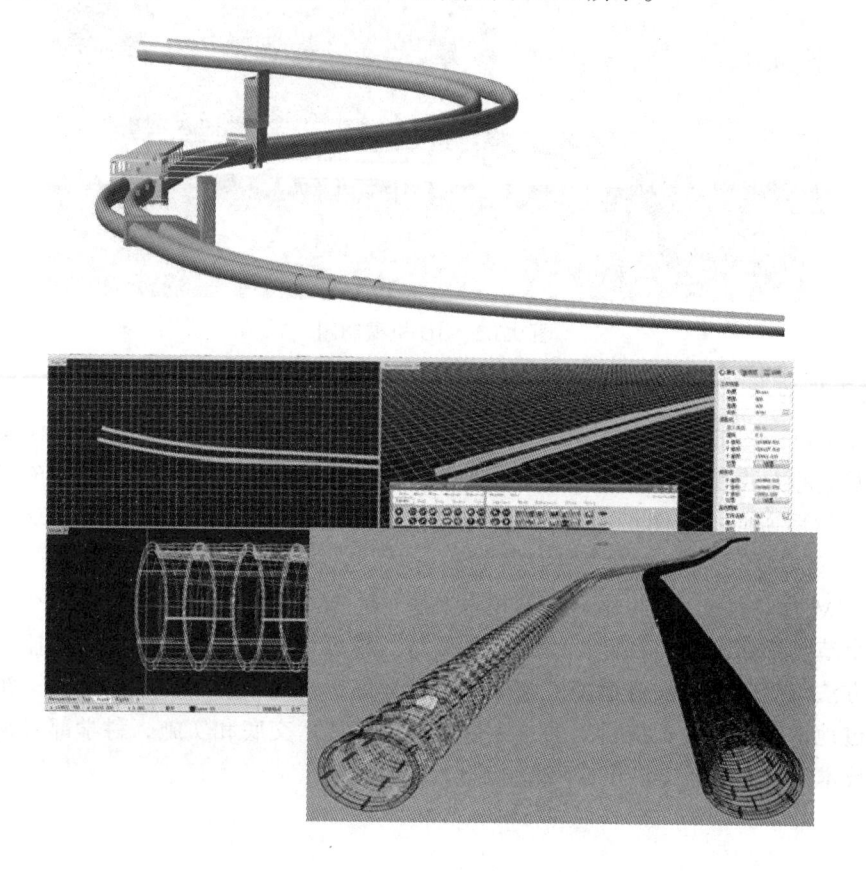

图 9.3.1　BIM 技术三维可视化

2. 3D 机械制图软件应用

3D 机械制图软件 Solidwords 可绘制出完整的车站结构、加工件、TBM 关键部位的立体图，准确无误地校准方案的可行性，如图 9.3.2 所示。

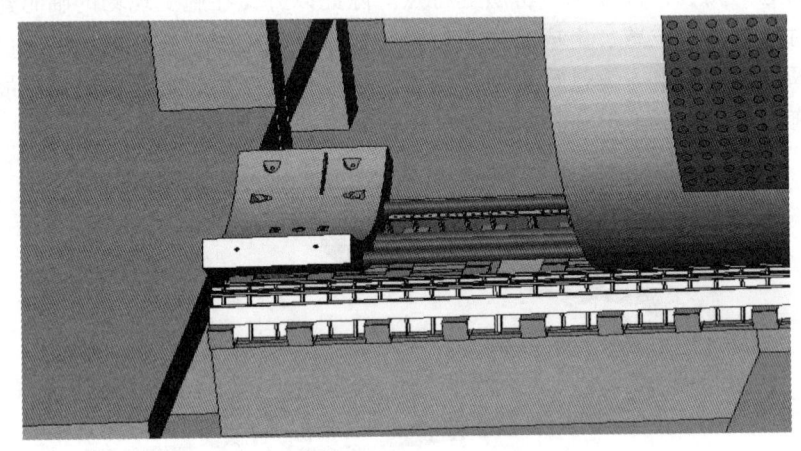

图 9.3.2　3D 机械制图

3. 施工图审核和技术交底

根据施工设计图纸建立地铁隧道三维模型，模型建立完成后与 VR 结合实现在模型内漫游，通过游览的方式找出模型内不合理的地方，特别是隐蔽性、复杂性、预留预埋构件的施工图校对。然后逆向找出图纸的出错点，最后将漫游后审核得到的结果交予设计方并更正图纸。

利用 BIM 模型和 VR 技术结合进行技术交底，在 BIM 模型的基础上实现了全方位无死角观察到每个节点细部结构的目标，使施工人员对工程重难点、关键点施工质量控制、关键部位的施工方法与措施等地铁隧道施工整体有了较详细直观的了解。特别是对公司新入职的和没有接触过地铁行业的员工进行培训，为后期的施工技术交底和实施，科学部署组织施工，避免发生技术质量事故，提供了保障。

4. 施工方案的选择和优化

以往的地铁工程施工方法和施工组织选择、优化，主要是建立在施工经验的基础上，存在一定的局限性。同时，地下工程存在隐蔽性和施工不可重复性等特点。通过该技术对施工过程进行预建造和4D施工动态模拟，在该模式下，可以通过手柄来控制动画的播放与暂停，能够在任意时刻调节4D动画的播放速度，身临其境地查看各个构件的建造和拼装过程。同时可以设置几套不同的施工方案，在VR模式下观察到施工进度最真实的动态模拟，施工人员可以更为直观地感受施工场景，理解施工方案与工艺，可以更直观地展示不同的施工方案，能够更直观有效地发现项目在模拟实施过程中的问题，科学地预知方案带来的施工模拟效果。对施工技术方案进行优化，寻求最符合现场条件的施工工艺方法，以实现风险控制和保证工程质量的目的，并为项目制定合理可行的施工方案提供技术保障。

BIM模型具有可视化、信息集成性等多重特点，为建设工程项目的全寿命周期发挥着潜在的优越性作用。有信息的模型才符合建筑信息模型BIM的定义，根据项目实际施工情况，将每天施工现场的信息及时同步添加到BIM模型中，如施工部位的浇筑时间、设计方量、实际方量、混凝土强度等级、混凝土生产厂家、旁站责任人等信息。VR能同BIM模型无缝集成、实现优势互补的效果，体验者在VR模式下能随时查看BIM模型中各构件的信息。VR交互式移动构件对象、VR空间测距等交互式体验，大大加强了BIM技术的可视化、具象性和交互性，促进了施工管理中的智能化和高效化。

5. 施工标准化质量样板展示

通过Revit软件绘制标准和非标准的构件模型。如：建立地铁车站地下连续墙的凿毛试块模型，进行人工凿毛、凿毛机凿毛标准化模型细部对比；同时还可以制作构件加工动画，在VR虚拟场景下可对构件细部节点、优秀做法进行学习，最终达到可进一步优化方案、提高施工质量的效果。"BIM+VR"有效避免了由于工人技能差别带来的样板标准化的差异；同时可以避免材料和人工的浪费，符合绿色施工的理念。

6. VR在施工安全教育方面的应用

将VR技术应用于施工安全方面是一大创新，以实际施工现场中的安全教育为背景，采用先进的VR技术，打造出虚拟场景的安全体验区，着实解决了因场地有限而忽略安全教育等相关问题。更重要的是，虚拟场景下的安全体验能由传统被动方式转变成沉浸式主动体验，实现从行动到心灵感官上的转变。VR世界中的沉浸感会将人们置身于火灾、坠落和坍塌等这些"真实的"事故场景中，可以最大限度地让人们从心底认识到灾害预防的重要性，激发了人们对安全教育的兴趣，更加强了工人对安全事故的感性认识，有效地解决了交底不及时、不彻底、没有针对性等安全教育的难点问题。VR安全体验馆如图9.3.3所示。

7. VR在安全交底中的应用

施工前的岗前安全三级教育培训是安全工作中非常重要的一个环节。让每一位接受岗前安全教育的施工人员戴上VR眼镜，进入虚拟的施工现场体验，体验者不仅可以直观地辨别场景中标记的风险源的类别和合适的位置，对施工现场容易产生安全隐患的施工部位有了视觉上深刻的了解，更容易掌握现场风险源防控重点，增强辨识隐患能力。而且还能"亲身"交互式体验场景中陈列的各类消防、设施、器具等安全设备的操作步骤和感受违规操作引发不安全事故的视觉体验,从而让体验者从思想上意识到安全的重要性。利用 VR 眼镜对工人交底,避免了以往安全交底过程中缺乏针对性、被动、漫灌等方式的出现。这样极大地提高了安全交底质量和效率。

图 9.3.3　VR 安全体验馆

8. VR 事故模拟

通过模拟真实的 VR 事故场景,如发生火灾、基坑坍塌、高空坠物、脚手架倾塌、模板倾倒、高空坠落(有安全带、无安全带)等,让体验者身临其境地感受安全生产隐患和事故带来的危害,以达到增强安全意识的目的。例如,模拟火灾事故逃生灭火演练场景(见图 9.3.4),有效避免了实地消防演练中可能出现的安全隐患,同时真实还原所有消防细节,体验者在紧急情况下区分正确和错误的"拔、握、扫、瞄"灭火器使用方法,真实感受场景火苗的变化,最大限度地让体验者从心底认识到灾害预防的重要性。另外,还可以有效节省项目安全教育的成本,提高日常演练的效率和安全性。更重要的是在模拟事故的场景中寻求并规划紧急逃生路线,提高体验者在实际生产中防险遇险的处理能力。通过这样一系列的"游戏化"培训,增加体验者对事故的认知感,真正做到"预防为主"的安全目标。

图 9.3.4　消防灭火体验区

9.4 小　结

通过技术革新和现场应用，得到如下结论：

（1）系统分析了现代智慧工地技术理论和应用实践。

（2）优化并现场应用了隧道施工现场智能化综合管理系统，大大提高了工程施工安全和施工效率。

（3）将BIM+VR技术实际应用于地铁施工过程中，取得了显著的应用效果。

结 语

  本书以深圳地铁 8 号线一期工程梧桐山南站—沙头角站区间隧道和 6 号线二期工程民乐停车场出入线隧道的 TBM 施工为背景，结合工程建设中的现场调研、现场试验和现场测试以及相关研究成果，介绍了小半径曲线地铁隧道的设计和施工技术，主要包括：小半径曲线隧道段 TBM 管片受力分析和设计、大埋深高水头地铁隧道静水压力计算方法、小半径曲线隧道 TBM 施工工艺、长距离 TBM 过矿山法施工段空推技术和复杂环境 TBM 隧道信息化施工等。具体内容如下：

  （1）小半径曲线隧道段 TBM 管片受力分析和设计。采用数值模拟方法模拟现场施工全过程，分析了小半径曲线隧道在 TBM 施工过程中的围岩位移、地表沉降和衬砌位移特征；采用数值模拟方法分析了隧道埋深、注浆厚度和支护时机对小半径曲线隧道的影响，并得到了围岩位移、地表沉降和衬砌位移的变化规律；研究了 TBM 小半径曲线隧道的管片设计技术，重点分析了如何通过管片设计与拼装来避免管片出现的质量问题，达成小半径曲线隧道平顺通过的目标；开发了一种地下水限量排放装置和一种地下水检测报警装置，工程应用效果良好。

  （2）大埋深高水头地铁隧道静水压力计算方法。利用开发的隧道水压力试验装置，并提出了一套相应的试验方法。采用该装置，对 3 种围岩材料、7 种不同埋深、不透水层、水底隧道以及动水压力共 39 种工况，开展试验并取得了一系列的试验成果，基于试验结果，系统地拟合出了一套隧道衬砌静/动水压力的计算公式，提出了大埋深高水头地铁隧道静水压力的计算方法。

  （3）小半径曲线 TBM 施工工艺。开发了小半径曲线段双护盾 TBM 洞内始发技术。该技术以导洞和导洞撑靴壁设计施工为重点，结合优化导洞段导台滑轨预埋，通过反复分析和试验，实现了小半径曲线段双护盾 TBM 始发施工。提出了基于温克勒模型的小半径 TBM 曲线隧道水平轴偏移控制方法，该方法将 TBM 管片纵向简化为连续圆弧梁，基于纵向等效连续模型和温克勒弹性地基梁理论，通过转换矩阵方法求解，得到其理论解，并用于 TBM 隧道施工中，效果良好。小半径曲线段刀具损耗（0.91 把/m）明显高于直线段（0.41 把/m），表明小半径曲线段施工刀具损耗大、换刀耗时、工程进度慢。小半径曲线隧道由于半径小，使得隧道开挖时超挖量较直线型隧道大，同时在隧道掘进过程中推进油缸不均匀推力的存在使得小半径曲线隧道的地层损失较直线隧道大，而且地下水的存在也会对管片衬砌造成侵蚀，因此为了减小地层损失以及管片衬砌的耐久性需要对隧道壁后注浆。针对不同土层，隧道壁后注浆的注浆材料以及配比是不一样的，通过对此次工程的注浆材料配比的试验研究得出，采用水灰比 1.0 的水泥浆液与水：水玻璃为 1：1 的稀释水玻璃双液浆注浆，现场容易把控。深圳地铁 6 号线二期工程民乐停车场出入线隧道的曲率半径小，使得隧道在掘进过程中的轴线控制成了一个难题，通过采用带铰接装置的 TBM 掘进机、扩挖刀垫厚、掘进轴线预偏设置和监测的及时反馈纠偏等措施，将盾构机姿态及管片姿态调整到设计允许范围，达到了预期效果。

  （4）长距离 TBM 过矿山法施工段空推。在原混凝土导台施工方案的基础上，提出了一种钢结构与混凝土结构互相结合的施工方案，大大提高了工程安全和质量。为了克服传统空推步进装置的操作复杂、推进成本高、劳动量大、混凝土用量和配筋用量多等缺点，对一种TBM空推步进施工技术进行优化。为了解决TBM在空推段沿导台行走时，因导台定位误差导致错台这一问题，优化了TBM/盾构空推段导台振捣整平系统。该系统可减少施工劳动力投入，提高施工质量，节约施工成本。结合TBM空推过矿山法的豆砾石回填及灌浆工艺，总结了一套双护盾TBM豆砾石填充及注浆技术要点。结合空推段出现的管片缺陷问题，对管片错台和上浮、缺陷渗漏水、管片崩角和局部破碎、管片轴线偏差超限等进行了原因分析，提出的解决对策对提高空推段管片质量缺陷控制明显。地质雷达能广泛应用于各类隧道的衬砌质量检测，能有效查明衬砌厚度和缺陷等病害的发育情况和位置。

（5）TBM穿越不良地质施工对策。数值模拟结果表明：软硬不均岩体TBM施工，软岩一侧围岩变形很大，而处于硬岩一侧位移变化很小，引起变形不均，结合小半径曲线施工，更加剧了管片错台、破裂的风险，最大变形量及发生位置受围岩软硬差及软硬岩分界面倾角影响较大。当隧道从硬岩段穿越软硬岩交界面过渡到软岩段时，隧道位移急剧增加，结合案例从双护盾TBM设备配置、掘进施工技术工艺和特殊地层施工控制等方面进行系统分析发现：双护盾TBM在地铁隧道施工中对岩石地层具有更好的适应性，具有掘进方式灵活多样、高度自动化以及高效施工等优点。遇空推或软岩时，宜采用单护盾模式施工，而遇硬岩时，宜采用双护盾模式施工，以加快施工进度。

（6）TBM穿越断层破碎带设计与施工。分析了断层破碎带倾角和破碎带宽度对围岩变形及衬砌受力影响，发现隧道拱顶最大下沉随倾角的增加而减小，而管片竖向应力随着断层倾角的增大逐渐增加。围岩最大竖向位移集中在隧道与断层破碎带相交的位置，而管片最大主应力出现在隧道边墙处。在地铁隧道中位置较低的缝隙可采用直尺直接测量缝隙宽度，然而部分裂隙存在于隧道上部，难以直接测量，多采用架设脚手架人工测量。这种方法测量难度大，费时费力，为此，本研究开发了一种隧道裂缝测量装置。现场应用发现，该装置测量精度高，测量速度快，安装和拆卸方便，大大减少测量工作强度。总结了一套TBM穿越断层破碎带施工工艺。

（7）TBM穿越既有建构筑物的设计与施工。分析了新建隧道与既有隧道之间的夹角和竖向距离对围岩变形及衬砌受力的影响，发现围岩变形和管片下沉随夹角的增加而减小，围岩变形和管片下沉随距离的增加而减小。对深圳地铁6号线二期工程民乐停车场出入线下穿处于高边坡的南坪快速牛咀大桥的桥墩高位托换进行了优化设计，并总结了一套相应的施工工艺，现场检测结果表明该设计方案和施工方案是合理的。对深圳轨道交通8号线一期工程梧桐山南站—沙头角站区间隧道穿越罗沙高架桥桩基托换进行了优化设计，并总结了一套相应的施工工艺，实践表明该设计方案和施工方案是有效的。对深圳地铁6号线二期工程民乐停车场出入线TBM隧道于MRDK2+370～MRDK2+470侧穿牛咀水库进行了施工风险分析，并优化了工程措施。对深圳地铁6号线二期工程民乐停车场出入线TBM隧道出入线隧道于MRCK0+672下穿厦深铁路工程进行了施工风险分析，并优化了工程措施，实践证明其措施是有效的。

（8）复杂环境隧道TBM信息化施工。系统分析了现代智慧工地技术理论和应用实践。优化并应用了隧道施工现场智能化综合管理系统，大大提高了工程施工安全和施工效率。将BIM+VR技术实际应用于地铁施工过程中，取得了显著的应用效果。

研究成果可在工程中应用，为设计和施工提供了极具价值的指导，切实降低了工程风险，解决了设计和施工中遇到的一系列技术难题，大大提高了工程效率和工程质量，为本工程的安全、快速、高效优质地提前完成合同节点目标起到了非常重要的作用；同时，可为相关设计和施工规程的制定提供成功范例。

可以预见，将来会有更多城市加入地铁建设行列。由于城市地形、地貌、地质、环境条件复杂多变，特别是如青岛、深圳、厦门等沿海城市，将会有更多的高水头小半径曲线隧道及空推工程等类似工程出现，本研究成果将为新建城市类似地铁隧道工程提供宝贵的技术和经验参照，具有广阔的推广应用前景。

参考文献

[1] 陈勇, 杨俊龙, 朱继文. 急曲线地铁隧道盾构法掘进技术研究[J]. 现代隧道技术, 2004(z2): 330-336.

[2] 徐俊. 盾构法施工最小曲线半径取值的研究[D]. 北京: 北京交通大学, 2008.

[3] 田建华. 隧道盾构曲线管片拼装技术在纠偏中的应用[C]. 北京市政第一届地铁与地下工程施工技术学术研讨会论文集. 北京市市政工程总公司, 2005: 117-119.

[4] 陈馈. 盾构刀具关键技术及其最新发展[J]. 隧道建设, 2015, 35(3): 197-203.

[5] EVANS I. The Force Required to Cut Coal with Blunt Wedges [J]. International Journal of Rock Mechanics and Mining Sciences & Geomechanics Abstracts, 1965, 2(1): 1-12.

[6] EVANS I. A Theory of the Cutting Force for Point-Attack Picks[J]. International Journal of Mining Engineering, 1984, 2(1): 63-71.

[7] EVANS I, Pomeroy C D. The Strength, Fracture and Workability of Coal [M]. New York: Pergamon Press, 1966.

[8] 张明富, 袁大军, 黄清飞, 等. 砂卵石地层盾构刀具动态磨损分析[J]. 岩石力学与工程学报, 2008, 27(2): 397-402.

[9] 吕强, 傅德明. 土压平衡盾构掘进机刀盘扭矩模拟试验研究[J]. 岩石力学与工程学报, 2006, 25(S1): 3137-3143.

[10] 杨梅. 全断面硬岩地层盾构掘进问题分析及解决措施[J]. 铁道建筑技术, 2015, 32(5): 54-57.

[11] 廖鸿雁. 复合地层盾构隧道对硬岩的处理方案[J]. 现代隧道技术, 2012, 49(4): 184-191.

[12] 刘建国. 深圳地铁盾构隧道施工技术与经验[J]. 隧道建设, 2012, 32(1): 72-87.

[13] 张敏, 郑志敏, 邓棕. 扩展土压平衡盾构在含水地层中的适应性[J]. 隧道建设, 2003, 23(2): 4-6.

[14] 唐卓华, 徐前卫, 杨新安, 等. 富水砂层盾构掘进渣土改良技术[J]. 现代隧道技术, 2016, 53(1): 153-158.

[15] 朱伟, 秦建设, 魏康林. 土压平衡盾构喷涌发生机理研究[J]. 岩土工程学报, 2004, 26(5): 589-593.

[16] 茅华. 隧道施工盾构螺旋机喷涌应对措施[J]. 铁道建筑, 2014, 54(10): 39-41.

[17] 张旭东. 土压平衡盾构穿越富水砂层施工技术探讨[J]. 岩土工程学报, 2009, 31(9): 1445-1449.

[18] 王树仁, 何满潮, 刘招伟. 岩溶隧道突水灾变过程分析及控制技术[J]. 北京科技大学学报, 2006(7): 613-618.

[19] 代鸿明. 运营铁路隧道水害引发的仰拱起鼓及衬砌开裂防治技术研究[J]. 现代隧道技术, 2016, 53(3): 202-206.

[20] 欧阳旋宇. 高天隧道水害所致双块式无砟轨道受力特性分析[J]. 铁道科学与工程学报,

2018, 15(12): 3060-3065.

[21] 苗晓岐. 九燕山隧道病害原因分析及整治措施建议[J]. 铁道工程学报, 2003(2): 70-72.

[22] 崔连友, 吴剑, 郑波. 雪峰山隧道进口段仰拱填充结构开裂原因探讨[J]. 地下空间与工程学报, 2015, 11(1): 48-55.

[23] 张会刚, 张广泽, 毛邦燕. 沪昆客专小高山隧道突水突泥及致灾原因探析[J]. 铁道工程学报, 2016, 33(8): 66-70+84.

[24] 魏统书, 冯涛, 王科. 那吉隧道间隙性岩溶高压地下水特性分析与治理[J]. 地下空间与工程学报, 2017, 13(S2): 840-844.

[25] NAZARCHUK A. Water Intrusion in Underground Structures[D]. Los Angeles: University of California, 2008.

[26] DAMMYR Ø, NILSEN B, THURO K, et al. Possible Concepts for Waterproofing of Norwegian TBM Railway Tunnels [J]. Rock mechanics and rock engineering, 2014, 47(3): 985-1002.

[27] 禹华谦. 工程流体力学(水力学)[M]. 成都: 西南交通大学出版社, 1999.

[28] TSANG Y W, TSANG C F. Channel Model of Flow Through Fractured Media[J]. Water Resource, 2002(3): 21-39.

[29] BARTON N, BANDIS S, et al. Strength, Deformation and Conductivity Coupling of Rock Joints[J]. International Journal of Rock Mechanics Mining Sciences & Geomechanics Abstracts, 1985, 22(3): 121-140.

[30] WITHERSPOON P A, WANG J S Y, et al. Validity of Cubic Law for Fluid Flow in a Deformable Rock Fracture[J]. Technical Information Report, 1980, 16(6): 1016-1024.

[31] LOUIS C. Rock Hydraulics. Rept 74 SGN 035 AME, Bur. Geol. Min. Res. Orlears, France. 1974, 14-41.

[32] PATIR N, CHENG H S. An Average Flow Model for Determining Effect of Three-dimensional Roughness on Partial Hydrodynamic Lubrication[J]. Trans. asme J. lubr. technol, 1978, 100: 12-17.

[33] 周创兵, 熊文林. 岩石节理的渗流广义立方定理[J]. 岩土力学, 1996(4): 1-7.

[34] KARANTH K R. Ground Water Assessment: Development and Management[M]. New York: Mc Graw-Hill Education, 1987.

[35] 陈平, 张有天. 裂隙岩体渗流与应力耦合分析[J]. 岩石力学与工程学报. 1994(4): 299-308.

[36] 速宝玉, 詹美礼, 赵坚. 光滑裂隙水流模型实验及其机理初探[J]. 水利学报, 1995(5): 19-24.

[37] 速宝玉, 詹美礼, 郭笑娥. 交叉裂隙水流的模型实验研究[J]. 水力学报, 1995(5): 2-7.

[38] 姜安龙, 郭云英. 隧道衬砌外水压力计算方法研究[J]. 南昌航空工业学院院报(自然科学版), 2006(4): 28-32+51.

[39] 张有天. 岩石隧道衬砌外水压力问题的讨论[J]. 现代隧道技术, 2003(3): 1-4.

[40] 王建宇. 再谈隧道衬砌水压力[J]. 现代隧道技术, 2003(3): 5-10.

[41] 张有天. 隧洞及压力管道设计中的外水压力修正系数[J]. 水力发电, 1996(12): 30-35.

[42] HARR ME. Groundwater and Seepage[M], New York: Mc Graw-Hill, 1962.

[43] BOBET A. Analytical Solutions for Shallow Tunnels in Saturated Ground[J]. Journal of Engineering Mechanics, 2001, 127(12): 1258-1266.

[44] 邹金锋, 李帅帅, 张勇, 等. 考虑轴向力和渗透力时软化围岩隧道解析[J]. 力学学报, 2014, 46(5): 747-755.

[45] 皇甫明, 谭忠盛, 王梦恕, 等. 暗挖海底隧道渗流量的解析解及其应用[J]. 中国工程科学, 2009, 11(7): 66-70.

[46] 吴金刚. 高水压隧道渗流场的流固耦合研究[D]. 北京: 北京交通大学, 2007.

[47] DONG X J, KARRECH A, QI C C, et al. Analytical Solution for Stress Distribution around Deep Lined Pressure Tunnels under the Water Table[J]. International Journal of Rock Mechanics and Mining Sciences, 2019, 123: 104-124.

[48] 蓝国贤. 水下公路隧道[M]. 北京: 人民交通出版社, 1984.

[49] 王建秀, 杨立中, 何静. 深埋隧道外水压力计算的解析—数值法[J]. 水文地质工程地质, 2002(3): 17-19+28.

[50] 陈崇希, 刘文波, 彭涛. 确定隧道外水压力的地下水流模型——读《深埋隧道外水压力计算的解析—数值法》一文随笔[J]. 水文地质工程地质, 2002(5): 62-64.

[51] 晏启祥, 程曦, 郑俊, 等. 泄水式管片衬砌不同泄水方案的流固耦合分析[J]. 铁道学报, 2012, 34(6): 95-100.

[52] HUANG Y, FU Z M, CHEN J, et al. The External Water Pressure on a Deep Buried Tunnel in Fractured Rock[J]. Tunnelling and Underground Space Technology incorporating Trenchless Technology Research, 2015, 48: 58-66.

[53] LI P F, LIU H C, ZHAO Y, et al. A Bottom-to-up Drainage and Water Pressure Reduction System for Railway Tunnels[J]. Tunnelling and Underground Space Technology incorporating Trenchless Technology Research, 2018, 81: 296-305.

[54] 王一鸣. 高水压岩溶隧道衬砌结构受力特征和防排水设计研究[D]. 长沙: 中南大学, 2014.

[55] 李贻伟. 岩溶公路隧道围岩—支护结构受力特性数值模拟分析[D]. 重庆: 重庆交通大学, 2010.

[56] 吴顺华. 水文地球化学方法确定隧洞外水压力研究[D]. 南京: 河海大学, 2005.

[57] 王秀英, 谭忠盛, 李健, 等. 隧道工程全包与半包结构防水体系受力特征试验研究[J]. 岩土工程学报, 2012, 34(4): 654-659.

[58] 谭忠盛, 李健, 薛斌, 等. 岩溶隧道衬砌水压力分布规律研究[J]. 中国工程科学, 2009, 11(12): 87-92.

[59] 晏启祥, 张蒙, 程曦. 泄水式管片衬砌壁后水压力分布特性模型试验研究[J]. 岩石力学与工程学报, 2013, 32(S1): 2617-2623.

[60] FANG Y, GUO J N, GRASMICK J, et al. The Effect of External Water Pressure on the Liner Behavior of Large Cross-section Tunnels[J]. Tunnelling and Underground Space Technology incorporating Trenchless Technology Research, 2016, 60: 80-95.

[61] WANG X Y, TAN Z S, WANG M S, et al. Theoretical and Experimental Study of External

Water Pressure on Tunnel Lining in Controlled Drainage under High Water Level. 2008, 18(2): 19.

[62] ZHANG L, FENG K, GOU C, et al. Failure Tests and Bearing Performance of Prototype Segmental Linings of Shield Tunnel under High Water Pressure[J]. Tunnelling and Underground Space Technology incorporating Trenchless Technology Research, 2019, 92: 103053.

[63] 高新强, 仇文革, 孔超. 高水压隧道修建过程中渗流场变化规律试验研究[J]. 中国铁道科学, 2013, 34(1): 50-58.

[64] 丁浩, 蒋树屏, 杨林德. 外水压下隧道衬砌的力学响应及结构对策研究[J]. 岩土力学, 2008(10): 2799-2804.

[65] 崔岩, 崔京浩, 吴世红, 等. 浅埋地下结构外水压折减系数试验研究[J]. 岩石力学与工程学报, 2000, 19(1): 82-84.

[66] 刘立鹏, 汪小刚, 贾志欣, 等. 水岩分算隧道衬砌外水压力折减系数取值方法[J]. 岩土工程学报, 2013, 35(3): 495-500.

[67] 高新强. 高水压山岭隧道衬砌水压力分布规律研究[D]. 成都: 西南交通大学, 2005.

[68] 张鹏. 海底隧道衬砌水压力分布规律和结构受力特征模型试验研究[D]. 北京: 北京交通大学, 2008.

[69] 宋凯, 刘丹, 刘建. 山岭隧道衬砌水压力变化规律研究[J]. 现代隧道技术, 2015, 52(6): 99-105.

[70] LEE I M, PARK K J, NAM S W. Analysis of an Underwater Tunnel with the Consideration of Seepage Forces[J]. Tunnel and Metropolises, 1998: 315-319.

[71] NAM S W, BOBET A. Liner Stresses in Deep Tunnels below the Water Table[J]. Tunneling and Underground Space Technology, 2006, 21(6): 626-635.

[72] 韩杨. 隧道裂隙岩体渗透系数试验研究[D]. 石家庄: 石家庄铁道大学, 2015.

[73] 王凯. 新型海底隧道模型试验系统的研制及断层涌水试验研究[D]. 济南: 山东大学, 2013.

[74] 李术才, 宋曙光, 李利平, 等. 海底隧道流固耦合模型试验系统的研制及应用[J]. 岩石力学与工程学报, 2013, 32(5): 88-890.

[75] 李术才, 王凯, 李利平, 等. 海底隧道新型可拓展突水模型试验系统的研制及应用[J]. 岩石力学与工程学报, 2014, 33(12): 2409-2418.

[76] 何本国, 张志强, 马腾飞. 大断面隧道模型试验水压模拟加载方法[J]. 工程力学, 2015, 32(1): 128-136.

[77] 王育奎, 徐帮树, 李术才, 等. 海底隧道涌水量模型试验研究[J]. 岩土工程学报, 2011, 33(9): 1478-1482.

[78] 谭忠盛, 曾超, 李健, 等. 海底隧道支护结构受力特征的模型试验研究[J]. 土木工程学报, 2011, 44(11): 99-105.

[79] 李苍松, 谷婷, 齐成, 等. 非扰动开挖隧道模型的水压力试验研究[J]. 岩石力学与工程学报, 2013, 32(9): 1786-1790.

[80] 陈星宇. 断层破碎带隧道涌水特征试验研究[D]. 西安: 长安大学, 2008.

参考文献

[81] 周乐凡. 考虑外水荷载作用的铁路隧道衬砌结构设计研究[D]. 北京：铁道科学研究院, 2003.

[82] 中铁西南科学研究院. 圆梁山隧道室内模型试验分项研究报告[R]. 成都：中铁西南科学研究院, 2004.

[83] 王秀英. 岩溶隧道堵水限排衬砌外水压力及结构设计研究[D]. 北京：北京交通大学, 2005.

[84] 皇甫明. 暗挖海底隧道围岩稳定性及支护结构受力特征的研究[D]. 北京：北京交通大学, 2005.

[85] 尹士清. 戴云山隧道涌水量的预测和验证分析[J]. 铁道工程学报, 2015, 32(12): 70-75.

[86] 林传年, 李利平, 韩行瑞. 复杂岩溶地区隧道涌水预测方法研究[J]. 岩石力学与工程学报, 2008, 27(7): 1469-1476.

[87] 张强, 曾开帅, 张军, 等. 红层地区飞仙关隧道特大涌水模型试验[J]. 南水北调与水利科技, 2019, 17(5): 166-171.

[88] 吴昊, 杨晓华, 陈星宇. 富水断层隧道涌水特征实验[J]. 长安大学学报. 2017, 37(5): 73-80.

[89] 李铮. 矿山法城市隧道渗流场演变及防排水问题研究. 成都：西南交通大学, 2016.

[90] 关宝树. 隧道工程施工要点集[M]. 北京：人民交通出版社, 2003.

[91] 吕康成, 崔凌秋. 隧道防排水工程指南[M]. 北京：人民交通出版社, 2005.

[92] 张祉道. 山岭隧道地下水处理及结构设计探讨[J]. 铁道工程学报, 1995(1): 103-111.

[93] 周书明. 浅谈隧道工程地下水的计算[J]. 铁道工程学报, 2000(2): 69-72.

[94] 王建宇, 胡元芳. 对岩石隧道衬砌结构防水问题的讨论[J]. 现代隧道技术, 2001, 38(1): 20-25.

[95] 信春雷. 不同防排水模式对山岭隧道衬砌水压力影响关系研究[D]. 成都：西南交通大学, 2011.

[96] 张明德. 岩溶隧道围岩渗流场分布和衬砌水压力特征研究[D]. 北京：北京交通大学, 2008.

[97] 宋克志, 袁大军, 王梦恕. 盾构法隧道施工阶段管片的力学分析[J]. 岩土力学, 2008, 29(3): 619-628.

[98] 朱合华, 陶履彬. 盾构隧道衬砌结构受力分析的梁-弹簧系统模型[J]. 岩土力学, 1998, 19(2): 26-32.

[99] 鞠杨, 徐广泉, 毛灵涛, 等. 盾构隧道衬砌结构应力与变形的三维数值模拟与模型试验研究[J]. 工程力学, 2005, 22(3): 157-165.

[100] 陈俊生, 莫海鸿. 盾构隧道管片施工阶段力学行为的三维有限元分析[J]. 岩石力学与工程学报, 2006(25): 3482-3489.

[101] 朱合华, 丁文其, 李晓军. 盾构隧道管片施工力学性态模拟及工程应用[J]. 土木工程学报, 2000, 33(3): 98-103.

[102] 钟登华, 梅传书, 刘春冬. 隧道 TBM 施工管片衬砌三维计算模型[J]. 天津大学学报, 2001, 34(4): 472-476.

[103] 宋智强. 盾构隧道管片中钢筋的优化分析研究[D]. 北京：北京交通大学, 2011.

[104] 石少刚. 施工荷载下盾构隧道管片力学性能分析[D]. 哈尔滨: 哈尔滨工业大学, 2014.

[105] CHEN J S, MO H H. Numerical Study on Crack Problems in Segments of Shield Tunnel using Finite Element Method[J]. Tunnelling and underground space technology, 2009, 24(1): 91-102.

[106] MO H H, CHEN J S. Study on Inner Force and Dislocation of Segments Caused by Shield Machine Attitude[J]. Tunnelling and underground space technology, 2008, 23(3): 281-291.

[107] CHEN J S, MO H H. Mechanical Behavior of Segment Rebar of Shield Tunnel in Construction stage[J]. Journal of Zhejiang University Science, 2008, 9(7): 888-899.

[108] YAMAGUCHI I, YAMAZAKI I, KIRITANI Y. Study of Ground-tunnel Interactions of Four Shield Tunnels Driven in Close Proximity, in Relation to Design and Construction of Parallel Shield Tunnels[J]. Tunnelling and Underground Space Technology Incorporating Trenchless Technology Research, 1998, 13(3): 289-304.

[109] SAITO J, KUROSAKI S, TAKAHASHI A, et al. Damage Factors of the Segment during Tunnelling in a Large Depth Shield Tunnel[J]. Doboku Gakkai Ronbunshuu F, 2007, 63(2): 200-211.

[110] 李兆平, 刘军, 李名淦. 采用矿山法构筑区间盾构隧道渡线段的方案探讨[J]. 岩土力学, 2007(6): 1157-1160.

[111] 梁宇. 盾构机过矿山法圆形隧道的施工实例[J]. 广州建筑, 2006(3): 18-22.

[112] 王春河. 盾构机空推过矿山法段地铁隧道施工技术[J]. 隧道/地下工程, 2010(3): 88-91.

[113] 毛红梅. 地铁盾构区间隧道的矿山法施工[J]. 地铁盾构区间隧道的矿山法施工, 2010(4): 80-84.

[114] 张常光, 赵均海, 张庆贺. 盾构通过矿山法隧道复合支护的管片内力解析解及应用[J]. 现代隧道技术, 2014(4): 95-114.

[115] 张学军, 戴润军. 盾构在矿山成洞段推进技术[J]. 隧道建设, 2006(S1): 25-27.

[116] 张海波, 殷宗泽, 朱俊高, 等. 盾构法隧道衬砌施工阶段受力特性的三维有限元模拟[J]. 岩土力学, 2005(6): 990-994.

[117] 吴兰婷. 盾构隧道管片接头力学行为的有限元分析[D]. 成都: 西南交通大学, 2002.

[118] HOEK E. Underground excavations in rock[M]. London: The Institute of Mining and Metallurgy, 1980.

[119] WITTKE W, PIERAU B. Foundation for the Design and Construction of Tunnel in Swelling Rock [C]// Proc. 4th Int. Cong. on Rock Mech, Monteux, 1979, 2: 219-229.

[120] 吴光华. 浅谈隧道超前支护及施工工艺[J]. 科技情报开发与经济, 2008, 186(9): 195-196.

[121] 陈俊, 程桦, 王璨. 节理裂隙发育围岩对立井井壁受力的影响研究[J]. 安徽建筑工业学院学报(自然科学版), 2012(3): 45-48.

[122] QIAO C. The stability study on the underground mine in jointed rocks by 3D-FEM[J]. Third Asia-Pacific mining conference and exhibition, 1992.

[123] 孙迪. 探讨TBM通过不良地质洞段的施工方法[J]. 科技创新导报, 2014, 11(27): 78-80.

[124] 王梦恕, 王占山. TBM通过断层破碎带的施工技术[J]. 隧道建设, 2001(3): 1-4.

[125] 徐虎城. 断层破碎带敞开式 TBM 卡机处理与脱困技术探析[J]. 隧道建设(中英文), 2018, 38(S1): 156-160.

[126] 张国. 厄瓜多尔 CCS 项目双护盾 TBM 通过断层破碎带施工技术研究与实施[J]. 水利建设与管理, 2018, 38(6): 1-6.

[127] 陈岗, 王利明, 周建军, 等. 城市地铁双护盾 TBM 穿越碎裂石断层加固范围及施工关键技术研究[J]. 水利与建筑工程学报, 2019, 17(4): 188-192+216.

[128] 王占生, 王梦恕. 盾构施工对周围建筑物的安全影响及处理措施[J]. 中国安全科学学报, 2002, 12(2): 45-50.

[129] 施成华, 彭认敏, 胡自林. 隧道开挖对地表建筑物影响的随机介质分析方法[J]. 湘潭矿业学院学报, 2003, 18(3): 60-64.

[130] 孙吉主. 盾构机掘进对基桩影响的工程分析法[J]. 武汉理工大学学报, 2003, 25(3): 56-58.

[131] CHEN L T, POULOS H G. Pile Response Caused by Tunneling[J]. Journal of Geotechnical and Geoenvironmental Engineering. 1999, 125(3): 207-215.

[132] JENCK O, DIAS D. 3D-Finite Difference Analysis of the Interaction between Concrete Buliding and Shallow Tunneling[J]. Geotechnique, 2004, 54(8): 519-528.

[133] SOLIMAN E, DNDDEEK H, AHRENS H. Two-and Three-dimensional Analysis of Closely Spaced Double-tube Tunnles[J]. Tunneling and Underground Space Technology, 1993, 8(1): 13-18.

[134] AKAGI H, KOMIYA K. Finite Element Analysis of Interaction of a pair of Shield Tunnels[J]. Proc. 14th Int Confonsoil Mesh and Found Engrg. 1997(3): 1449-1452.

[135] 吴波, 高波, 索晓明, 等. 城市地铁隧道施工对管线的影响研究[J]. 岩土力学, 2004, 25(4): 657-662.

[136] KIM S. H. Model Testing of Closely Spaced Tunnels in Clay[J]. Geotechnique. 1998, 48(3): 375-388.

[137] 高波. 浅埋暗挖地铁车站及区间隧道优化问题研究[J]. 四川建筑, 1996, 16(2): 30-32.

[138] 王明年, 李志业, 关宝树. 3 孔小间距浅埋暗挖隧道地表沉降控制技术研究[J]. 岩土力学, 2002, 23(6): 821-824.

[139] 林刚, 何川. 双联拱公路隧道支护结构体系试验研究[J]. 西南交通大学学报, 2004, 39(3): 362-365.

[140] 王宇. TBM 设备管理优化[D]. 石家庄: 石家庄铁道大学, 2016.

[141] 徐赞. 特长隧道敞开式 TBM 快速施工配套新技术研究[D]. 石家庄: 石家庄铁道大学, 2017.

[142] 王文广, 樊德东, 汪强宗, 等. 单护盾 TBM 设备在地铁隧道施工中的应用及改进[J]. 建筑机械化, 2016, 37(8): 51-54.

[143] 郝彭彭. TBM 应用信息管理系统设计[D]. 石家庄: 石家庄铁道大学, 2013.

[144] FORSBERG G, HARTWIG J, WOHLWEND S. Main Brearing for Advanced TBM Proceeding-Rapid Excavation and Tunneling Conference[J]. Soc. for Mining, Metallurgy, and Exporation Inc, Littleton, CO, USA, 1995(12): 492-508.

[145] OKUBO S, FUKUI K, CHEN W. Expert System for Applicability of Tunnel Boring Machines in Japan[J]. Rock Mechanics and Rock Engineering, 2003, 36(4): 305-322.

[146] SAGONG M, LEE J S, YOU K, et al. Digitalized Tunnel Face Mapping System (DiTFAMS) using PDA and Wireless Network[J]. Tunneling and Underground Space Technology, 2006, 21(3/4): 390

[147] 刘承桓. 盾构机远程监控系统架构及关键技术研究[D]. 西安: 长安大学, 2014.

[148] 杨志勇, 江玉生. 盾构施工风险监控系统的研发与应用[J]. 市政技术, 2012, 30(6): 17-19.

[149] 吴文龙. 深圳城市轨道交通8号线工程中的TBM双护盾施工技术[J]. 工程建设与设计, 2022, (10): 130-133.

[150] 翟乾智, 周建军, 宋天田, 等. 梧桐山隧道双护盾TBM刀盘针对性设计[J]. 施工技术, 2018, 47(S4): 1348-1353.

[151] 肖飞. 梧桐山隧道双护盾TBM选型及针对性设计分析[J]. 中国高新科技, 2017, 1(10): 35-39.

[152] 刘航雨, 陈寿根, 丁华兴, 等. 双护盾TBM空推过矿山法段地铁隧道施工技术[J]. 四川建筑, 2021, 41(6): 196-198.

[153] 向南, 张细宝, 刘日彤, 等. TBM空推步进左右线导台分叉处施工技术优化[J]. 施工技术, 2019, 48(24): 55-58.

[154] 丁华兴, 谢俊, 张飞, 等. 双护盾TBM空推段豆砾石回填灌浆技术研究[J]. 江西建材, 2021(4): 91-92+94.

[155] 王青波, 李渊, 张飞, 等. 双护盾TBM空推段管片质量控制技术研究[J]. 山西建筑, 2021, 47(10): 135-137+154.